GOLDMANN
ARKANA

Buch

Viele Menschen sehen in der Liebe hauptsächlich ein Gefühl, das kommt und geht wie der Sonnenschein. Dass Liebe eine Grundhaltung, ein Lebensstil sein könnte, wie der bekannte Paartherapeut Dr. Gary Chapman behauptet, scheint vielen auf den ersten Blick fremd. Vor dem Hintergrund seiner Erfahrungen ermutigt uns der Autor, an liebevollen Beziehungen zu arbeiten und in uns selbst jene Eigenschaften zu kultivieren, die nötig sind, um in Partnerschaft, Kindererziehung und Berufsleben mehr Liebe zu »investieren«. Er zeigt, wie wir wieder jene scheinbar altmodischen Tugenden pflegen, die unsere Gesellschaft so dringend benötigt: Freundlichkeit, Geduld, Vergebung, Demut, Höflichkeit, Freigebigkeit und Ehrlichkeit.

Autor

Dr. Gary Chapman ist Anthropologe und neben seiner internationalen Dozententätigkeit als Pastor der Calvary Baptist Church aktiv. Einem breiten Publikum ist Chapman durch seinen Bestseller »Die fünf Sprachen der Liebe« bekannt. Als erfahrener Eheberater begleitet er Paare und leitet Seminare. Gary Chapman ist seit 45 Jahren glücklich verheiratet.

Gary Chapman

Liebe als Weg

Wie die 7 Qualitäten der Liebe
unser Leben verändern

Aus dem Amerikanischen
von Franchita Cattani

GOLDMANN
ARKANA

Die amerikanische Originalausgabe erschien 2008 unter dem
Titel »Love as a Way of Life. Seven Keys to Transforming
Every Aspect of Your Life« bei Doubleday, New York.
Die deutsche Erstausgabe erschien 2008 bei Arkana, München.

Verlagsgruppe Random House FSC®-DEU-0100
Das für dieses Buch verwendete FSC®-zertifizierte Papier
München Super liefert Arctic Paper Mochenwangen GmbH.

1. Auflage

Vollständige Taschenbuchausgabe April 2011
© 2008 der deutschsprachigen Ausgabe
Arkana, München
in der Verlagsgruppe Random House GmbH.
© 2008 by Gary Chapman
This Translation published by arrangement with the Doubleday Broadway
Publishing Group, a division of Random House Inc.
Lektorat: Daniela Weise
Umschlaggestaltung: UNO Werbeagentur München
Umschlagmotiv: Design Team München
SB · Herstellung: cb
Satz: EDV-Fotosatz Huber/Verlagsservice G. Pfeifer, Germering
Druck: GGP Media GmbH, Pößneck
Printed in Germany
ISBN: 978-3-442-21937-7

www.arkana-verlag.de

Für Davy Grace und Elliott Isaac und die Kinder ihrer Generation mit dem innigen Wunsch, es möge ihnen gelingen, eine Welt zu schaffen, in der Liebe der Weg ist.

Inhalt

Dank

Dieses Buch wäre nicht ohne die unzähligen Menschen entstanden, die mir Liebe als Weg vorgelebt haben. Den ersten Geschmack von Liebe habe ich von meinen Eltern Sam und Grace mitbekommen. Mein Vater ist verstorben, aber meiner Mutter versuche ich noch immer etwas von der Liebe zurückzugeben, die sie mir geschenkt hat. Karolyn, seit über vier Jahrzehnten meine Frau, war und ist meine vertrauteste Bezugsquelle der Liebe. Sie spricht meine Sprachen der Liebe, ohne dass ich sie anzustupsen brauche. Meine zwei erwachsenen Kinder Shelley und Derek machen mir mit ihrem liebevollen Lebensstil große Freude. Was könnte für Eltern erfreulicher sein?

Großen Dank schulde ich Jim Bell, der nicht nur die Idee für dieses Buch mit entwickelte, sondern der mir auch bei jeder neuen Wende immer wieder gut zugesprochen hat. Tricia Kube, seit 26 Jahren meine Büromitarbeiterin, hat nicht nur das Manuskript in den Computer eingegeben, sondern sich wie immer um sämtliche Kleinigkeiten im Büro gekümmert, damit ich mich dem Schreiben widmen konnte. Kay Tatum war mir eine immense Hilfe bei technischen Fragen.

Während des Schreibens stand mir Elisa Fryling Stanford mit ihrem editorischen und schriftstellerischen Können bei, um dem Manuskript einen inneren Zusammenhalt zu geben. Trace Murphy und das Lektorenteam bei Doubleday haben außergewöhnliche Arbeit bei der Fertigstellung des Buches geleistet.

Zudem habe ich den vielen Menschen zu danken, die mir ihre Beobachtungen über die Liebe auf ihrem Lebensweg übermittelt haben. In meinen Seminaren und im Internet habe ich Berichte von Menschen gesammelt, die Dritte bei Äußerungen der Liebe als Weg »erwischt« haben. Schließlich rühren Beispiele aus dem Leben ans Herz und motivieren uns, nach Liebe zu streben. Ohne ihre Hilfe wäre dieses Buch blutleer. Ich hoffe, dass sie ihren Dank darin sehen, dass ihre Berichte anderen Mut machen, Liebe als Weg zu wählen.

Einleitung

Meine Tochter Shelley und ich stiegen in Phoenix ins Flugzeug und wähnten uns glücklich, in die erste Klasse befördert worden zu sein. Allerdings bekamen wir die beiden Fensterplätze 4A und 7A zugewiesen. Die 28 Plätze der ersten Klasse waren alle besetzt, wir hofften aber, jemand werde sich zum Platzwechsel bereiterklären, damit wir für den vierstündigen Flug nebeneinandersitzen konnten.

Shelley fragte den Mann auf dem Gangsitz neben ihr: »Wären Sie bereit, den Platz zu wechseln, damit ich neben meinem Vater sitzen kann?«

»Ist der Sitz am Gang?«, wollte der Mann wissen.

»Nein, es ist ein Fensterplatz.«

»Das geht nicht«, meinte er, »ich klettere nicht gerne über jemanden hinweg, wenn ich hinauswill.«

»Das kann ich verstehen«, erwiderte Shelley, und setzte sich.

Etwas später kam der Passagier, der den Gangplatz neben mir hatte. Ich fragte ihn: »Würde es Ihnen etwas ausmachen, auf Platz 7A zu wechseln, damit meine Tochter und ich nebeneinandersitzen können?«

Er sah sich nach 7A um und sagte: »Gerne.«

»Das ist wirklich sehr freundlich«, sagte ich.

»Kein Problem«, antwortete er lächelnd, nahm seine Zeitung und wechselte zu 7A.

Später dachte ich über den Vorfall nach. Wie sollte man sich die verschiedenen Reaktionen wohl erklären? Die beiden Männer waren etwa gleich alt – ich schätzte sie auf Ende fünfzig oder Anfang sechzig. Beide trugen Geschäftsanzüge. Doch der eine hielt zäh an seinem Gangplatz fest, während der andere den seinen gerne aufgab, um uns einen Gefallen zu tun.

War es möglich, dass einer eine Tochter hatte, der andere aber nicht? Oder saß der Mann, der seinen Gangplatz problemlos aufgab, eigentlich lieber am Fenster? Waren sie einfach in verschiedene Kindergärten gegangen? Unterschieden sich ihre Mütter voneinander? Hatte der eine gelernt, mit anderen zu teilen und ihnen zu helfen, der andere hingegen, sich nur um sich selbst zu kümmern? Besaß der eine ein liebevolles Gen, das der andere nicht mitbekommen hatte?

Jahrzehntelang habe ich ähnliche große und kleine Begebenheiten beobachtet und mich gefragt: Was ist der Unterschied zwischen den »liebevollen« Menschen und denen, die sich selten um andere kümmern oder sorgen? Was sind die Qualitäten liebevoller Menschen? Wie sind diese Charakterzüge entstanden?

Letztes Jahr bin ich im ganzen Land herumgereist und habe Verhalten beobachtet, Leute befragt, verfügbare Forschungsberichte gelesen und religiöse Unterweisungen und Übungen untersucht, um diese Fragen zu beantworten. Außerdem habe ich mich auf meine 35 Jahre Erfahrung als Ehe- und Familienberater gestützt.

Im Lauf meiner Nachforschung über die Liebe haben sich für mich sieben Qualitäten des liebevollen Menschen herauskristallisiert:

* Güte
* Geduld
* Vergebung
* Höflichkeit
* Bescheidenheit
* Großzügigkeit
* Ehrlichkeit

Diese sieben Züge sind nicht vage Gefühle oder gute Absichten. Es sind Gewohnheiten, die man sich aneignen kann, wenn man beschließt, wirklich ein liebevoller Mensch zu werden. Es sind grundlegende, praktische Charakterzüge, die sich im Alltag umsetzen lassen. Macht man sich diese Züge zur Gewohnheit, winkt ein verblüffendes Ergebnis: befriedigende Beziehungen.

Die Liebe hat viele Seiten. Sie ist wie ein Diamant mit vielen Facetten, die eine einzige Schönheit ergeben. Ganz ähnlich machen die sieben Kernqualitäten der Liebe zusammen den liebevollen Menschen aus. Jeder Charakterzug ist wesentlich. Fehlt einer davon in Beziehungen, so fehlt etwas Wichtiges.

Ich glaube, diese Qualitäten sind nicht nur der Schlüssel zu erfolgreichen Beziehungen, sondern zu einem erfolgreichen Leben überhaupt. Das liegt daran, dass man nur wahre Befriedigung im Leben findet, wenn man seine Mitmenschen liebt.

Was Sie in diesem Buch finden

Liebe als Weg enthält viele Erlebnisberichte von Menschen
in ganz Amerika, die entdeckt haben, welche Freude der
Einsatz der sieben Qualitäten des liebenden Menschen
bringt, oder die auf dem Weg dazu sind. Es enthält auch
praktische Ideen, wie Sie diese Charakterzüge in Ihrem
Leben entfalten können. Darf ich vorschlagen, dass Sie das
Buch nicht im Eiltempo lesen, sondern sich Zeit nehmen,
sich mit jeder Facette der Liebe in jeder Art von Beziehung
in Ihrem Leben zu befassen. Um Ihnen dabei zu helfen,
finden Sie in jedem Kapitel des zweiten Teils die folgenden
Punkte:

Fragebogen:

Ein einfacher Selbsttest soll Sie zum Nachdenken darüber
anregen, wie sich die sieben liebevollen Züge in Ihrem Leben zeigen. Ich empfehle Ihnen, den Test vor der Lektüre
des jeweiligen Kapitels zu machen, um beim Lesen über den
betreffenden Charakterzug besser auf Ihre Stärken und
Schwächen in Beziehungen achten zu können.

Eine neue Definition:

Zu Beginn jedes Kapitels lasse ich Sie wissen, wie ich den
jeweiligen Charakterzug im Rahmen aufrichtiger Liebe
definiere.

Neue Gewohnheiten:

Da jede der sieben Qualitäten des liebenden Menschen
eine *Gewohnheit* ist, bauen sie im Alltag auf kleineren Ge-

wohnheiten auf. Besonders herausgestellte Merksätze in den Kapiteln sind Hinweise, wie Sie aufrichtige Liebe in Ihrem Leben verwirklichen können.

Feinde:

Wir bräuchten kein Buch über die Liebe, wenn wir in Beziehungen nicht Gefühle, Schwächen und Umstände zu überwinden hätten. Jedem der sieben Züge stehen zahlreiche Feinde im Weg. Gewöhnlich sticht ein bestimmter Feind darunter deutlich hervor. In diesem Abschnitt behandle ich in jedem Kapitel kurz einen Feind, der die Entfaltung des jeweiligen Charakterzuges im Alltag möglicherweise behindert. Wenn man die Feinde der Liebe kennt, kann man sie besser überwinden.

»Wie sähen Ihre Beziehungen aus, wenn ...«

Ich habe in meinem eigenen Leben festgestellt, wie hilfreich es ist, sich etwas zu erträumen und sich dann an die Verwirklichung solcher Träume zu machen. Dieser Abschnitt gegen Ende des Kapitels regt Sie zur Einsicht an, wie völlig anders Ihre Beziehungen aussehen könnten, wenn Sie ein paar – wenn auch nur kleinere – Veränderungen im Umgang mit Ihren Mitmenschen vornähmen.

Umsetzen:

Ob Sie dieses Buch alleine lesen oder sich in einer Gruppe auf den Weg machen, die Fragen am Ende jedes Kapitels sollen dazu beitragen, sich zu überlegen, wie sich das Kapitel ganz konkret auf Ihr Leben anwenden lässt. Da das Buch nicht nur darauf abzielt, etwas über die Liebe zu lernen, sondern auch liebevoller zu werden, biete ich am Ende des Abschnitts jeweils einige Vorschläge zum eigenen Wachstum an.

Liebe als Weg ist für alle gedacht, die bessere Beziehungen pflegen und ein erfolgreiches Leben führen möchten. Nichts kann die Welt eher zum Guten verändern als liebevolle Taten von Menschen, denen Beziehungen wichtig sind. Wie wir zudem sehen werden, macht auch nichts mehr Freude, als die Mitmenschen wirklich zu lieben.

Ich habe dieses Buch nicht in psychologischer oder soziologischer Fachsprache geschrieben, sondern in der Alltagssprache von Menschen, die in Ihrer Nähe leben könnten. In meinen Augen halten normale Menschen wie Sie und ich den Schlüssel zu einer Welt in der Hand, in der Beziehungen wichtiger sind als alles andere, in der es normal ist und erwartet wird, dass man andern etwas zuliebe tut, in der Kinder dazu aufwachsen, einander zu achten und sogar zu lieben. Es ist kein unmöglicher Traum. Es ist vielmehr ein Traum, der in den Möglichkeiten eines jeden Menschen liegt.

Teil 1

Weshalb
wir lieben wollen

Ein Leben voller Liebe schafft Zufriedenheit

Es ist ein sehr schöner Ausgleich im Leben,
dass niemand den aufrichtigen Wunsch hegen kann,
einem Mitmenschen zu helfen, ohne sich dabei selbst zu helfen.
Ralph Waldo Emerson

Sie sind ein Mensch mit vielen Beziehungen. Dazu gehören Beziehungen zu Nachbarn, Mitarbeitern, Kindern, Ehefrau oder Ehemann, Eltern, Geschwistern und Freunden, zweifellos aber auch die zu Verkäufern im Lebensmittelgeschäft, dem Klempner, der eben Ihren Abfluss repariert hat, oder gar zu der Frau, die gestern während des Abendessens für eine »kurze Umfrage« angerufen hat, auch wenn sie »nichts verkaufen« wollte. Eigentlich haben Sie mit jedem Menschen, mit dem Sie täglich Umgang pflegen, irgendeine Art von Beziehung.

Wenn Sie so wie die meisten Menschen sind, hätten Sie wohl gerne möglichst gute Beziehungen. Allerdings haben Sie wahrscheinlich herausgefunden, wie schwierig das manchmal ist. Es gibt Auseinandersetzungen darüber, wer das Auto haben kann, wer abwäscht und sogar darüber, weshalb jemand die Kaffeemaschine im Pausenraum über Nacht angelassen hat.

Sind die Beziehungen zu Ihren Lieben belastet, so fragen Sie sich vielleicht, ob Ihnen etwas entgangen ist, das andere schon gefunden haben. Wenn die Liebe so wichtig ist und Sie wissen, dass Sie jemanden lieben, weshalb ist die Beziehung dann so schmerzlich?

Wahrer Erfolg

Bei meinen Beratungen habe ich Hunderten von Menschen zugehört, die mir von zerbrochenen Beziehungen und zerschlagenen Träumen berichtet haben. Erst letzte Woche sagte mir ein Mann: »Ich hätte nie gedacht, dass es mir mit 42 so gehen würde. Ich habe zwei zerrüttete Ehen hinter mir, sehe meine Kinder nur selten und finde keinen Sinn mehr im Leben.«

Die meisten Menschen beginnen ihren Lebensweg als Erwachsene mit hohen Erwartungen. Sie wollen viel arbeiten, Geld verdienen, Dinge anschaffen, eine liebe Familie haben und das Leben genießen. Für viele verkehren sich diese Träume schon vor der Mitte des Lebens in Albträume. Die Hoffnungsbotschaft, die ich im Lauf der Jahre versucht habe zu vermitteln, lautet, dass das Leben erst vorbei ist, wenn es zu Ende ist. Noch heute können Sie Ihrem Leben eine positive Wendung geben.

Meiner Ansicht nach liegt der Schlüssel zum Erfolg im Entdecken der Macht, die darin besteht, andere zu lieben. Wie sieht wahrer Erfolg denn aus? Jeder hat offenbar eine andere Antwort darauf: Geld, Beförderung, Ruhm, eine Festanstellung oder ein Sieg. Das alles sind legitime Ziele. Was aber ist die eine Zutat, die das Gefühl vermittelt, wirklich etwas erreicht zu haben? Ich selbst definiere Erfolg so, dass man die eigene Ecke der Welt in einem besseren Zustand hinterlässt, als man sie vorgefunden hat. Ihre »Ecke« ist vielleicht ein einziger Ort oder ein Stadtviertel, oder sie dehnt sich in Dutzende von Ländern aus. Wie auch immer Ihr Einflussbereich aussieht, der befriedigendste Erfolg wird Ihnen dann zuteil, wenn Sie das Leben anderer durch Beziehungen zu bereichern versuchen.

Tatsache ist, dass Sie für Beziehungen *geschaffen* sind. Den Reichtum liebevoller Beziehungen zu erfahren ist besser als alles, was Ihnen Geld, Ruhm oder berufliche Anerkennung bringen können. Wenn das Wort »Liebe« noch etwas schwammig klingt, so hoffe ich, dass dieses Buch dazu beiträgt, Ihnen Liebe im Alltag deutlicher zu machen. Wenn man Mitmenschen liebt, weil man sie als Individuen schätzt, erfährt man eine unvergleichliche Freude.

> **Wenn Sie das Leben anderer zu bereichern versuchen, wird Ihnen der befriedigendste Erfolg zuteil.**

Weshalb noch ein weiteres Buch über die Liebe?

Der Schlüssel zur Freude durch Liebe zu Mitmenschen besteht darin, sich darauf zu konzentrieren, Liebe zu *verschenken*, statt geliebt werden zu wollen. Diese Tatsache ist der Hauptgrund dafür, weshalb ich ein weiteres Buch über die Liebe den Tausenden von Artikeln und Hunderten von

Büchern hinzufüge, die in den letzten 50 Jahren zu diesem Thema geschrieben worden sind. In den meisten geht es darum, »die Liebe zu bekommen, die Sie gerne hätten«. Geliebt werden ist das wunderbare Ergebnis dessen, andere zu lieben. Die reine Freude der Liebe stammt primär aus einer liebevollen Haltung, ungeachtet dessen, was man zurückbekommt.

Eine liebevolle Haltung

Vor über zehn Jahren habe ich ein Buch darüber geschrieben, wie man Liebe in Beziehungen so ausdrückt, dass sie auch ankommt. Von *Die fünf Sprachen der Liebe* wurden in den Vereinigten Staaten über vier Millionen Exemplare verkauft, und es ist in 35 Sprachen übersetzt worden. In *Die fünf Sprachen der Liebe* habe ich die fünf wichtigsten Arten oder »Sprachen« behandelt, wie man Liebe schenkt und empfängt:

- *Lob und Anerkennung*
- *Zweisamkeit*
- *Geschenke*
- *Hilfsbereitschaft*
- *Zärtlichkeit*

Jedem Menschen liegen manche Sprachen besser als andere. Wenn man die Liebessprache einer Frau spricht, fühlt sie sich geliebt. Tut man das nicht, fühlt sie sich nicht geliebt, auch wenn man einige andere Liebessprachen spricht.

Das Feedback von Lesern war außerordentlich erfreulich. Tausende haben geschrieben: »Vielen Dank, dass Sie mir geholfen haben zu erreichen, was ich schon immer tun wollte: andere wirklich lieben.«

Hingegen hat mich die Anzahl Menschen beunruhigt, die mitteilten, sie verstünden zwar die Idee der fünf Liebessprachen, seien aber nicht bereit, die Liebessprache ihrer Angehörigen zu lernen. Ein Ehemann meinte trotzig: »Wenn es dazu kommen muss, dass ich Geschirr wasche, staubsauge und die Wäsche besorge, damit sich meine Frau geliebt fühlt, so können Sie es vergessen.« Er wusste, was Liebe ist, nur hatte er keine liebevolle Haltung.

Ich hatte angenommen, alle wären darauf erpicht, ihre Liebe so zu äußern, dass sie auch ankam, wenn sie nur wüssten wie. Heute ist mir klar, dass das eine falsche Annahme war. Liebessprachen sind wichtige Hilfsmittel zur Kommunikation von Liebe, doch ohne Grundlage für die fünf Liebessprachen sind unsere Worte und Taten leer.

Die sieben Züge des liebevollen Menschen sind kein Zusatz zu den fünf Liebessprachen, sie sind die *Grundlage* jeder Liebessprache. Um in irgendeiner Beziehung wirklich zu lieben, muss man diese sieben Gewohnheiten dazu einsetzen, um eine liebevolle Haltung im alltäglichen Umgang mit Menschen zu pflegen.

Der Weg zur Größe

Ich bin ganz sicher, dass die meisten Menschen besser lieben lernen möchten. Nicht nur möchte man lieben, sondern in allen Begegnungen aufrichtig lieben. Man fühlt sich gut, wenn man sich bemüht, jemandem zu helfen. Es ist offensichtlich edel und richtig. Man fühlt sich schlecht, wenn man an eigene selbstsüchtige Handlungen denkt.

Schließlich und endlich sind die zufriedensten älteren Erwachsenen Menschen, die ihr Leben daran gegeben haben, Liebe zu verschenken. Dazu gehören solche, die große Reichtümer angehäuft haben, ebenso wie solche, die mit wenig auskommen müssen. Vielleicht haben sie eine angesehene Stellung oder sie sind unbekannt. Doch wenn sie sich dafür eingesetzt haben, die Welt zu einem besseren Ort zu machen, so liegt ein zufriedenes Lächeln auf ihrem Gesicht. Ich kenne die Einzelheiten Ihres Lebens nicht, aber ich weiß, dass Sie diese Freude finden werden, wenn Ihnen die sieben Qualitäten des liebenden Menschen im Umgang mit Ihren Mitmenschen zur Gewohnheit geworden sind.

Es wäre schön, wenn *Liebe als Weg* dem Mann, der fand, ich könne es vergessen, zur Einsicht verhelfen würde, dass Liebe der Weg zur Größe ist. Ich hoffe, dass es auch Ihnen hilft, dies zu entdecken. Wie jemand einst sagte, liebt jeder Menschen, die lieben. Ein ichbezogenes Leben führt zu Alleinsein und Leere. Liebe als Weg bringt die größte Befriedigung, die es gibt.

Was aufrichtig lieben bedeutet

Die Bedeutung des Wortes *Liebe* ist deswegen oft verwirrend, weil das Wort auf so viele verschiedene Arten verwendet wird. Täglich hören wir Sätze wie: »Ich liebe den Strand. Ich liebe die Berge. Ich liebe Frankfurt. Ich liebe meinen Hund. Ich liebe mein neues Auto. Ich liebe meine Mutter.« An einem romantischen Abend sagt wohl manch einer: »Ich liebe dich.« Man sagt auch »sich verlieben«.

Stellen Sie sich das einmal vor – wie sich ver-laufen. Wo-hin ver-lieben wir uns, könnte man wohl fragen, und wie fühlt es sich an, wenn man angekommen ist?

Liebe ist weder ein Gefühl, das einen überkommt, noch ein schwer erreichbares Ziel, das vom Tun anderer abhängt. *Aufrichtige* Liebe ist etwas, das in unseren Möglichkeiten liegt, der eigenen Haltung entspringt und sich durch Taten ausdrückt. Wenn man Liebe nur als Gefühl begreift, ist man frustriert, wenn man dieses Gefühl nicht immer aufbringen kann. Versteht man hingegen, dass Liebe vor allem Tun ist, ist man bereit, die verfügbaren Hilfsmittel besser einzusetzen.

Aufrichtige Liebe bringt das wahre Ich ans Licht: den Menschen, der wir werden möchten.

Die Schönheit der aufrichtigen Liebe

Aufrichtige Liebe ist so einfach und wirklich wie die Liebe, die nötig ist, um einem Angestellten zuzuhören, der einen schweren Tag hatte, um die Kinder anlässlich des neuen Schuljahrs zum Essen auszuführen, um der Dorffeuerwehr Geld zu stiften, um einem Freund ein Kompliment zu machen, um Mann oder Frau vor dem Schlafengehen den Rücken zu massieren oder um die Küche für Mitbewohner zu putzen, wenn man nach einem langen Arbeitstag erschöpft ist.

Aufrichtige Liebe kann so kühn sein wie die Liebe, die Menschen wie Ruby Jones von New Orleans motivierte:

Als der Wirbelsturm Katrina die Stadtgrenze erreichte, beschloss die 67-jährige Krankenschwester, während des Orkans bei ihren acht sterbenden Patienten im Hospiz zu bleiben. »Spiel bitte nicht die Superfrau«, warnten ihre Kinder. Doch Ruby wollte einfach nur ihre Pflicht tun. Sie meldete sich am Sonntag zur Arbeit und ging erst Donnerstag wieder weg, als ihre Patienten evakuiert wurden. Als der Sturm Fenster zerschlug und Türen aufriss, beruhigte sie die Patienten: »Wir sind bei euch, wir gehen nicht weg.« Als es in der Klinik keine Elektrizität und kein Trinkwasser mehr gab, badete und fütterte Ruby Jones ihre Schützlinge und verband ihnen die Wunden weiter. Als sie Donnerstag nach der Patientenevakuierung ging, hatte sie Hunger und Durst, aber ihr Versprechen, bis zum Schluss bei ihnen zu bleiben, hatte sie gehalten. In den schlimmsten Momenten hatte die Liebe zu ihren Patienten ihr Kraft gegeben.

Neulich habe ich eine 52-jährige krebskranke Mutter von fünf Kindern besucht, die im Sterben lag. Ich kannte sie seit einigen Jahren, und für mich war sie einer der liebevollsten Menschen, die mir je begegnet sind. Sie sah dem Tod realistisch und dennoch positiv entgegen. Ich werde nie vergessen, was sie mir sagte: »Ich habe meinen Kindern beigebracht, wie man leben soll. Jetzt will ich ihnen beibringen, wie man stirbt.« Aufrichtige Liebe sieht sogar im Tod eine Gelegenheit zu lieben.

Lieben wollen

Es stimmt, dass liebevolle Menschen von den Schwierigkeiten des Lebens nicht verschont bleiben. Wenn man Ihnen gesagt hat, die Liebe löse all Ihre Probleme, so wurden Sie falsch unterrichtet. Wie die Geschichte zeigt, haben viele Menschen, auch die liebevollsten, nicht nur Erdbeben, Überschwemmungen, Wirbelstürme, Orkane, Autounfälle, Krankheiten und andere Heimsuchungen erlebt, sondern wurden sogar verfolgt, weil sie für ein Leben der Liebe eintraten.

Wie kann jemand solches Leid erdulden und dennoch liebevoll leben wollen? Manchmal bieten sich gerade mitten in einer Schwierigkeit die besten Gelegenheiten, Liebe zu erfahren und weiterzugeben. Etwas vom Schönen am liebevollen Leben ist, dass man nicht von den Umständen abhängig ist, um zufrieden zu sein. Die Freude liegt in der eigenen Entscheidung, andere zu lieben, egal ob sie einen wiederlieben und ob die Umstände sich so gestalten, wie man es will.

Liebe wird manchmal von Mitgefühl für die Empfänger einer Hilfeleistung begleitet. Vor allem aber ist Liebe eine Haltung, die auf dem Satz basiert: »Ich will mein Leben darauf ausrichten, meinen Mitmenschen zu helfen.«

Radikale Liebe
Wenn man aufrichtig liebt, erkennt man, wie radikal wahre Liebe sein kann. Liebe genügt, um eine Supermacht zu verändern. So haben zum Beispiel Christen in den ersten Jahrhunderten eine zerrüttete, eigennützige Kultur überwunden, indem sie sich um die Armen kümmerten und sogar ihre Feinde liebten. Sie begannen mit Liebe im Kleinen, teilten Besitz und Nahrung miteinander und brachten Frauen, Kindern und anderen damaligen Randfiguren Mitgefühl entgegen. Das machthungrige, dekadente Römische

Reich akzeptierte die neue Glaubensrichtung vor allem deswegen, weil Augenzeugen berichteten: »Seht nur, wie sie einander lieben.«

Mitmenschen zu dienen steht im Gegensatz zur Norm unserer Zivilisation, nach der man nur gibt, um zu bekommen. Vielleicht passt man nicht in die eigene Umwelt, wenn man sich aufmacht, zu lieben. Aufrichtige Liebe jedoch gibt Gelegenheit, eine größere Freude zu entdecken als die gewöhnlichen Freuden, die die Welt zu bieten hat.

Es geht ums Überleben

Das klingt wohl alles schön und gut, aber hat denn die Liebe in einer Welt ständiger Konflikte überhaupt eine Chance? Zeitungen und Fernsehen sind täglich voller Berichte über unmenschliches Verhalten, und das oft im Namen einer Religion oder aus persönlicher Gier. Sehen Sie sich irgendeine Talkshow an, dann wird klar, dass wir die Kunst sinnvoller Dialoge verlernt haben. Jedes beliebige Nachrichtenprogramm zeigt, wie wenig Respekt man Menschen zollt, die nicht der eigenen Meinung entsprechen. Politiker und Religionsführer verbringen offensichtlich die meiste Zeit im Angriffsmodus und sind selten bereit, einander zuzuhören.

Ich glaube, die Liebe hat nicht nur eine Chance in der Welt, sondern sie ist unsere *einzige* Chance. Wenn wir einander als Mitmenschen achten, die einander brauchen und denen das gegenseitige Wohlergehen wichtig ist, dann kennt das Potenzial zum Guten keine Grenzen. Tun wir das nicht, dann verlieren wir die Würde und werden den technologischen Fortschritt der letzten 50 Jahre dazu einsetzen, einander zu vernichten. Sollen die Probleme der Menschheit weltweit gelöst werden, so sind Achtung und ein sinnvoller, aus der Liebe entspringender Dialog erforderlich.

Macht es wirklich einen Unterschied in der Welt, wenn Sie einer obdachlosen Frau einen Teller Suppe kaufen, Ihre Tochter in den Park mitnehmen oder einen Mitarbeiter in die Werkstatt fahren, wenn sein Auto kaputt ist? Die Antwort ist ein lautes Ja. Vielleicht hat man hochtrabendere Vorstellungen darüber, was lieben heißt, zum Beispiel viel Zeit oder Geld opfern oder sogar das eigene Leben hingeben. Weshalb aber sollte man für jemanden sterben wollen, wenn man nicht bereit ist, ihm den Benzintank zu füllen? Auf richtige Liebe setzt bei kleinen Dingen an.

Lernen alle aufrichtig lieben, so ändert sich in einer Welt in Aufruhr tatsächlich etwas. Liebe ist nicht nur realistisch – sie ist unsere einzige Überlebenschance.

> Wenn Sie jemanden wirklich lieben wollen, fangen Sie mit kleinen Dingen an.

Wie werde ich liebevoller?

Woher man auch immer kommt, liebevoll sein bedeutet immer ein Stück Arbeit. Etwas im Menschen kämpft immer gegen den inneren Wunsch, aufrichtig zu lieben.

Man könnte jenen Teil der menschlichen Natur, der das eigene Wohlbefinden demjenigen anderer Menschen vor-

zieht, das falsche Ich nennen. Der ichbezogene Sog dieses
falschen Ichs ist so stark, dass viele danach leben. Deswegen fühlen wir uns ebenso zu großen Liebenden auf der
Bühne hingezogen wie zu manchen Menschen, denen wir
in diesem Buch begegnen werden. Diese aufrichtig Liebenden leben den Teil ihres Wesens aus, der lieben will. Das
wahre Ich dient den Mitmenschen, weil Beziehungen nur
befriedigend sind, wenn man für andere da ist. Ob es einem
bewusst ist oder nicht, man ist dem eigenen Wesen nicht
treu, wenn man lieblos handelt. Weil der Mensch für Beziehungen geschaffen ist, wird er erst durch aufrichtige
Menschenliebe zu dem, was er eigentlich ist.

Die Pflege der sieben Qualitäten der Liebe trägt dazu bei,
möglichst gute Beziehungen durch Einstellung, Lebensstil
und Taten aufzubauen. Missachtet man die sieben Qualitäten der Liebe und schätzt Beziehungen nicht, wird man im
Umgang mit anderen negativ, unruhig und ist stets zum
Angriff oder zur Verteidigung bereit.

Wenn wir uns für die aufrichtige Liebe entscheiden, entspringt der Wunsch, besser zu lieben und der Umwelt unser
wahres Ich zu zeigen, unseren verwandelten Herzen zunehmend ganz von selbst. Wir haben die Aufgabe, täglich Herz
und Geist zu öffnen, um Liebe zu empfangen und Gelegenheiten zu finden, sie weiterzugeben. Je mehr dies geschieht,
desto leichter wird es, die Mitmenschen zu lieben.

Die Macht aufrichtiger Liebe

Der Politiker Lee Atwater ist ein Beispiel für einen Menschen, der aus seinem wahren Ich leben lernte. In den
1980er-Jahren war er erfolgreicher Berater für die US-

amerikanische Republikanische Partei. Er versuchte, den
Ruf seiner politischen Gegner dadurch zu zerstören, dass er
in den Medien erniedrigende Geschichten über sie verbreitete. Eines Tages wurde bei ihm eine lebensbedrohliche
Krankheit diagnostiziert. Bevor er starb, schrieb er eine
Reihe von Briefen an die Menschen, die er angegriffen
hatte, rief sie an, bat sie um Verzeihung und ließ sie wissen,
wie sehr ihm seine Handlungsweise leidtue.

Der Empfänger eines dieser Briefe war ein Demokrat,
dessen politische Laufbahn praktisch zu Ende war, nachdem Atwater eine Episode aus seiner Vergangenheit an die
Öffentlichkeit gebracht hatte. Atwater schrieb in seinem
Brief an diesen Mann: »Es ist mir sehr wichtig, Sie wissen
zu lassen, dass diese Episode bei allem, was ich in meiner
Karriere erlebt habe, einer meiner Tiefpunkte war.«

Atwaters Abbitte berührte den demokratischen Politiker zutiefst. Er nahm später an Atwaters Begräbnis teil und
sagte: »Ich hoffe, dass es jungen politischen Beratern, die
Atwaters Taktik übernehmen und das Negative ihrer Gegner in einer Angstpolitik herausstreichen möchten, auch
klar ist, dass Lee Atwater angesichts des Todes zum Verfechter einer liebevollen, versöhnlichen Politik wurde.«
Atwater erinnert an die Freude und den Reichtum in Beziehungen, die entstehen, wenn man aus dem wahren Ich
handelt und aufrichtige Liebe ausdrückt.

Ich hoffe, dass Sie sich beim Weitergehen auf dem Weg
der wahren Liebe über die Änderungen Ihrer Einstellung
und Ihres Verhaltens freuen werden. Der Weg, der die Liebe
auf eine neue Ebene hebt, hört nicht mit der letzten Seite
dieses Buches auf, auch wenn die Lektüre der Begebenheiten

über die sieben Qualitäten der Liebe Sie die Frucht der Liebe schmecken lassen wird. Danach werden Sie sich nie wieder mit der Dumpfheit eines ichbezogenen Lebens zufriedengeben wollen. Wenn es Ihnen gelingt, so wird es Ihnen zu einer so alltäglichen Gewohnheit werden, aufrichtige Beziehungen aufzubauen, dass es Ihnen die größte Freude bereiten wird, Liebe zu Ihrem Weg zu machen.

Umsetzen

Sind Sie bereit, sich auf den Weg zu machen? Wenn ja, könnten Sie folgendes Versprechen an sich selbst unterschreiben:

»Ich verpflichte mich, alles über die in diesem Buch besprochenen sieben Qualitäten der Liebe zu lesen und diese kennen zu lernen. Ich will versuchen, Liebe zu Mitmenschen in meinem Herzen zu pflegen. Ich möchte andere lieben, wie ich meinerseits geliebt zu werden verdiene.«

∿

Name: _____ Datum: _____

1. Wie würden Sie Erfolg definieren? Wie äußert sich die Tatsache Ihrer Erfolgsdefinition jetzt in Ihrem Leben?

2. Wie viel von Ihrem jetzigen Leben verbringen Sie Ihrer
   Meinung nach damit, anderen Liebe entgegenzubrin-
   gen?

3. Können Sie sich an einen bestimmten Liebesdienst in
   der vergangenen Woche erinnern? Wie empfinden Sie
   Ihre Tat?

4. Welche der sieben Qualitäten des liebevollen Menschen – Güte, Geduld, Vergebung, Höflichkeit, Bescheidenheit, Großzügigkeit und Ehrlichkeit – fällt Ihnen
   wesensmäßig am leichtesten? Welche ist die schwierigste für Sie?

Teil 2

Die sieben
Geheimnisse der Liebe

Güte

Die Freude, zuerst an andere zu denken

Kein Liebesdienst, wie klein er auch sei, ist je vergeudet.
Aesop

»Ich habe was für Außenseiter übrig«, sagte Sylvia. »Als ich ihn am ersten Tag hereinkommen sah, habe ich ihn besonders freundlich begrüßt. Er war verwahrlost, deshalb fühlte ich mich zu ihm hingezogen.«

James, Mitte 50, verbrachte die meiste Zeit mit Schlafen und Trinken. Er war obdachlos, aber die örtliche Anlaufstelle nahm keine Trinker auf. Also schlief James mit einigen Freunden im Stadtpark. Er begann in Sylvias Büro zu arbeiten, nachdem ihm ein Ehepaar, das sich um die Obdachlosengemeinde kümmerte, zu dieser Arbeit verholfen hatte.

Sylvia war eine energische Großmutter und arbeitete halbtags am Empfang. Sie machte es sich zur Aufgabe, ihn jedes Mal aufzusuchen, wenn sie im Büro war. Er erzählte ihr von seiner Familie und seinem Leben. Sie lernten einander näher kennen.

Als James Sylvia mitteilte, er verreise für eine Weile nach Neumexiko, wusste sie nicht, ob sie ihn je wiedersehen würde. Vier Monate später kehrte er mit Neuigkeiten

zurück. Er hatte Krebs. Er war sich von seiner Mutter ver-
abschieden gegangen, aber sie hatte ihn abgewiesen. Jetzt
war er wieder in der Stadt, hatte Angst und war allein.

»Er lebte eine Zeitlang in einem schäbigen Hotel, weil
er nicht so krank war, dass er ins Krankenhaus konnte«,
erinnert sich Sylvia. »Doch einige Monate danach war er
in einem Pflegeheim und bekam staatliche Unterstützung.«

Da niemand aus James' Familie ihn besuchte, ging Sylvia
regelmäßig bei ihm vorbei, seit es gesundheitlich mit ihm
abwärtsging. Sie unterhielten sich über seine Kindheitser-
innerungen und seine Träume über den Himmel. Sie sprachen offen über seine Ängste und Hoffnungen im Zusammenhang mit dem Tod. Nach einigen Monaten sah Sylvia,
dass er körperlich immer schwächer wurde und die Schmerzen zunahmen. Wenn James zu schwach zum Reden war,
hielt sie einfach seine Hand und sang ihm vor. Als er starb,
war Sylvia die einzige Anwesende.

»Ich kann mich nicht erinnern, je gedacht zu haben, ich
sei freundlich«, sagt sie heute. »Ich musste es einfach tun.
Ich redete mit ihm und schenkte ihm Zuwendung. Sehr
viele Menschen sind allein auf der Welt. James brauchte es
nicht zu sein.«

Güte bedeutet, einen Mitmenschen zu sehen und sein
Bedürfnis wahrzunehmen. Es bedeutet, den Wert eines jeden Menschen zu sehen, dem wir begegnen. Wie jedes
Merkmal des liebevollen Menschen ist Güte oft viel einfacher und wirksamer, als man denkt.

～ Bin ich normalerweise freundlich? ～

Überlegen Sie beim Beantworten des nachfolgenden Fragebogens, was Sie am häufigsten sagen und tun. Sie werden bald merken, dass aufrichtig liebevolle Menschen bei jeder Frage ganz selbstverständlich *c* anstreichen. Es ist aber wichtig, dass Sie sich bewusst machen, wo Sie *jetzt* stehen, wenn Sie wirklich Schritt für Schritt liebevoller werden möchten.

1. Wenn ich in der Öffentlichkeit bin, zum Beispiel in einem Kleidergeschäft,

a) schnauze ich die Leute an, die mir in den Weg kommen.

b) versuche ich, möglichst jedes Gespräch zu vermeiden.

c) genieße ich jede Gelegenheit, jemandem zuzulächeln.

2. Wenn ein Liebesdienst für jemanden mir ein Opfer oder Geld abverlangt oder meine Bequemlichkeit stört,

a) lasse ich die Idee fallen, ohne sie weiter zu prüfen.

b) bin ich bereit, etwas zu opfern, wenn ich weiß, dass ich etwas zurückbekomme.

c) überlege ich, ob es das Opfer wert ist, und versuche, es zu tun.

3. Wenn jemand mir gegenüber unfreundlich ist,

a) ärgere ich mich.

b) versuche ich die betreffende Person möglichst zu meiden.

c) suche ich nach einer Möglichkeit, freundlich zu ihr zu sein.

4. **Wenn ich höre, dass andere an einem Samstagnach-**
   mittag etwas Wohltätiges vorhaben,

a) hoffe ich, dass sie mich nicht bitten, mitzumachen,
   denn sie haben offensichtlich mehr Zeit als ich.

b) habe ich Schuldgefühle, weil ich mich nicht anschließe.

c) überlege ich, wie ich in meiner Umgebung etwas Ähnliches tun könnte.

5. **Wenn ich jemanden sehe, der sich ganz anders klei-**
   det oder verhält als ich,

a) fühle ich mich überlegen.

b) versuche ich die betreffende Person zu meiden, weil
   mir unbehaglich ist.

c) versuche ich sie irgendwie anzusprechen, weil ich vielleicht etwas von ihr lernen kann.

Der Schlüssel zur Liebe

Als ich noch Kind war, wurde meinen damaligen Freunden
und mir aus der Bibel beigebracht, lieb zueinander zu sein –
aber nicht jedes Kind in meiner Sonntagsschulklasse war
es. Manche Kinder waren lieb und gut, bis jemand ihr
Spielzeug stibitzte, ihre Zeichnung oder ein sonstiges
Kunsterzeugnis verschmierte oder sie beim Wassertrinken
anstieß. Bei der geringsten Provokation vergaßen sie jedes
Gutsein und wurden wieder ganz ichbezogen. Ihr Verhalten
besagte: »Mach nicht an mir oder an meinen Sachen rum.«
Ein paar wenige waren fast nie lieb. Im Großen und Ganzen

schienen die Kinder, mit denen ich aufwuchs, lieb zu denen zu sein, die lieb zu ihnen waren, und nicht zu denen, die sie lieblos behandelten.

Ich habe beobachtet, dass Erwachsene sich in dieser Hinsicht nicht stark von Kindern unterscheiden. Ein Mann ist freundlich zu seiner Frau, wenn sie freundlich zu ihm ist. Er trägt den Müll gerne hinaus, wenn sie ein gutes Essen gekocht hat. Er spricht freundlich mit ihr, wenn sie freundlich ist. Er bietet ihr an, ihr Auto für sie zu waschen, wenn sie ihm beim Sex Lust verschafft hat.

Wie aber sieht Güte angesichts von Ungerechtigkeiten und schlechter Behandlung aus? Ein Ehemann machte folgende Erfahrung: »Ich war unwirsch zu meiner Frau, indem ich ihre Ideen schlechtmachte und ihr sagte, was sie vorbringe, sei unlogisch. Ich wurde laut und sagte ihr genau, was ich dachte. Sie ging aus dem Zimmer, und ich wandte mich wieder dem Fußballspiel im Fernsehen zu. Eine halbe Stunde später kam sie mit einem Sandwich, Chips und einer Cola herein, alles schön auf einem Tablett angerichtet. Sie legte mir das Tablett auf den Schoß und sagte: ›Ich liebe dich.‹ Dann küsste sie mich auf die Wange und ging wieder hinaus. Ich saß da und dachte: *Das ist nicht recht. So was sollte nicht passieren.* Ich kam mir vor wie ein Depp. Ihre Güte hatte mich überwältigt. Ich stellte das Tablett weg, ging in die Küche und entschuldigte mich.« Diese Frau bewies die Güte echter Liebe, und sie stimmte ihren Mann um.

Das Paradoxe daran ist, dass Güte als Weg zu wählen nicht nur Mitmenschen viel Freude macht, sondern auch einem selbst. Wenn wir Güte unter jeglichen Umständen beweisen, stellen sich Alltagsentscheidungen in einem ganz anderen Licht dar.

Güte: Die Freude, die Bedürfnisse eines Mitmenschen nur um der Beziehung willen vor den eigenen zu erfüllen.

Die große Wirkung kleiner Freundlichkeiten

Die vier Frauen am Ecktisch bei Starbucks unterhielten sich lachend miteinander. Sie sahen auch ständig zur Kasse hin. Früher am selben Tag hatten sie Geld zusammengelegt und einen Starbucks-Geschenkgutschein gekauft. »Benutzen Sie den Gutschein für alle, die heute etwas bestellen, bis er aufgebraucht ist«, baten sie den Angestellten. Dann setzten sie sich, genossen das Zusammensein und den Gesichtsausdruck der Leute, als sie hörten, ihr Kaffee koste heute nichts.

Dieselben vier Frauen verbrachten einen kalten Samstagmorgen damit, bei einem Fußballspiel von Schülern gratis heiße Schokolade an Kinder und Eltern zu verteilen. Sie topften Dutzende Stiefmütterchen ein und verteilten sie an die Bewohner des örtlichen Pflegeheimes. Als man bei ihrer Freundin Marcy Gelenkrheumatismus feststellte, bezahlten sie ihr eine monatlich Putzhilfe für das Haus, damit ihr mehr Energie für ihre halbwüchsigen Kinder blieb.

Was bei diesen Frauen am meisten auffällt, ist nicht nur ihr Engagement für Liebesdienste an völlig unerwarteten Orten, sondern ihre reine Freude daran. Sie lieben ihre

Mitmenschen, weil sie wissen, dass sich Liebe um der Liebe willen lohnt.

Neue Gewohnheiten
Achten Sie darauf, auf welche Weise die Menschen in Ihrer Umgebung gut zu Ihnen und anderen sind. Nehmen Sie wahr, wie Güte die Begegnung oder Beziehung verändert.

Liebesdienste zu *beobachten,* ist einer der Schritte, der zu solchen anregt. Vielfach hält man Güte für selbstverständlich, gerade im Familienkreis. Jemand kocht das Essen, jemand wäscht nach dem Essen das Geschirr, aber niemand nimmt diese einfachen und doch wichtigen Liebesdienste wahr. Jemand wäscht die Handtücher, scheuert die Böden, putzt die Spiegel und mäht den Rasen. Das sind manchmal mehr als nur nützliche Verrichtungen. Meistens ist es die Art und Weise, wie ein Mann oder eine Frau dem Partner seine Liebe äußert. Werden diese Verrichtungen jedoch als Liebesdienste anerkannt?

Manchmal empfehle ich Ratsuchenden, jede gute Tat aufzuschreiben, die sie im Lauf eines Tages beobachten. Hier die Aufstellung von Freundlichkeiten, die einem Mann an einem Tag auffielen:

- *Als ich nicht auf den Wecker reagierte, weckte mich meine Frau, damit ich nicht zu spät zur Arbeit käme.*
- *Als ich aus meinem Wohnviertel hinausfuhr, hielt jemand an und winkte mich vor sich in die Autoschlange.*

- Als ich ins Büro kam, hatte meine Büroassistentin den Computer bereits hochgefahren.

- Als ich eine Pause machen wollte und keinen Dollar für die Getränkemaschine hatte, lieh ihn mir ein Mitarbeiter.

- Ich ging alleine essen und wurde eingeladen, mich zu zwei Männern einer anderen Abteilung zu setzen. Ich genoss unser Gespräch.

- Am Nachmittag bekam ich eine E-Mail von einem Kunden, der mir dankte, seine Bestellung so zügig erledigt zu haben. (Ich bekomme nicht viele derartige E-Mails.)

- Als ich das Bürogebäude verließ, öffnete mir ein Sicherheitsbeamter die Tür.

- Als ich vom Parkplatz in die Straße einbog, ließ mich eine Frau vor sich in die Fahrspur.

- Als ich nach Hause kam, begrüßte mich unser Hund Wiesel schwanzwedelnd am Auto.

- Als ich das Haus betrat, begrüßte mich meine Frau mit einer Umarmung und einem Kuss.

- Meine Frau hatte das Essen schon fast gerichtet. Ich wusch mir die Hände und half ihr – mein kleiner Liebesdienst. Als wir fertig waren, füllte ich den Geschirrspüler.

- Nach dem Essen bot mir meine Frau an, mit dem Hund spazieren zu gehen, während ich mir meine E-Mails ansah.

- Meine Frau setzte sich zu mir, um die Nachrichten mit mir anzuschauen.

- Danach ging sie mit mir ins Einkaufszentrum, um einen Rucksack auszusuchen.

- Vor dem Einschlafen küsste sie mich und sagte mir, sie liebe mich. Es war ein guter Tag.

Meistens sind die Leute überrascht, wie viele Liebesdienste ihnen innerhalb einer kurzen Zeitspanne auffallen. Nimmt man sie bewusst wahr und lernt sie schätzen, möchte man selbst lieber freundlich sein. Will man erst einmal Güte entwickeln, findet man im Verlauf des Tages leicht Gelegenheiten, freundlich zu sein. Solche Gelegenheiten gibt es zu Hause, am Arbeitsplatz, im Lebensmittelgeschäft und überall in Hülle und Fülle, wo man Menschen begegnet.

Ich erinnere mich an den Tag, als ich meine Hemden in die Wäscherei brachte. Als ich zum Auto zurückkam, war ich zwischen zwei Lieferwagen ohne Fenster eingeklemmt. Ich konnte unmöglich sehen, ob Autos von der einen oder anderen Seite heranfuhren. Ein Mann mittleren Alters, der über den Parkplatz ging, erkannte meine missliche Lage. Er blickte in beide Richtungen und winkte mich aus meinem Tunnel heraus. Freundlich winkte ich ihm zu und bedankte mich. Beim Verlassen des Parkplatzes dachte ich bei mir: »Was für ein netter Mann! Das hätte er nicht zu tun brauchen. Er hätte wegblicken können, aber er sah, in welcher Situation ich steckte, und reagierte freundlich.«

Ich erinnere mich noch immer an diesen Liebesdienst, obwohl er schon fast zwei Jahre zurückliegt. Die einfache Entscheidung dieses Mannes, stehen zu bleiben und mir zu helfen, hat mich bewogen, dasselbe für andere zu tun. Das ist das Schöne daran, in Beziehungen und Begegnungen freundlich zu handeln: Ein Liebesdienst erzeugt den nächsten.

Weshalb erwähne ich so »kleine« Liebesbeweise bei diesem wichtigen Zug des liebevollen Menschen? Weil Freundlichkeiten, egal ob groß oder klein, dem Wunsch entspringen, Mitmenschen zu dienen, und *Dienen* ist der Kern eines jeden liebevollen Menschen. Güte bedeutet, etwas für jemanden zu tun, auch wenn es ein Opfer erfordert. Die Frauen bei Starbucks opferten Geld, um anderen Freude zu machen. Der Mann, der mir aus dem Parkplatz half, opferte an jenem Tag einige Augenblicke seiner Zeit. Egal ob ein Liebesdienst groß oder klein ist, er drückt aus: »Du bist ein wertvoller Mensch.«

> Man kann nicht wirklich lieben, wenn man kein Opfer bringen will.

Es geht ums Überleben

Vor vielen Jahren erwähnte der damalige Präsident der Vereinigten Staaten, George W. Bush, wie wichtig freiwillige Helfer in den Gemeinden seien, und nannte sie »tausend Lichtpunkte« im Land. Seiner hochfliegenden Idee schenkten die Medien viel Aufmerksamkeit. Daraus entstand die »Points of Light Foundation« (Stiftung der Lichtpunkte), die seither Freiwilligenhilfe im ganzen Land koordiniert.

Güte ist kein politisches Thema. Es geht um das Überleben der Menschheit. In einer Welt, in der jeder gegen jeden kämpft, bleibt am Ende nur einer übrig. Ohne Liebesdienste wird die Welt für jeden zum dunklen, einsamen Gefängnis. Doch dank Liebesdiensten können wir einander überleben helfen.

In einer Welt, in der jeder gegen jeden kämpft,
bleibt am Ende nur einer übrig.

Organisierte Güte

Jeder kennt Berichte über Menschen, die sich zusammengetan haben, um anderen einen Dienst zu erweisen. Die in Amerika so beliebte Fernsehserie »Das Hausbau-Kommando – Trautes Heim, Glück allein« zeigt, wie sehr Liebesdienste die Zuschauer berühren. Viele Leute haben mir erzählt, sie könnten die Sendung nicht sehen, ohne Freudentränen für die Familien zu vergießen, denen Ty Pennington und seine Leute geholfen haben.

Am eigenen Wohnort bieten sich viele Gelegenheiten für Freiwilligenarbeit. In der Stadt Longview im Staat Washington beispielsweise gibt es jedes Jahr eine »Helferwoche«. Kirchen und andere Organisationen der kleinen Stadt rufen städtische Einrichtungen mit der Frage an: »Wie können wir Ihnen helfen?« Eine ganze Woche lang nehmen sich Hunderte von Freiwilligen Zeit, um vom Bemalen der Einzäunung am Golfplatz über Dokumentenablage im Rathaus bis zum Mulchen der Stadtparks zu helfen. Die Teilnehmer aller Altersstufen sind verschiedenster Herkunft und verlangen nichts dafür.

Solche Liebesdienste sind Beweise aufrichtiger Liebe. Auch weltweite Katastrophen wie Terroranschläge, der Orkan Katrina, der Tsunami im Indischen Ozean und die Aidsepidemie in Afrika lösen meistens großzügige organisierte Beweise von Güte aus. Sie können aber alle Entwicklungs- oder Freiwilligenhelfer befragen, und sie werden

Ihnen sagen: »Ich hatte die Ehre, jemandem in einer Not-
lage zu helfen.«

Güte von Einzelnen

Kurz nach Renees Einzug mit ihrer Familie in ein Reihen-
haus in Iowa City stellte sie fest, dass mehrere Grundschul-
kinder aus der Nachbarschaft zu Fuß in die Schule mussten.
Da sie knapp unter der Drei-Kilometer-Grenze von der
Schule entfernt wohnten, fuhr der Schulbus nicht bei ihnen vorbei. Die meisten Kinder stammten aus Familien mit
niedrigem Einkommen. Viele Eltern hatten entweder kein
Auto oder keinen Führerschein. Manche mussten früh arbeiten gehen oder arbeiteten nachts und schliefen, wenn
die Kinder morgens aufbrachen.

Renee war klar, dass man auf den bald verschneiten Straßen Iowas dann unmöglich mehr Fahrrad fahren konnte.
Also besprach sie mit dem Rektor, wie diese Kinder morgens zur Schule kommen könnten. Im Lauf des folgenden
Jahres gab er jeder Familie, aus der ein Kind mitgenommen
werden wollte, Renees Telefonnummer. Sie nahm ihre
Nachbarn im Minivan zur Schule mit und holte sie wieder
ab, wenn sie ihren Sohn hinbrachte und holte. Es war ein
einfacher Liebesdienst, der entstanden war, weil sie ein
Bedürfnis wahrgenommen hatte und sich bemühte, eine
Lösung zu finden. Im Lauf der Zeit freundete sie sich mit
vielen dieser Nachbarn an und zeigte zudem ihrem Sohn,
wie einfach mitmenschliche Hilfe sein kann.

Organisierte Liebesdienste sind zwar äußerst wichtig,
besonders bei Katastrophen. Dennoch besteht ein größeres
Bedürfnis nach individuellen Liebesdiensten, die selbstver-

ständlicher Bestandteil des Alltags sind. Fast jeder reagiert in einer Krisensituation, weil die Not zum Himmel schreit. Gelegenheiten für Güte im Strom des Alltags zu entdecken hingegen erfordert wirklich fürsorgliche Menschen.

Der beste Liebesdienst ist der, über den man nicht nachzudenken braucht.

Die Kargheit des geschäftigen Lebens

Wir sind oft dermaßen mit eigenen Belangen beschäftigt, dass wir die Bedürfnisse der Menschen in der Umgebung nicht mehr wahrnehmen. Tun wir es doch, so braucht es einen Riesenschritt vom Wahrnehmen bis zur Reaktion, die wahrscheinlich darin besteht, einen oder beide der viel gepriesenen Besitztümer zu opfern: Geld und Zeit.

Vielleicht findet man, man besitze zu geringe Mittel, um anderen zu helfen. Meistens wird es etwa so begründet: »Ich würde ja etwas tun, wenn ich könnte, aber da ich nicht kann, gebe ich etwas für eine gute Sache.« Spenden an Wohlfahrtseinrichtungen sind in der Tat gut und manchmal das Beste, was man tun kann. Doch die meisten Menschen könnten daran wachsen, im Alltag selber einen Liebesdienst zu tun.

Fast zweieinhalb Jahrtausende ist es her (das heißt, zweieinhalb Jahrtausende vor dem Ansturm von Faxen, iPods und Handys), dass der griechische Philosoph Sokrates vor der Kargheit des geschäftigen Lebens warnte. Vielleicht meint man, keine Zeit zu haben, der Empfangsdame ein

Kompliment zu machen oder der Kassiererin an der Kino-
kasse zu sagen, bei einem Auto auf dem Parkplatz seien die
Scheinwerfer an. Oder man ist mit dem nächsten Punkt auf
dem Tagesplan so beschäftigt, dass man nicht einmal überlegt, ob man sich Zeit für eine Freundlichkeit nehmen soll
oder nicht. Wie viel erfüllter wäre das Leben doch, wenn
uns die Menschen wichtiger wären als die Uhr!

Wenn Güte im eigenen Leben ganz selbstverständlich
wird, braucht man nicht mehr innezuhalten und zu überlegen, ob es sich lohnt. Alle haben unterschiedliche Fähigkeiten und Gelegenheiten. Die Frage ist nur die, wie man
sein Wissen und seine Talente einsetzen soll, um die Bedürfnisse seiner Nächsten zu befriedigen.

～ Das Schöne an der Güte ～

Besonders haben mich beim Schreiben dieses Buches die Geschichten von Menschen im ganzen Land
gefreut, die mir erzählten, welche Erfahrungen sie in
ihrem Leben mit Güte gemacht hatten. Hier nur einige
Beispiele, wie man Mitmenschen seine Liebe ausdrücken
kann:

• Karen aus Ithaca (New York) erzählte von ihrer Freundin Kathy, die »sechs Monate lang eine befreunde-
  te Mitarbeiterin zur Chemotherapie fuhr«. Außerdem holte sie ihr jeweils die verschriebenen Medika-
  mente, ging sie besuchen und half ihr bei den Haus-
  arbeiten.

- Spencer schmuggelt immer eine aufmunternde Notiz oder Karte in den Koffer seiner Frau, wenn sie auf Geschäftsreise geht.
- Debbie organisierte eine Überraschungsfeier zum Jahrestag des Büropförtners der Firma.
- Lauren brachte Chris einen Cheeseburger, Fritten und einen Milchshake mit – sein Lieblingsessen –, als er nach einer Rückenoperation das Haus nicht verlassen konnte.
- Nach 30 Jahren erinnert sich Robert noch immer an die Nachbarin, die ihm einen Kopfsalat für 29 Cent brachte, weil es ihn zum Aktionspreis gab.
- Als Kyle eines Morgens zur Arbeit kam, stellte er fest, dass ihm seine Assistentin ein Heizgerät für sein Büro gebracht hatte, weil sie bemerkt hatte, dass der Raum kalt war.
- Joseph schreibt: »Ich liebe dich!« an den Rand des Scheckhefts, wenn er einen Fehler seiner Frau beim Zusammenzählen entdeckt.
- Als Helene und Alex aus den Ferien zurückkamen, stellten sie fest, dass ihr Nachbar ihnen den Rasen gemäht hatte.
- Ein älterer Freund erzählte: »Ich bin mit einem alkoholkranken Vater und einer überarbeiteten Mutter aufgewachsen. Das Leben war schwer. Aber ich hatte eine liebevolle Großmutter, die sich jeden Nachmittag um mich kümmerte, wenn ich von der Schule nach Hause kam. Sie hatte immer Kekse, Milch und Umarmungen für mich bereit. Mir wird ganz übel, wenn ich daran denke, was ohne Großmutters Anwesenheit aus mir geworden wäre.«

- Kim kümmerte sich kostenlos um Dorothys Baby, als diese einige Tage die Woche wieder am Empfang arbeiten ging.
- Mary brachte eines Tages, als es schneite, ein Eintopfgericht für die ganze Abteilung mit.
- Nate erinnert sich: »Egal wie viele Fragen ich Vater beim Fußballspiel stellte, er nahm sich immer Zeit, mir zu antworten und mir die Regeln zu erklären.«
- Am Tag vor der Ankunft von Jasmins Schwiegereltern, die ihren neuen Enkel kennen lernen wollten, fand sich eine Reihe ihrer Freunde mit Schrubbern, Staubsaugern und Scheuerlappen bei ihr ein, um nachmittags das Haus für sie zu putzen.

Die Einstellung ändern

Die meisten geben zu, dass sie einiges an ihrer Einstellung ändern müssten, um wirklich Güte zu entwickeln. Das falsche Ich des ichbezogenen Lebens sagt: »Ich bin gut zu dir, wenn du gut zu mir bist.« Das wahre Ich der aufrichtigen Liebe sagt: »Ich will gut zu dir sein, egal wie du mich behandelst.« Wie nährt man das wahre Ich? Wie ändert man die Einstellung, um Mitmenschen auch dann Güte zu beweisen, wenn sie Fremde oder, noch schwieriger, gute Bekannte sind, die uns schlecht behandeln?

Güte verändert Menschen

Jakes und Connies Ehe war schwierig. Jake musste für seine Arbeit viel reisen und war selten da, um bei der Erziehung der Kinder zu helfen. Connie beklagte sich, und Jake ging auf Abwehr. Unterdessen wurde Connies ständiger Kampf gegen eine psychische Erkrankung immer schlimmer. Manchmal konnte sie morgens nicht arbeiten gehen oder die Kinder zur Schule bringen. Als Connie immer schwächer wurde und Jakes Hilfe im Haushalt immer mehr brauchte, veränderte sich seine Haltung der Familie gegenüber allmählich. Er nahm eine niedrigere Stellung in seiner Firma an, um häufiger zu Hause sein zu können, und beschloss herauszufinden, was Güte statt Selbstsucht erreicht.

»Ich habe erkannt«, sagt er, »dass ich das Beste bin, was sie haben. Ich werde alles in meinen Möglichkeiten Stehende tun, um ihnen zu helfen, und mich nicht mehr darum kümmern, ob mich die Tätigkeit befriedigt oder nicht. Aus solchen Beziehungen brechen manche Leute aus, aber ich vergeude keine Zeit mit solchen Gedanken. Ich will die Wäsche und das Geschirr besorgen und den Kindern bei den Aufgaben helfen. Ich sitze nicht herum und überlege, was sie für mich tun oder sind.«

Ohne die Einstellung zu ändern, wäre Jake wohl nahe daran, aufzugeben. Aber er ist entschlossen, aufrichtige Liebe unter diesen schwierigen Umständen zu beweisen, und glaubt, dass Güte heilt. Allmählich wird auch sichtbar, wie seine Güte den ganzen Haushalt verändert. Connie lacht öfter und hat mehr Energie, um sich um die andern zu kümmern. Die Kinder blühen im gut strukturierten Zuhause mit weniger Feindseligkeiten zwischen den Eltern auf. Jake wusste nicht, ob sich etwas in der Familie ändern würde, als er Güte statt Ärger wählte, aber er wusste, dass nur stete Liebe die Familie zusammenschweißen konnte.

Man sollte Güte nie dazu einzusetzen, andere zu manipulieren. Sieht man aber, wie eine Gefälligkeit jemanden verändern kann – einem müden Automechaniker ein Lächeln abgewinnt oder den Stress eines anspruchsvollen Chefs etwas verringert –, dann bekommt man mehr Lust, freundlich zu sein.

Weltweit lehrt die Geschichte, dass Güte Nationen besser stärkt als Feindseligkeiten. In den letzten Jahren ist beispielsweise das Internierungslager der Guantánamo-Bucht zum Blitzableiter bei Debatten geworden. Es gibt heftige Kontroversen über die Befragungsmethoden ausländischer Häftlinge, die verdächtigt werden, mit den Taliban oder Al-Qaida zusammenzuarbeiten. Nach mehreren Jahren auf die harte Tour wurde allerdings festgestellt, dass die meisten Resultate im Lauf der Zeit (was das Sammeln von Informationen angeht) menschlicher Güte zu verdanken sind. Wenn die Befrager sich Zeit nehmen, die Achtung eines Gefangenen zu erwerben, und das Thema freundlich und sachlich angehen, bekommen sie die erforderlichen Informationen am ehesten. Man sollte den Einfluss menschlicher Güte nie unterschätzen.

Den Mantel der Güte anziehen

Ein zweiter Schritt, um die eigene Einstellung zu verändern, ist die Einsicht, dass jeder Mensch potenziell Güte zum Weg wählen kann. Einer der besten Menschen, dem ich je begegnet bin, sagte mir einst: »Jeden Morgen schlüpfe ich in Hemd, Hose und Jacke und setze Brille und Mütze auf. Dann stelle ich mir vor, dass ich darüber den Mantel der Güte anziehe. Ich wickle ihn um mich und bitte darum, heute meinen Mitmenschen Güte zu beweisen.« Dieser Mann hat das Leben von Hunderten verändert. Er hat Rasen für kranke Nachbarn gemäht, trockene Blätter für alte Menschen geharkt, Aufnahmen von Vorträgen und Bücher an Leute verschenkt, von denen er dachte, sie würden diese anhören oder lesen, und Ferienlagergebühren für bedürftige Kinder bezahlt. Als er starb, dauerte seine Beerdigung über drei Stunden, während Menschen jeder Herkunft erzählten, wie sie seine Güte erlebt hatten.

Wenn man Güte als Teil seiner Kleidung trägt, denkt man nicht lange darüber nach, ob man in einer bestimmten Situation freundlich sein soll. Wohin man auch immer geht, die Güte geht ständig mit.

Ich habe einmal ein Fernsehinterview mit einer Frau gesehen, die eine Ehe mit schrecklichen Missbräuchen hinter sich hatte. Als der Befrager wissen wollte, wie sie hatte überleben können, antwortete sie, es habe ihr manchmal schon geholfen, den Tag zu überstehen, wenn jemand sie beim Lebensmittelkaufen nur anlächelte.

Egal welche Persönlichkeit, Gewohnheiten oder Vergangenheit wir haben, wir alle haben täglich unzählige Gelegenheiten am Telefon, im Büro und zu Hause, andere freundlich zu behandeln. Stellen wir uns jeden Tag vor, dass Güte uns wie ein Gewand umgibt: Wer weiß, wessen Leben wir damit vielleicht verändern?

Wenn Güte nicht angenommen wird

Der dritte Aspekt einer geänderten Einstellung ist die Einsicht, dass man nicht dafür verantwortlich ist, ob andere positiv auf Liebesdienste reagieren. Wir alle können Liebe empfangen und erwidern oder aber die geschenkte Liebe abweisen. Lehnt jemand Güte ab, so zieht man sich leicht zurück oder ist verärgert. Doch der Mensch ist frei, Güte dankbar anzunehmen, sie abzulehnen, einem selbstsüchtige Absichten zuzuschreiben oder sie mit einer Freundlichkeit zu erwidern. Über die Reaktion der Mitmenschen haben wir keine Kontrolle.

Blake wurde mit 10 Jahren drogensüchtig. Mit 13 unterzog er sich seinem ersten Entzug und noch ehe er 20 war vier weiteren Behandlungen. Auch später als erfolgreicher Künstler nahm er immer wieder Drogen. Während all dieser Jahre der Abhängigkeit brachte ihm seine Mutter Marilyn Liebe entgegen. Als die Ärzte Blake mitteilten, die Drogen schädigten sein Herz, liebte sie ihn. Als er ihr unter Drogen Schreckliches sagte, liebte sie ihn. »Das ist nicht mein Sohn«, meinte sie und hörte nicht auf, an den Menschen zu glauben, der er in ihren Augen eigentlich war.

Manchmal hieß Blake lieben, ihm kein Geld geben, wenn er welches brauchte, oder ihn nicht bei ihr wohnen zu lassen, weil er Gegenstände stahl und sie verkaufte, um Geld für Drogen zu beschaffen. Aber sie erinnerte ihn immer wieder daran, dass sie ihn liebte. Sie fühlte sich dazu berufen, in seinem Leben für Hoffnung und Annehmen zu stehen.

Nach zwei Herzklappentransplantationen gab man Blake noch zwei Jahre. Seine Mutter wollte ihn nicht allein oder in einer Betreuungsstelle sterben lassen und nahm es auf sich, ihn bis zu seinem Lebensende zu Hause zu pflegen.

Als Blake im Sterben lag, hatte er sich für sein Verhalten nicht entschuldigt, aber er war weicher geworden. Er sah die Mutter direkt an, wollte ihr jedoch für ihre Fürsorge nicht danken.

Die Predigt bei Blakes Beerdigung trugt den Titel »Liebe genügt«, ein Tribut an unsere Hoffnung, dass sich Güte immer lohnt. In einer zerrütteten Welt verlaufen Beziehungen nicht immer so, wie man möchte. Möglicherweise bekommt man nie zu sehen, wie ein Liebesdienst gewirkt hat. Doch wenn man wirklich liebt, hält man treu daran fest, auch wenn es schwierig wird.

Aufrichtige Liebe beinhaltet immer eine Wahl. Wenn jemand Güte mit Güte vergilt, kann eine sinnvolle Beziehung entstehen. Wenn das Gegenüber einen Liebesbeweis ablehnt und sich zurückzieht, kann man weiterhin hoffen, es werde zu gegebener Zeit umkehren und auf einen zukommen, statt sich weiter zu entfernen. Unterdessen nimmt man eine liebende Haltung ein: Man wünscht ihm das Beste und versucht, dies durch Güte auszudrücken. Auch wenn es ganz dunkel wird, hält man am Glauben fest, dass Liebe genügt.

∾ Anfangen ∾

Nachfolgend habe ich einige einfache Möglichkeiten für Güte im Alltag angeführt. Bestimmt fallen Ihnen noch viele weitere ein.

- Machen Sie einer Verkäuferin ein Kompliment.
- Halten Sie jemandem die Tür auf.
- Lächeln Sie ein Kind an. Wenn es Ihnen etwas sagt, hören Sie zu.
- Lancieren Sie einen kostenlosen Autowaschdienst in Ihrem Wohnviertel.
- Lassen Sie die im Lebensmittelladen in der Schlange hinter Ihnen stehende Person vorgehen.
- Nehmen Sie jemanden mit unter den Schirm, wenn es regnet.
- Mähen Sie den Rasen Ihrer Nachbarin, harken Sie abgefallene Blätter für sie zusammen und rechen Sie ihr den Kiesweg.
- Besuchen Sie einen betagten Menschen.
- Geben Sie großzügig Trinkgelder.
- Wenn jemand gerade eine schwierige Zeit durchmacht, schlagen Sie vor, wie Sie helfen könnten – zum Beispiel Lebensmittel einkaufen, die Kinder hüten oder die Wohnung putzen –, statt nur zu sagen: »Sag es mir, wenn ich etwas für dich tun kann.«
- Führen Sie Ihre Mitarbeiterin an ihrem Geburtstag zum Mittagessen aus.
- Überlegen Sie, was einem Freund oder Angehörigen das Gefühl gibt, geliebt zu werden, und versuchen Sie, ihm Ihre Liebe so zu beweisen.

- Wenn Sie jemanden bemerken, der seine Arbeit ausgezeichnet macht, so sehen Sie zu, dass sein Chef es erfährt.
- Rufen Sie jemanden an, in dessen Familie jemand gestorben ist, auch wenn der Todesfall schon etwas zurückliegt.
- Kaufen Sie bei einem Kinderflohmarkt einem Kind etwas ab.

Stock und Stein

Viele haben als Kind Sprüche gelernt, die mehr Falsches als Wahres enthalten. Einer davon lautet: »Stock und Stein brechen mein Gebein, doch Worte bringen keine Pein.« Tatsache ist, dass negative, urteilende Worte ein Leben lang schmerzen können.

Als Molly eben mit der Uni fertig war, hatte sie wenig Geld, um ihre erste Wohnung einzurichten. Auf der Suche nach Möbeln plünderte sie den elterlichen Dachboden und fand dort den antiken Schreibtisch ihrer Großmutter. Er musste instand gesetzt werden, würde aber ein sehr schönes Stück in ihrem Heim abgeben. Molly reparierte und polierte den Schreibtisch ein Wochenende lang. Als der Vater ihn sah, grunzte er und schüttelte den Kopf missbilligend, statt ein anerkennendes Wort zu sagen oder einen hilfreichen Vorschlag zu machen. Molly stellte den Schreibtisch in ihr Wohnzimmer, doch Vaters stumme Kritik vergaß sie nie.

Zehn Jahre später stand der wiederhergestellte Schreibtisch im Haus, in dem Molly inzwischen mit ihrem Mann und ihren beiden Töchtern wohnte.

»Dänische Möbelpolitur wäre besser gewesen«, sagte ihr Vater eines Tages mit einer Handbewegung zum Schreibtisch.

Molly sagt heute: »Ich hörte daraus heraus, dass mein Leben mit einer anderen Politur besser gelaufen wäre. Ich konnte es ihm einfach nicht recht machen.«

Manche Menschen haben beim Aufwachsen einen ungerecht hohen Anteil an negativen Sätzen mitbekommen. Als Erwachsene liegt es an jedem Einzelnen, lieblose Worte im eigenen Vokabular durch liebevolle zu ersetzen. Man neigt naturgemäß dazu, anderen zu geben, was man bekommen hat. Doch wenn man sich vornimmt zu lieben, kann man sich freundlich ausdrücken lernen.

Positive Wortwahl

Baut Ihre Wortwahl zu Hause und bei der Arbeit andere auf? Oder macht sie ihnen das Leben schwerer?

Bei einem Leben aufrichtiger Liebe verbindet man freundliche Taten mit freundlichen Worten. Ein Vater, der seiner halbwüchsigen Tochter sagt: »In Ordnung, du kannst gehen. Jetzt hör aber auf, mich zu nerven!«, hat zwar seine Zustimmung gegeben, aber unfreundlich. Das Mädchen fühlt sich beim Gehen vom Vater entfremdet.

Ein liebevoller Vater würde etwa sagen: »Du kannst gehen. Ich wünsche dir viel Spaß. Ich liebe dich, pass also auf.« Tonfall und Gesichtsausdruck sind dabei ebenso wichtig wie das, was er sagt.

Man gewöhnt sich leicht an, andere zu necken und herabzusetzen, besonders wenn es sich um ein Familienmitglied
handelt. Deswegen gefällt es mir auch so sehr, wenn ich höre,
wie Ehepartner freundlich miteinander umgehen. Neulich
hörte ich, wie ein Mann sich über sich selbst ärgerte, weil er
seine Angehörigen eine Zeitlang aus dem Haus ausgesperrt
hatte. »Das ist erst einmal vorgekommen, mein Schatz, und
es ist ja gut gegangen«, meinte seine Frau leichthin. Sie ver-
wandelte eine Gelegenheit zum Rügen in ein Lob.

Vor einiger Zeit beriet ich eine Frau mittleren Alters, deren
Vater gestorben war. Sie erzählte: »Mutter und Vater haben
47 Jahre lang aneinander herumgenörgelt. Ich habe nie verstanden, weshalb sie sich nicht haben scheiden lassen.«

»Glauben Sie, sie hätten etwas anderes gesagt, wenn sie
mit anderen Partnern verheiratet gewesen wären?«, fragte
ich.

»Wahrscheinlich nicht«, meinte sie, »denn beide haben
auch mich mit negativen Bemerkungen überhäuft. Dabei
finde ich, dass ich eine ziemlich gute Tochter war. Ich glaube, sie waren einfach zwei negative Menschen, die einander zufällig geheiratet haben.«

Wie tragisch ist es doch, wenn manche dem Leben gegenüber negativ eingestellt sind und täglich so destruktive
Worte in den Mund nehmen!

Unterschätzen Sie nie die Macht freundlicher
Worte.
Sie können das Leben Ihrer Mitmenschen
verändern.

Anerkennung mit Worten

Vor Jahren drohte der drogensüchtige Anführer einer Gang
auf den Straßen New Yorks, Nicky Cruz, dem jungen David
Wilkerson, der sich dafür engagierte, Menschen wie Nicky
zu helfen: »Wenn du einen Schritt näher kommst, bringe
ich dich um!«

»Das könntest du tun. Du könntest mich in tausend Stücke schneiden und die Stücke auf der Straße ausbreiten, und
jedes Stück würde dich lieben«, antwortete Wilkerson. Ist
es da überraschend, dass Nicky Cruz mit der Zeit sein Leben
auf der Straße aufgab und heute in positiver Weise wirkt?

Ein gütiger Mensch sucht nach Möglichkeiten, sich anerkennend über andere zu äußern.

- Welche Frau würde nicht gerne hören: »Du siehst gut
  aus in diesem Kleid.«?
- Welchen Mann würde der Satz nicht anspornen: »Ich
  bin dir dankbar für alles, was du tust, um mir das Leben
  zu erleichtern.«?
- Welchen Mitarbeiter würde es nicht aufbauen, wenn er
  von seinem Chef hörte: »Vielen Dank für die viele
  Arbeit, die Sie in dieses Projekt gesteckt haben. Ich
  weiß, dass Sie mehr getan haben als nur Ihre Pflicht.«?

Freundliche Worte bestätigen Menschen in dem, was sie
sind und was sie tun.

Worte, die Hoffnung wecken

Neulich habe ich an einer Veranstaltung teilgenommen,
bei der der Psychologe John Trent einen Vortrag hielt. Er

erzählte, wie er bei seiner Mutter aufgewachsen war. Sein alkoholkranker Vater hatte die Mutter verlassen, als er noch klein war. Er und seine Geschwister waren sehr verletzt und zornig, und das zeigte sich in ihrem Verhalten. So wurden John und sein Bruder denn auch wegen schlechten Benehmens von der Grundschule verwiesen.

Als Abiturient bekam er einmal in einer Semesterarbeit die Note ungenügend. John sagte: »Ich dachte, die Arbeit wäre gut. Schließlich habe ich schwer daran gearbeitet. Ich habe zwar erst am Abend vor dem Abgabetermin angefangen, aber ich habe mich wirklich bemüht.«

Seine Mutter sah sich die Arbeit mit der ungenügenden Note an und sagte: »Nun, du hast keine Fußnoten gemacht und das Inhaltsverzeichnis vergessen, aber die Arbeit ist so gut geschrieben, dass es mich nicht wundern würde, wenn du eines Tages Leuten mit Worten helfen würdest.« John erfüllte diese ermutigende Prophezeiung als Erwachsener: Heute ist er ein produktiver, populärer Schriftsteller.

Freundliche Worte sehen das Beste im Menschen und bringen es ans Licht.

Wahre Worte

Freundliche Worte sind nicht immer positiv. Aufrichtige Liebe setzt Grenzen, wenn sich Menschen destruktiv verhalten. Sonya berichtete Folgendes über ihre Großmutter mütterlicherseits, die in Arizona wohnt: »Sie liebt mich bedingungslos, auch wenn sie mir etwas sagt, das ich besser machen könnte. Sie hat mich durch alle Höhen und Tiefen unterstützt. Sie lässt mich wissen, wenn ich etwas falsch mache, liebt mich dabei aber trotzdem immer.«

Möchte man jemandem zu seinen Gunsten mit Milde reinen Wein einschenken, so kann sogar eine Konfrontation freundlich klingen. Es ist allerdings eine Herausforderung, die Wahrheit liebevoll zu sagen.

Sich freundlich ausdrücken
Wie lernen wir, aus Güte freundliche Worte zu wählen?

• *Seien Sie sich bewusst, wie wichtig die Wortwahl ist.* Das Wort ist so mächtig, dass es Leben oder Tod bringen kann. Man kann sich diese Tatsache besser vergegenwärtigen, indem man zuhört, was andere sagen. Sie könnten auch freundliche Bemerkungen aufschreiben, die Sie im Laufe des Tages hören, und ebenso unfreundliche Bemerkungen festhalten. Allein das könnte Ihnen die Augen öffnen.

• *Hören Sie sich beim Sprechen zu.* Um sich dies zur Gewohnheit zu machen, fragen Sie sich nach jedem Gespräch: »Welche freundlichen und welche unguten Worte habe ich benutzt?« Gehen Sie dann hin und bitten Sie für Ihre negativen Worte um Verzeihung. Da es meistens schwierig ist, sich zu entschuldigen, ist dies eine permanente Erinnerung daran, die eigene Redeweise zu ändern.

• *Ersetzen Sie negative durch heilsame Worte.* Damit fangen Sie am besten an, wenn Sie alleine sind. Wenn Sie merken, wie Sie einem Autofahrer etwas Gemeines anhängen wollen, könnten Sie sich sofort unterbrechen und das anders ausdrücken. Statt zu sagen: »Du Idiot, du fährst gleich noch jemanden um«, könnten Sie es beispielsweise so formulieren: »Hoffentlich kommst du gut nach Hause,

ohne dass du oder sonst jemand zu Schaden kommt.« Wenn
Sie negative Sätze für sich in positive umwandeln, wird es
Ihnen in Gesellschaft viel leichter fallen.

• *Denken Sie immer an den Wert eines jeden Menschen,*
dem Sie begegnen. Jeder hat eine einmalige Rolle im Leben auszufüllen. Liebe zu empfangen und zu schenken gehört zu dieser Rolle, auch wenn jemand manchmal nicht
liebenswert erscheint. Wenn Sie sich vor Augen halten,
wie wichtig jeder Mensch ist, werden Sie sich viel eher
freundlich ausdrücken.

Neue Gewohnheiten
Wenn Sie sich dabei ertappen, wie Sie etwas Negatives über sich oder andere denken, ersetzen
Sie die Worte gedanklich durch etwas Positives
über sich oder die andere Person.

~ Feind der Güte: Schlechte Gewohnheiten ~

Fällt es Ihnen schwer, freundlich zu sein, so heißt das noch
nicht, dass Sie ein unfreundlicher Mensch sind. Dieses Buch
habe ich geschrieben, weil jeder Mensch das Potenzial
zum Lieben hat. Häufig liegt es nur an mangelnder Übung,
wenn es nicht gelingt, andere von Herzen zu lieben.

In der Regel stellen wir uns schlechte Gewohnheiten
als Untugenden vor, zum Beispiel Nägelkauen oder vor

dem Zubettgehen Schokolade essen. Gewohnheiten betreffen aber auch das, was wir *nicht* tun. Wenn man einem Kellner beim Bestellen gewöhnlich nicht in die Augen schaut, fällt es einem nicht ein, dies plötzlich zu tun. Lässt man normalerweise die gekühlte Milch im Büro auf dem Küchentisch stehen, damit sonst jemand sie wegräumt, so merkt man wahrscheinlich meistens gar nicht, dass man so verfährt.

Kennen Sie den alten Witz: »Wie viele Psychotherapeuten sind nötig, um eine Glühbirne auszuwechseln?« Die Antwort lautet: »Einer. Aber die Birne muss ausgewechselt werden *wollen*.« Der erste Schritt zum Ablegen einer unfreundlichen Gewohnheit ist der, freundlich sein zu *wollen*.

Eine junge Frau erzählte mir: »Ich wusste, dass meine Mitbewohnerin gerne ein sauberes Badezimmer hat, aber irgendwie wurde es mir zur Gewohnheit, das nasse Badetuch auf dem Boden liegen zu lassen. Beim nächsten Duschen hing es immer schön auf der Stange, und ich machte mir keine Gedanken darüber. Doch eines Morgens blitzte mich mein Badetuch vom Boden aus an. Ich begriff, dass ich mir, ohne es zu merken, ein unfreundliches Verhalten angeeignet hatte, und machte es mir von da an zur Gewohnheit, meine Hand- und Badetücher immer aufzuheben. Danach fielen mir andere Dinge auf, die ich tun konnte, um meiner Mitbewohnerin etwas zuliebe zu tun – zum Beispiel den Fernseher leise drehen, wenn sie schlafen wollte. Ich war verblüfft, wie viele schlechte Gewohnheiten ich hatte! Da machte ich es mir zum Spiel, mir Freundlichkeiten für sie auszudenken, wenn mir auffiel, wie sie sich geliebt fühlen könnte.«

〜 Güte 〜   67

Güte bringt Güte hervor. Deswegen hilft es, etwas über die Liebesdienste anderer zu lesen. Nicht nur bekommt man so Ideen, sondern man nimmt auch die Gelegenheiten zum Freundlichsein aufmerksamer wahr.

Wenn man sich Güte absichtlich zur Gewohnheit macht, erkennt man viel eher den Wert eines jeden Menschen. Sieht man dank dieser neuen Brille die Mitmenschen immer klarer, wird man freundlich sein *wollen*, einfach nur deswegen, weil jeder Mensch, dem man begegnet, Anerkennung verdient.

Güte entwickeln

Ein Geschäftmann mittleren Alters kam unruhig und unzufrieden mit dem Leben zu mir. Richard zankte sich öfter mit seiner Frau, und seine Kinder gingen ihm aus dem Weg. Er wusste, dass er seinen Angehörigen und Angestellten gegenüber kritisch war, aber nicht, wie er sich ändern sollte.

Ich schlug Richard als Erstes vor, er solle aufschreiben, was an unfreundlichen Dingen er bei der Arbeit und zu Hause sagte oder tat.

Als er in der folgenden Woche wiederkam, sagte er: »Als ich jeweils den Tag Revue passieren ließ und meine unfreundlichen Bemerkungen und Handlungen aufschrieb, wurde mir klar, dass ich mich ändern muss.«

Allein schon die Einsicht, wie unfreundlich er manchmal war, stellte für Richard einen Riesenschritt auf dem

Weg zur Güte dar. Dann kam eine Zeit, in der er sich mit vergangenen Misserfolgen auseinandersetzen musste. Jeden Abend dachte er darüber nach, wie er andere tagsüber vielleicht verletzt hatte. Am nächsten Tag ging er zu den Leuten, die er unfreundlich behandelt hatte, und entschuldigte sich.

»Diese eine Woche hat mein Leben am meisten verändert«, berichtete er. »Ende der Woche hatte ich das Gefühl, ein negatives Muster aufgelöst zu haben.« Er lächelte: »Nichts motiviert so sehr, sein Verhalten zu ändern, wie um Entschuldigung zu bitten.«

Der Schutt vergangener Misserfolge war weggeräumt. Nun war er bereit, sich einen neuen Lebensstil der Güte aufzubauen. Ich schlug vor, er solle im Familienkreis anfangen, worauf er meinte: »Ich glaube, es fiele mir leichter, bei der Arbeit zu beginnen.«

»Vieles, was Menschen Freundlichkeit nennen«, sagte ich, »ist nur andere manipulieren, um sie dazu zu bringen, unser Produkt zu kaufen oder uns ebenfalls freundlich zu behandeln. Das ist nicht die Güte, die wir anstreben. Ich meine Güte in Wort und Tat, die den Mitmenschen wirklich nützt. Ich meine nicht bloß die Nettigkeit guten Verhaltens. Ich meine Güte, die aufrichtiger Liebe entspringt.«

»Gut«, antwortete Richard, »dann fange ich zu Hause an. Ich glaube, ich weiß jetzt, worum es geht.«

Ich nickte, war mir aber im Klaren, dass diese Lektion bestimmt wiederholt werden musste, vor allem deshalb, weil ich mich selbst kenne und weiß, wie oft mich mein eigener Hang zur Unfreundlichkeit entmutigt hat. Ich empfahl Richard, sich jeden Morgen Möglichkeiten zu überlegen, sowohl zu Hause wie am Arbeitsplatz Güte unter Beweis zu stellen.

Monate später berichtete Richard: »Es war der Anfang des besten Kapitels meines Lebens. Meine Frau und meine Kinder sind spitzenmäßig freundlich, und meine Arbeitsatmosphäre ist sehr viel angenehmer geworden.« Als Berater war ich begeistert zu erfahren, dass Richard die Früchte der Güte erntete.

Niemand erwacht eines Morgens und beschließt: »Von jetzt an will ich ein gütiger Mensch sein.« Güte entwickelt sich genau wie jedes andere Merkmal der Liebe mit der Zeit, wenn man Herz und Geist öffnet, um liebevoller zu werden. Man fängt damit an, sich zum Ziel zu bekennen: »Ja, ich will, dass Güte der rote Faden in meinem Leben ist.« Im Wissen, dass das falsche Ich selbstsüchtig ist, muss man bewusst lernen, die Güte jeden Tag in die Tagesordnung aufzunehmen.

◇ Körper und Seele ◇

Das Großartige beim aufrichtigen Lieben ist unter anderem, dass es die eigene Seele heilt und den Körper dazu! Mehrere wissenschaftliche Untersuchungen haben erwiesen, dass sich freundliches Verhalten positiv auf die körperliche und seelische Gesundheit auswirkt. Zum Beispiel:

• Liebesdienste setzen körpereigene schmerzstillende Endorphine frei.

- Die Euphorie und das anschließende friedliche Gefühl nach einem Liebesdienst sind so verbreitet, dass man sie »Helferhigh« nennt.
- Mitmenschen zu helfen kann die Folgen von Krankheiten und anderen körperlichen Störungen verringern.
- Liebesdienste wirken nachgewiesenermaßen Depression, Feindseligkeit und Isolierung entgegen. Infolgedessen stellt sich bei stressbedingten gesundheitlichen Problemen nach einer Hilfeleistung für jemanden häufig eine Besserung ein.
- Der gesundheitliche Nutzen und das Ruhegefühl nach einem Liebesdienst stellen sich Stunden oder Tage nach der Begebenheit jedes Mal wieder ein, wenn man sich daran erinnert.
- Sich um Mitmenschen in einer positiven Beziehung zu kümmern stärkt nachgewiesenermaßen das Immunsystem.
- Güte Mitmenschen gegenüber steigert das Selbstwertgefühl, macht optimistischer und erhöht generell die Zufriedenheit mit dem Leben.

Weitergeben

Nachdem Erins Sohn zur Welt gekommen war, bot Jessie Erin an, ihn zu hüten, falls sie und ihr Mann miteinander ausgehen wollten. Sie überließ ihnen auch Bücher und Spiele, die ihre Kinder nicht mehr brauchten, und hatte bei jedem Besuch ein kleines Geschenk für das Baby dabei.

Eines Abends, nachdem Jessie den Kleinen tagsüber gehütet hatte, fragte Erin sie beim Festschnallen ihres Söhnchens in den Kindersitz, ob sie etwas für sie tun könne. Die Frage kam zaghaft, weil sie nicht sicher war, ob sie die Zeit oder Energie haben würde, viel zu tun.

»O nein«, lächelte Jessie. »In all den Jahren haben uns so viele Menschen geholfen. Es ist schön, es weitergeben zu können.«

Jessie verwendete den Begriff zwar nicht, aber sie bezog sich auf den Wert des Weitergebens. Wenn jemand einem einen Liebesdienst erweist, ist es gut, ihn ähnlich weiterzugeben.

Vielen Amerikanern ist das Prinzip nach dem Roman *Das Wunder der Unschuld* von Catherine Ryan Hyde und dem darauf basierenden Film *Das Glücksprinzip* bekannt. Tatsächlich haben Schriftsteller und Philosophen diesen Aspekt der Güte jahrzehnte-, wenn nicht gar jahrhundertelang untersucht. Lesen Sie dazu folgenden Brief von Benjamin Franklin vom 22. April 1784:

Sehr geehrter Herr,
ich habe Ihr Schreiben vom 15. dieses Monats mit der beigelegten Bittschrift erhalten. Der Bericht über Ihre Situation betrübt mich. Ich sende Ihnen anbei einen Schein für zehn Louisdor. Ich will nicht so tun, als *schenkte* ich Ihnen diese Summe, ich *leihe* sie Ihnen nur. Wenn Sie mit einem guten Leumundszeugnis wieder in Ihr Land zurückkehren, werden Sie bestimmt irgendein Geschäft in Angriff nehmen, das es Ihnen mit der Zeit ermöglichen wird, Ihre Schulden abzubezahlen. Sollte dies der Fall sein und sollten

Sie einen anderen ehrlichen Mann in einer ähnlichen Not-
lage kennen lernen, so müssen Sie mich bezahlen, indem
Sie ihm diese Summe leihen und ihm einschärfen, die
Schuld auf dieselbe Weise zu tilgen, sobald er es kann und
ebenfalls Gelegenheit dazu hat. Ich hoffe, dass das Geld auf
diese Art durch viele Hände geht, bevor es in diejenigen
eines Schurken fällt, der das Weitergeben verhindert. Das
ist mein Kniff, mit wenig Geld viel Gutes zu tun. Ich bin
nicht reich genug, gute Werke mit *viel* zu unterstützen, und
bin daher zu Schlauheit verpflichtet und dazu, das Meiste
aus *wenig* zu machen. Mit den besten Wünschen für den
Erfolg Ihrer Bittschrift und für Ihren künftigen Wohlstand
verbleibe ich, sehr geehrter Herr, Ihr gehorsamster Diener.

B. Franklin

Franklin wollte damit sagen, am wirksamsten könne man
jemandes Güte erwidern, indem man dieselbe Güte jemandem weiterreicht. So ließ sich das Wenige, das er besaß,
vervielfältigen.

Das Schöne am aufrichtigen Lieben ist unter anderem,
dass es Energie verleiht. Ist man freundlich zu anderen,
sucht man weitere Möglichkeiten zum Freundlichsein, und
wenn andere freundlich reagieren, ist man wiederum motiviert, diese Freundlichkeit weiterzugeben.

Neue Gewohnheiten
Wenn jemand etwas Liebenswürdiges für Sie tut,
so nehmen Sie sich fest vor, einen ähnlichen
Liebesdienst für einen anderen Menschen zu tun.

Das Opfer eines einzelnen Jungen

Vor 15 Jahren waren Michael, Jeff und Kristi Leelands
Säugling, nur noch wenige Wochen Leben beschieden. Das
Einzige, was ihn retten konnte, war eine 200 000 Dollar
teure Knochenmarktransplantation. Die Versicherungs-
gesellschaft der Familie Leeland weigerte sich jedoch, für
die Transplantation aufzukommen, und mit Jeffs Lehrerge-
halt konnte es sich das Paar nicht leisten, sie selbst zu bezahlen.

Da übergab Dameon, einer der meistgehänselten Jungen
der Schule, in der Jeff in Kirkland (Washington) arbeitete,
diesem zwölf Fünfdollarnoten, nämlich die Gesamtheit
seines eben geplünderten Bankkontos. Als der Rektor von
Dameons Spende hörte, eröffnete er mit dessen sechzig
Dollar ein Konto und spornte seine Schüler dazu an, Dameons Spende weitere hinzuzufügen. Bald gesellte sich die
ganze Gemeinde zu den Schülern. In weniger als vier Wochen hatte Dameons gütige Tat die ganze Stadt in Schwung
gebracht, die insgesamt 227 000 Dollar für Michaels le-
bensrettende Transplantation sammelte.

Als die Leelands sahen, welche Wirkung der Liebesdienst eines einzigen Jungen hatte, gründeten sie die »Spar-
row Clubs USA« (Spatzenklubs der USA), eine gemein-
nützige Gesellschaft von Schulclubs, die es Schülern
ermöglicht, anderen Schülern in gesundheitlichen Notfäl-
len zu helfen. Seit 1995 haben die »Spatzenklubs« über
zweieinhalb Millionen Dollar gesammelt, mit denen über
400 schwerkranken oder behinderten Kindern geholfen
wurde. Schüler, die dazu angespornt wurden, sich um ihre

»adoptierten Spatzen« zu kümmern, haben über 100 000 Stunden Gemeinschaftsdienst im ganzen Land geleistet.

Jeff sagt, ein zusätzlicher Nutzen der Spatzenklubs sei die »subtile, aber sehr positive Wirkung, dank der die negative Atmosphäre einer ganzen Schule umgekrempelt wird«, wenn die Schüler zusammen etwas Gutes tun. »Ein größeres, liebenswürdiges Einheitsgefühl durchdringt die gesamte Schule, wenn die Kinder ihrer Gemeinschaft dienen, das gemeinsame Ziel zu erreichen, nämlich dem adoptierten Spatzen zu helfen.«

Möglicherweise bekommt man das Ergebnis des gebrachten Opfers gar nie zu sehen, wenn man etwas Gutes tut. Aufrichtige Liebe aber verlangt, anderen einfach deswegen zu dienen, weil man weiß, dass ein Liebesdienst Leben verändern kann. Ob man einem Obdachlosen, einem Kind oder einem Menschen hilft, der mit einem am Speisezimmertisch sitzt, so wird dessen Wert durch eine gute Tat gewürdigt. Güte ist manchmal bemerkenswert einfach. Die Wirkung der Güte hält meistens ein Leben lang an.

» Wie sähen Ihre Beziehungen aus, wenn Sie …«

- jede Begegnung als Gelegenheit wahrnähmen, Güte einzusetzen?
- beschließen würden, nicht nur an guten, sondern auch an schwierigen Tagen freundlich zu sein?
- jedes Jahr eine Woche einem Gemeinschaftsprojekt widmeten, um Notleidenden einen Liebesdienst zu erweisen?

- *Worte wählten, die anderen guttun, und sich für unfreundliche Äußerungen und Taten entschuldigten?*
- *stets nach einer Gelegenheiten Ausschau hielten, den Wert
  eines Mitmenschen anzuerkennen?*

Umsetzen

Fragen zum Nachdenken und zur Diskussion

1. Beschreiben Sie einen Fall, als Sie bei einem Liebesdienst für jemanden ein »Helferhigh« hatten.
2. Wie beweisen Sie Güte unter anderem am liebsten?
3. Wann hat ein freundliches Wort Sie dazu angeregt, diese
   Güte weiterzugeben?
4. Sehen Sie sich den Fragebogen auf S. 39 f. noch einmal
   an. Fällt Ihnen auf, wie selbstverständlich Güte zu Ihrem
   Leben gehört?
5. Wann finden Sie es am schwierigsten, freundlich zu sein?

Anwendungsmöglichkeiten

1. Versuchen Sie, jeden Menschen, dem Sie begegnen, als
- *unschätzbar wertvoll,*
- *begabt,*
- *für eine einmalige Rolle im Leben geboren zu sehen und*
- *als könne er wahre Liebe empfangen und erwidern.*

Versuchen Sie, sich selbst so zu sehen, als seien Sie:
- *ein verwandelter Mensch, der im Begriff ist, eine Haltung
  aufrichtiger Liebe zu entwickeln,*
- *jemand, der das Potenzial besitzt, sich den Mantel der Güte
  umzulegen,*

- *jemand, der die Kraft besitzt, angesichts von Ablehnung oder unfreundlicher Behandlung freundlich zu bleiben,*
- *jemand, der anderen die Freiheit lässt, eine gute Tat anzunehmen, abzulehnen oder zu erwidern,*
- *jemand, der jede Begegnung als Gelegenheit sieht, freundlich zu sein.*

Sie könnten diese Punkte auf eine Karteikarte schreiben und an einen Ort hängen, an dem Sie sie täglich sehen, zum Beispiel an den Badezimmerspiegel.

2. Bestimmen Sie einen Tag in dieser Woche, an dem Sie alle freundlichen Worte und Liebesdienste notieren, die Sie tagsüber beobachten. Schreiben Sie einfach auf, was gesagt oder getan wird, und wer es gesagt oder getan hat.

3. Überlegen Sie sich diese Woche mindestens zweimal am Morgen fünf Möglichkeiten, die Sie tagsüber haben könnten, um jemandem in Wort oder Tat etwas Gutes zu tun. Schreiben Sie abends Ihre Liebesdienste auf.

4. Üben Sie, sich zuzuhören, wenn Sie etwas sagen. Fragen Sie sich nach jedem Gespräch: »Was habe ich Freundliches gesagt?«, und: »Was habe ich Unfreundliches gesagt?« Bitten Sie danach für jede negative Bemerkung um Verzeihung.

Geduld

Die Fehler der Mitmenschen akzeptieren

Auch jene dienen, die nur sind und warten.
John Milton

Die menschliche Natur macht sich meiner Meinung nach deutlich in dem Unmut bemerkbar, wenn andere Fahrer in den Fahrstreifen eines Parkplatzes herumrasen und einem den Weg zum eigenen Auto versperren. »Weshalb kann er nicht eine Minute warten, bis ich weg bin?« Kaum sitzt man selbst im Auto, wird man seinerseits ungeduldig mit Fußgängern, die im Schneckentempo vor einem dahinschleichen.

Es ist nicht schwer, Beispiele für Ungeduld auf der Straße zu finden. Im Juli 2007 musste das kalifornische Verkehrsministerium die Schnellstraße 138 vorübergehend schließen, weil die Bauarbeiten auf dieser Strecke die Autofahrer so nervten. Das 44 Millionen Dollar teure Straßenverbreiterungsprojekt versprach weniger Unfälle auf der stark befahrenen Durchgangsroute, doch Fahrer mit engem Terminplan fanden anscheinend, die dadurch bedingten Unannehmlichkeiten seien unzumutbar. Die Bauarbeiter mussten sich wegen des schleichenden Verkehrs Todesdrohungen anhören, Luftpistolen wurden auf sie gerichtet, und einer wurde sogar mit einem Burrito beworfen.

Das Resultat dieser Aggressivität sollte die Ungeduld der Fahrer noch steigern: Danach mussten alle bis zum Ende der Bauarbeiten einen halbstündigen Umweg machen.

In der westlichen Welt lernt man keine Geduld. Wenn ein Vorgesetzter eine Aufgabe stellt und man fragt: »Wann soll das fertig sein?«, lautet die Antwort meistens: »Gestern.« Damit ist natürlich gemeint: »Verlieren Sie ja keine Zeit. Erledigen Sie es, und zwar schnell.«

Auch im eigenen Leben erwartet man sofortige Befriedigung. Schon nur zu warten, bis der Computer morgens hochgefahren ist, macht einen kribbelig. Will man etwas kaufen, was man sich nicht leisten kann, nimmt man einen Kredit auf, auch wenn es auf diese Weise am Ende teurer wird. Man zahlt mehr, um sich etwas über Nacht liefern zu lassen. Man braucht Autobahnen, um dem langsamen Tempo von Nahverkehrsstraßen zu entgehen. Fährt man von der Autobahn runter, trommelt man aufs Steuerrad, wenn das Auto vor einem nicht sofort loszischt, nachdem die Ampel auf Grün gesprungen ist.

Ist es dann verwunderlich, dass man mit Menschen ungeduldig wird, wenn man schon mit technischen Einrichtungen, Autos und Besitz so ungeduldig umgeht? Schon der Gedanke, Geduld mit Mitmenschen zu haben, steht im Gegensatz zu westlichen Werten. Dabei ist Geduld eine der sieben wesentlichen Qualitäten der Liebe. Nur wenn man zu lieben beschließt, kann man in der heutigen Welt geduldiger werden.

～ *Wie geduldig bin ich?* ～

Machen Sie folgenden Selbsttest, um festzustellen, wie oft Sie Mitmenschen gegenüber und in schwierigen Situationen geduldig reagieren (Wahlmöglichkeit c).

1. Wenn sich jemand vor mich auf die Straße oder Fahrbahn hineindrängt,

a) hupe ich, schnauze den Fahrer an oder zeige meinen Unmut irgendwie sonst,

b) nehme ich an, dass ich wahrscheinlich etwas falsch gemacht habe,

c) atme ich tief durch.

2. Das letzte Mal, als jemand wütend auf mich war, habe ich

a) mich verteidigt und zurückgeschrieen,

b) mich zurückgezogen,

c) zugehört.

3. Wenn jemand meine Erwartungen nicht erfüllt,

a) ärgere ich mich über den Betreffenden,

b) gebe ich auf,

c) überlege ich, wie ich ihm Mut machen könnte.

4. Wenn ein geliebter Mensch etwas – *schon wieder* – vermasselt,

a) sage ich, ich sei nicht sicher, ob er die Kurve im Leben je kriegt,

b) tue ich, als hätte ich nichts gemerkt,

c) erkenne ich ihn als Menschen an, auch wenn ich mit dem, was er getan hat, nicht einverstanden bin.

5. Wenn ich einen Fehler mache,
a) ärgere ich mich dermaßen über mich selbst, dass ich mich kaum auf etwas anderes konzentrieren kann,
b) habe ich das Gefühl, ein schlechter Mensch zu sein,
c) entschuldige ich mich.

Alle sind auf dem Weg

Als Craig und Lauren sich meldeten, um Insassen im örtlichen Gefängnis Briefe zu schreiben, hatten sie keine Ahnung, dass die Betreuung einer Gefangenen so weit gehen würde, ihr das eigene Haus zu öffnen. Sie lernten Rebecca durch den Briefwechsel kennen und sahen, dass diese Frau das Beste aus ihrem Leben machen wollte. Aber sie war allein.

Mit Ende dreißig saß Rebecca das vierte Jahr ihrer achtjährigen Strafe ab, weil sie Geld einer Baufirma veruntreut hatte. Craig und Lauren besuchten Rebecca im Gefängnis und sie verließ sich schon bald auf ihre Unterstützung. Als sie schließlich in ein Rehabilitationszentrum verlegt wurde, das eine halbe Stunde von ihnen entfernt lag, versprachen sie, ihr in der Übergangsphase zu einem Leben mit einer neuen Arbeit und finanzieller Verantwortung zu helfen.

Der Übergang war nicht leicht. Mehr als einmal rief Rebecca Craig in Tränen aufgelöst aus dem Rehabilitationszentrum an und war völlig verstört darüber, was sie eben getan hatte. Sie meldete Trinkgelder für ihre Putzarbeit nicht, ging bei ihrem Job als Kellnerin eines Tages früher von der Arbeit, ohne jemandem etwas zu sagen, und kaufte sich ein Handy, obwohl sie keines haben durfte. Als sie schließlich mit Craigs und Laurens Hilfe eine Arbeit am Empfang bekam, hatte sie eines Tages einen solchen Wutausbruch gegen den Arbeitgeber, dass er ihr kündigte.

Im Rehabilitationszentrum setzte sie sich trotz der Warnung, beim nächsten Mal schicke man sie für die verbleibenden Jahre ihrer Strafe wieder ins Gefängnis zurück, praktisch über alle Regeln hinweg. Immer wieder vermasselte sie etwas. Craig und Lauren redeten mit ihr, ermahnten sie und ließen sie wissen, dass sie trotzdem an ihrem Leben Anteil nehmen wollten.

»Ehrlich gesagt ist es die meiste Zeit frustrierend«, berichtete Lauren. »Unsere Liebe zu ihr ist sehr zäh. Wir investieren in sie, ohne zu wissen, ob sie weiterlügt oder nicht, ob sie ihre Arbeit behalten kann oder nicht.«

Als Rebecca über ein Jahr, nachdem sie sie kennen gelernt hatten, auf Bewährung entlassen wurde, nahmen Craig und Lauren sie bei sich auf, bis sie eine eigene Wohnung fand.

»Wir sehen, dass sie das Richtige tun will«, sagte Lauren, »und sie hat große Fortschritte gemacht. Wir machen alle miteinander weiter, weil sie sich Mühe gibt. Auf Bewährung lebt sie wie in einem Aquarium: Wenn sie eine falsche Bewegung macht, wissen es alle. Ich frage mich: ›Was wäre,

wenn meine falschen Bewegungen alle ans Licht kämen?‹
Vielleicht sind ihre Schwächen auffälliger als meine, aber
wir müssen ihre Fehler herausfinden und ihr helfen, sie zu
korrigieren, und sie nicht als Mensch ablehnen.«

Craig und Lauren zeigen damit den Schlüssel zur geduldigen Haltung auf. Sie wissen, dass alle noch auf dem Weg sind.
Das Leben ist ein langsamer Prozess, bis man der Mensch
geworden ist, der man sein möchte. Dieses Buch basiert auf
der Voraussetzung, dass jeder Mensch sich auf dem Weg befindet und viele gerne liebevoller wären, als sie es gerade
sind. Obwohl niemand die Geduld anderer *verdient*, so erinnert man sich und andere durch Geduld in Beziehungen daran, dass alle unterwegs sind, bessere Menschen zu werden.

Geduld: Zulassen, dass jemand unvollkommen ist.

Die Einstellung ist alles

Geduld nimmt je nach Beziehung verschiedene Formen an.
Die Geduld, die man braucht, um der Kellnerin zu verzeihen, die das falsche Gericht gebracht hat, unterscheidet sich
von der Geduld, die nötig ist, wenn man darauf wartet, dass
das Auto der verloren geglaubten Tochter in der Einfahrt
auftaucht. Geduld in einem bestimmten Lebensbereich hilft
jedoch, in allen Lebensbereichen geduldig zu werden.

Eines meiner Lieblingsbeispiele dafür ist das Leben von
Florence Nightingale. Sie wurde in eine reiche Familie hi-

neingeboren und hätte ein sorgenfreies Leben führen können. Stattdessen verbrachte sie ihre Zeit als junge Frau
damit, Kranke in den umliegenden Dörfern zu besuchen,
und setzte sich für eine bessere ärztliche Betreuung in London ein. Trotz des Einspruchs ihrer Familie verkündete
sie dieser 1845, sie sei entschlossen, Krankenschwester
zu werden. Mitte des 19. Jahrhunderts war Krankenpflege schlecht angesehen und kein erstrebenswerter Beruf für
junge Damen aus der Oberschicht. Florence Nightingale
glaubte aber, zum Pflegen geboren zu sein, und unterzog
sich pflichtbewusst den nötigen Studien. Dabei wuchs auch
ihr Interesse an sozialen Themen der damaligen Zeit.

Im Jahre 1854 sammelte sie 38 Krankenschwestern um
sich und fuhr mit ihnen in die Türkei, um Verwundete des
Krimkrieges zu pflegen. Wieder stieß sie auf Ablehnung, als
die britischen Ärzte ihr mitteilten, sie und ihre Krankenschwestern seien dort nicht willkommen. Als Florence
Nightingale jedoch darauf bestand, erlaubte man ihr, Blut
von den Fußböden aufzuwischen. Zehn Tage später wurde
das Krankenhaus von frisch aus der Schlacht kommenden
neuen Verwundeten überschwemmt, und sie konnte mit
ihren Schwestern ihre Gaben schließlich doch noch einsetzen.

Florence Nightingales Geduld mit allen, die ihre Berufung herabsetzten, übertrug sich auch auf die Menschen,
denen sie half. Die Soldaten liebten sie und nannten sie
»die Lady mit der Lampe«, weil sie nachts für sie sorgte. Sie
schickte Briefe und Sold für die Männer nach Hause und
richtete Lesezimmer im Krankenhaus ein. Am wichtigsten
aber war, dass sie die Hygiene im Krankenhaus ständig ver-

besserte, und das trotz des anfänglichen Missfallens der
Ärzte. Ihr eifriges Studium und ihre stete Überzeugung,
Hygiene sei überaus wichtig, rettete Tausende von Leben.
In ihrem späteren und bekanntesten Buch *Bemerkungen zur
Krankenpflege* empfahl sie Beobachtung und Einfühlung im
Umgang mit Patienten, was damals im Pflegebereich ein
radikaler Ansatz war.

Florence Nightingales Lebenswerk veränderte den Kran-
kenpflegeberuf und führte zur Gründung des Roten Kreuzes.
Sie konnte andere lieben und Leben retten, weil sie Geduld
mit denen aufbrachte, die nichts von dem wissen wollten,
was in ihren Augen richtig war. Sie konnte die Zustände im
medizinischen Bereich nicht auf einen Schlag ändern, war
sich aber bewusst, dass ihre harte Arbeit und Fürsorge für
ihre Patienten andere beeinflussen würde.

**Geduld in einem bestimmten Lebensbereich hilft,
in allen Lebensbereichen geduldig zu werden.**

Nur eine geduldige Einstellung kann ein solches Fleißni-
veau über Jahre gewährleisten. Ob man für bessere soziale
Bedingungen kämpft oder sich mit einem Fremden in der
Bank unterhält, man wird jeden Menschen, dem man begegnet, besser lieben können, wenn man sich eine geduldige Haltung angeeignet hat. Sehen wir uns zwei zentrale
Punkte zur Entwicklung einer solchen Einstellung im Alltag an.

Realistische Erwartungen

Geduld erfordert, dass man andere so sieht, wie man sich selbst gerne sähe. Menschen sind keine Maschinen, von denen man erwartet, dass sie ein perfektes Erzeugnis liefern. In der Hitze täglicher Begegnungen vergisst man leicht, dass alle Menschen unterschiedliche Gefühle, Vorstellungen, Wünsche und Wahrnehmungen haben und Entscheidungen treffen können. Geduldig sein bedeutet, Mitmenschen zu lieben, auch wenn sie eine Entscheidung treffen, mit der man nicht einverstanden ist.

Nicht alle haben dieselben Prioritäten wie wir. Man muss das menschliche Element in Beziehungen als Tatsache akzeptieren und diese Tatsache in Erwartungen einbeziehen, die man an andere hat. Sonst ist man immer wieder ungeduldig und äußert seine Ungeduld in Urteilen, was gute zwischenmenschliche Beziehungen nicht eben fördert.

Der Vater eines 18-jährigen Jungen erzählte: »Ich möchte so gerne, dass mein Sohn auf die Universität geht, aber er will sich lieber ein Jahr freinehmen und reisen. Ich weiß nicht, wie er sich das leisten kann, und verstehe nicht, wie ihm das helfen könnte. Aber ich habe beschlossen, seine Entscheidung zu achten.« Es hat mir gefallen, wie dieser Vater sich für eine geduldige Haltung entschied, obwohl er mit der Entscheidung seines Sohnes nicht einverstanden war. Ganz ähnlich ging es einer jungen Frau, die berichtete, die ersten beiden Jahre ihrer Ehe habe sie ständig an ihrem Mann »herumgenörgelt«, weil er an Wochenenden jeweils ausschlief, wo es doch rings ums Haus so viel Arbeit gab. »Jetzt ist mir klargeworden«, sagt sie, »dass er die Freiheit braucht, seine Freizeit so zu nutzen, wie er es möchte. In meinen Augen vergeudet er den größten Teil des Tages, aber das ist anscheinend für ihn nötig. Ich fange mit der Arbeit im Hof an und erwarte erst, dass er mir hilft, wenn er kommt.«

Alle verändern sich laufend, manchmal zum Besseren, manchmal zum Schlechteren. Ist man sich dessen bewusst, kann man geduldiger mit Angehörigen, Mitarbeitern und Freunden umgehen, die sich im Moment vielleicht nicht so entscheiden, wie man es sich von ihnen erwünschte. Respektiert man den Veränderungsprozess, kann man das Ergebnis eher positiv beeinflussen. Wir haben keine Kontrolle über andere, aber wir beeinflussen einander. Geduld schafft eine Atmosphäre, die positive Beeinflussung ermöglicht.

Die Macht der Geduld

Das bringt mich zur zweiten Tatsache, die zur geduldigen Haltung beiträgt. Wie jedes andere Merkmal der Liebe verändert Geduld den Menschen. Dabei fällt mir die Fabel von Äsop »Der Nordwind und die Sonne« ein:

> Der Nordwind und die Sonne lagen im Streit darüber, wer mächtiger sei. Sie beschlossen, derjenige solle Sieger sein, der einen Wanderer auszuziehen vermöchte. Der Nordwind legte sich gleich zu Anfang heftig ins Zeug. Der Mensch aber hielt dagegen und zog sich wärmere Kleidung an. Weil er aber immer noch unter der Kälte litt, packte er noch mehr Kleider darüber, bis der Nordwind

müde wurde und der Sonne das Feld überließ. Die nun schien zu Anfang nur mäßig. Als der Wanderer dann die zusätzliche Kleidung ablegte, steigerte sie die Hitze, bis der Wanderer den Brand nicht mehr aushielt, sich auszog und in einem vorbeiströmenden Fluss ein Bad nahm.

Diese alte Fabel zeigt, dass Überredung oft nützlicher ist als Zwang.

Sie offenbart etwas Wichtiges für alle Beziehungen. Harte, hitzige Worte schaden dem mitmenschlichen Kontakt nur und verstärken häufig unangebrachtes oder liebloses Verhalten. Geduldige, stete Liebe hingegen verändert Freundschaften, Ehen und Arbeitsbeziehungen.

Wenn ich ungeduldig werde, die Fassung verliere und meine Frau Karolyn verurteile, bin ich zum Feind geworden und nicht mehr ihr Freund. Karolyn wehrt sich gegen den Feind oder flieht vor ihm. Damit hat ein Riesenstreit begonnen, den keiner gewinnt und aus dem sich beide verletzt zurückziehen, oder wir halten Distanz und gehen einander aus dem Weg. In beiden Fällen ist die Möglichkeit positiver Einflussnahme dahin. Wenn ich hingegen geduldig bin, mich zusammennehme und meine Sorge liebevoll ausdrücke, bleibt die Beziehung intakt, und ich kann die Dinge eher positiv beeinflussen.

Hier ein weiteres Beispiel für die Macht der Geduld: Auf der Krankenhausstation, in der Carol als Krankenschwester arbeitete, wollte niemand Frau Bradley pflegen. Die Patientin erholte sich gerade von einer gebrochenen Hüfte und hielt ihre Schwester ständig auf Trab: Ihr war zu heiß

oder zu kalt, sie brauchte frisches Wasser, die Assistenz-
schwester maß ihren Blutdruck nicht richtig, sie wollte das
Bett gewechselt bekommen, kurz, ihr Lämpchen leuchtete
alle zwei bis drei Minuten auf der Schwesternstation auf.
Manchmal hörte man sie auf dem Flur laut klagen, sie werde ihren Angehörigen schon sagen, wie schlecht man in
diesem Krankenhaus gepflegt werde.

»Versuch *du* mal, es ihr recht zu machen«, meinte die
Nachtschwester, als sie an Carol übergab. Statt sich vor
Frau Bradley zu drücken, betrachtete Carol die Beziehung
als Herausforderung. Sie beschloss trotz voller Beanspru-
chung durch die Patienten Frau Bradley nur mit Geduld zu
begegnen. Sie wollte ihre Bedürfnisse erfüllen, bevor sie
diese äußern konnte.

»Haben Sie noch frisches Wasser, Frau Bradley?«, fragte
Carol, als sie kurz den Kopf ins Zimmer streckte. Fünf Minuten später kam sie wieder: »Liegen Sie gut, Frau Bradley?« – »Vielleicht möchten Sie etwas Sonne. Darf ich die
Vorhänge ein wenig öffnen?« – »Haben Sie heute rechtzeitig zu essen bekommen?«

Zuerst drückte Frau Bradley ihre Klingel weiterhin alle
paar Minuten, aber bis Mittag hatte Carols Geduld sie etwas erweicht. Sie brauchte kaum mehr um Hilfe zu bitten,
weil Carol schon vorher nachsehen kam, ob sie wohl etwas
brauchte.

»Die ganze Zeit haben wir sie für ein mieses altes
Stück gehalten, aber ich glaube, sie wollte nur nicht allein
sein«, meinte Carol. »Ich denke, sie hatte Angst. Als sie
merkte, dass ich mich um sie kümmerte, konnte sie sich
entspannen.« Carols Geduld schuf ein Umfeld, in dem Ca-

rol in Frau Bradley den Menschen schätzen lernte, der sie war, und Frau Bradley konnte allmählich loslassen.

Am Abend war Carol erschöpft, aber zufrieden. Als Frau Bradleys Sohn sie zur Abendessenszeit besuchen kam, war sie tatsächlich gut gelaunt. »Das ist Carol«, sagte sie, »sie ist die beste Schwester, die ich je gehabt habe.«

Es ist viel leichter, mit Menschen Geduld zu haben, die einem gegenüber ebenfalls geduldig sind. Wenn man sich aber vor ungeduldigen Menschen zurückzieht, lässt man sich die Gelegenheit entgehen, die Macht der Geduld am Werk zu sehen. In schwierigen Situationen kann man mehr als sonst nur staunen, wie sehr Geduld die Menschen verändert, wenn man es sich zur Aufgabe gemacht hat, sie aufrichtig zu lieben.

Neue Gewohnheiten
Ist jemand besonders ungeduldig mit Ihnen, so nehmen Sie dies als Gelegenheit wahr, besonders geduldig zu sein.

Geduld am Werk

Geduld heißt nicht, dass man nichts tut. Ich habe Leute gekannt, die, ohne das Gesicht zu verziehen, zuhörten, wie jemand tobte und raste, und dann ohne jede Reaktion aus dem Zimmer gingen. Das ist nicht Geduld, es isoliert. Es ist Egozentrik. Ein Mensch mit steinernem Gesicht will sich nicht mit der Verletzung anderer befassen.

Geduld bedeutet, sich genügend um jemanden zu sorgen, dass man empathisch zuhört und verstehen möchte, was in ihm vorgeht. Dieses Zuhören erfordert Zeit und ist bereits ein Liebesbeweis. Geduld heißt manchmal ruhig bleiben, wenn Sie etwas verletzt, das jemand sagt. Geduld sagt: »Du liegst mir so am Herzen, dass ich bleiben und zuhören will, statt einfach wegzugehen, egal was oder wie du es sagst.«

Bereitsein zum Zuhören

Caryn sagt, sie habe dieses Prinzip vor Jahren nach einem Streit mit ihrem Mann gelernt, als ihre Kinder noch klein waren. Eine Auseinandersetzung zeichnete sich allmählich am Horizont ab, nachdem ihr Mann Steve gesagt hatte, er werde um 17.30 Uhr von seiner neuen Arbeit heimkommen, jedoch fast jeden Abend erst um 18 Uhr eintraf.

Caryn sagte sich, Steves Verspätung sei keine große Sache. Alle Eltern werden Ihnen aber sagen, dass eine halbe Stunde nach einem Tag mit zwei kleinen Kindern unter fünf Jahren eine *lange* halbe Stunde ist. Eines Tages riss Caryns Geduldsfaden, als Steve wieder zu spät nach Hause kam: »Ich glaube, du *lügst* mich an!«, schluchzte sie.

Statt sich zu verteidigen oder Caryn zu widersprechen, setzte sich Steve zu ihr aufs Sofa und hörte zu. »Ich glaube nicht, dass ich dich anlüge«, sagte er, »aber ich verstehe, weshalb du das glaubst. Ich weiß. Es schmerzt sehr, wenn man angelogen wird, und es tut mir leid.«

Steves Wortwahl erkannte Caryns Gefühle und Bedürfnisse an. Dann erklärte er ihr, er bekomme häufig gegen Ende des Tages noch Anrufe und wolle sich die Gelegen-

heit nicht entgehen lassen, mit den Betreffenden zu sprechen, besonders wenn der Anruf aus einem mehrere Zeit-
zonen entfernt liegenden Ort komme.

Weil Steves Geduld Caryns Frustration aufgelöst hatte,
konnte sie auch hören, dass er sie nicht täuschen wollte,
nur sei es ihm nicht so klar gewesen, wie wichtig ihr eine
halbe Stunde sei. Sie lernte, ihn geduldiger zu behandeln,
wenn er sich verspätete. Über 30 Jahre später ruft Steve sie
am Ende des Arbeitstages noch immer an und lässt sie wissen, ob er später nach Hause kommt. Gegenseitige Geduld
hat es diesem Paar ermöglicht, ihre Beziehung so positiv zu
verändern, dass beider Gefühle und Wert bestärkt wurden.

Geduld ist bereit, liebloses oder emotionales Verhalten
zeitweilig zu ertragen, um dem Problem auf den Grund zu
gehen, das den Ärger hervorgerufen hat. Geduld bedeutet,
auch noch zuzuhören, wenn Sie den Eindruck haben, Ihr
Gesprächspartner habe Sie ungerecht behandelt. Geduld
bedeutet, die Gefühle des anderen anzuerkennen und ihm
zu vermitteln, dass Sie ihn hören.

Tatsachen sammeln

Sie können nicht liebevoll reagieren, bevor Sie nicht so
lange geduldig gewartet haben, bis Sie die Tatsachen kennen. Das bedeutet bereit zu sein, dem Gesprächspartner
Fragen zu stellen, um seine Gedanken und Gefühle zu verstehen. Als allein erziehender Vater musste sich Michael
immer wieder damit auseinandersetzen, dass sein halb-
wüchsiger Sohn ein Auto haben wollte. Schließlich fragte
Michael: »Willst du sagen, du glaubst, ich liebe dich nicht,
weil ich dir kein Auto kaufe?«

Sein Sohn Jason antwortete: »Ich verstehe nicht, weshalb du ein Auto haben kannst, ich aber nicht.«

»Was findest du ungerecht daran?«

»Alle meine Freunde haben ein Auto!«

»Denkst du, ihre Eltern lieben sie mehr als ich dich?«, fragte Michael.

»Nein«, gab Jason zu. »Aber ich verstehe nicht, weshalb ich kein Auto haben soll.«

»Weshalb glaubst du, dass ich dir kein Auto kaufe?«

»Du hast gesagt, weil wir es uns nicht leisten können.«

»Glaubst du, ich lüge dich an?«

»Nein, das glaube ich nicht. Aber weshalb können wir es uns nicht leisten?«

»Willst du dich zu mir setzen und mit mir unsere Finanzen ansehen?«, bot Michael an. »Ich zeige dir gerne, weshalb wir es uns nicht leisten können.«

»Nein«, meinte Jason, »ich glaube dir.«

Dann fragte Michael: »Was könntest du denn tun, wenn du ein Auto hättest, was du jetzt nicht tun kannst?«

»Ich könnte Ellen ausführen.«

»Magst du Ellen?«

»Na ja, ich möchte sie gerne näher kennen lernen. Aber wenn ich sie nicht ausführen kann, weiß ich nicht, wie das gehen soll.«

»Vielleicht kann ich dir helfen, das einzufädeln«, antwortete Michael. Danach besprachen sie folgende Alternativen: ein doppeltes Stelldichein mit einem älteren Jungen, der ein Auto hatte, oder die Möglichkeit, Michaels Auto zu nehmen, oder aber Ellen zum Abendessen nach Hause

einzuladen. Am Ende des Gesprächs war Jason ganz aufgeregt, weil er Ellen jetzt näher kennen lernen konnte.

Statt dass die Frustration, kein zweites Auto zu haben,
zur Schranke zwischen Michael und Jason wurde, verbes-
serte sich ihre Kommunikation. Michael bewies Geduld,
indem er lange genug zuhörte, um herauszufinden, worum
es seinem Sohn eigentlich ging, und um wohltuend und
liebevoll reagieren zu können.

Neue Gewohnheiten
Wenn jemand wütend ist, so setzen Sie Zuhören
als Hilfsmittel ein, um mit dessen Frustration umzugehen.

Geduld beim Reden

Eines Samstagabends saß ich mit einer Flugzeugladung von
Passagieren im internationalen O'Hare-Flughafen in Chicago vor dem Gate. Wir warteten an jenem Abend alle
unruhig darauf, ans Ziel zu kommen. Da wurde wegen der
Wetterbedingungen eine Verspätung des Abflugs angekün-
digt. Draußen goss es wie aus Eimern, und ein heftiger
Wind blies.

Nach einer halben Stunde wurde eine weitere Verspätung durchgesagt. Regen und Wind tobten ununterbro-
chen weiter.

Eine Viertelstunde später ließen Wind und Regen nach.
Ich nahm an, wir würden das Flugzeug nun bald besteigen

können. Stattdessen wurde um 23 Uhr bekanntgegeben, der Flug sei gestrichen worden.

Als das Wort *gestrichen* erklang, sprang der Mann neben mir auf, eilte zum Schalter und tobte: »Was meinen Sie, ›gestrichen‹? Es hat aufgehört zu regnen. Der Wind hat nachgelassen. Wie kann der Flug gestrichen sein?«

Der Mitarbeiter am Gate antwortete ruhig: »Sir, es war nicht meine Entscheidung. Ich habe in diesen Dingen nichts zu sagen …«

Der Mann unterbrach: »Nun, jemand muss uns erklären, weshalb wir nicht fliegen. Es ist klar, dass das Wetter nicht das Problem ist.«

Der Mitarbeiter antwortete: »Sir, es tut mir leid. Ich weiß nicht, weshalb der Flug gestrichen wurde.«

Als er merkte, dass er auf verlorenem Posten kämpfte, fragte der Mann: »Wann geht der nächste Flug?«

»Morgen früh um 6.20 Uhr.«

»*Morgen früh?* Was heißt morgen früh? Ich kann nicht bis morgen früh warten. Ich muss heute Abend nach Hause. Welche andere Fluggesellschaft hat noch heute Abend einen Flug?«, schrie er.

»Es gibt keine anderen Flüge, Sir«, antwortete der Mitarbeiter.

»Was soll ich dann tun? Im Flughafen übernachten?«

»Nein, Sir. Wir bringen Sie in einem Hotel unter.«

»In einem Hotel?«, entsetzte sich der Mann. »Ich will nicht in einem Hotel übernachten. Ich will nach Hause.«

»Dann können Sie im Flughafen bleiben, Sir. Oder wenn Sie es vorziehen, rufe ich die Polizei.«

Bei Erwähnung der Polizei beruhigte sich der Mann:
»Ich nehme das Hotelzimmer.«

Während der Flughafenangestellte die Formulare für den
Hotelgutschein ausfüllte, bollerte der Mann weiter: »Ich
glaube es nicht! Welche Fluglinie streicht einen Flug, wenn
es nicht einmal regnet? Ich fliege nie mehr mit dieser Gesellschaft.« Der Mitarbeiter händigte ihm den Hotelgutschein mit den Worten aus: »Zum Ausgang geht es durch
die Gepäckausgabe. Überqueren Sie dann die Straße und
nehmen Sie den Pendelbus zum Hotel.« Der Mann ging
murrend von dannen.

Als er weg war, ließ die Anspannung nach. Wir übrigen
Passagiere nahmen unsere Hotelgutscheine in Empfang
und gingen zur Gepäckausgabe. Ich glaube kaum, dass es
jemanden freute, die Nacht in Chicago zu verbringen, aber
die lautstarke Ungeduld unseres Mitpassagiers hatte uns
vor Augen geführt, dass schroffe Worte die Tatsachen nicht
ändern. Stattdessen fingen die Passagiere an, miteinander
zu reden, und erzählten einander frühere Erfahrungen beim
Fliegen. Allgemein waren sie sich einig, dass solche Ausfäl-
le unvermeidlich sind und wir ebenso gut unseren »Ferien-
abend« in Chicago genießen konnten. Klar hätte irgendje-
mand zu Recht fragen können: »Weshalb wurde der Flug
gestrichen?«, aber keiner tat es. Mir scheint, wir waren alle
der Meinung, der Flughafenangestellte habe für einen
Abend genug mitgemacht.

Mit Ärger konfrontiert

Alle haben schon Situationen erlebt, in denen jemand für
eine spannungsgeladene Stimmung gesorgt hat, indem er

ungeduldig wurde und seine Zunge nicht hütete. Ärger an sich ist nicht verkehrt. Gelegentlich wird man einfach nur wütend, weil Menschen nicht vollkommen sind! Also ist man verletzt, ärgerlich, enttäuscht oder frustriert. Diese Gefühle sind alle nicht falsch. Wichtig ist, wie man darauf reagiert. Tobt man mit harten, bitteren Urteilen los, macht man die Situation nur noch schlimmer. Wenn man geduldig mit anderen ist, dann lässt man sich auch Zeit, vernünftig mit den eigenen Gefühlen umzugehen.

Geduld heißt nicht, sich mit anderen »einverstanden« zu erklären, um eine Auseinandersetzung zu vermeiden. Geduld bedeutet, sich auf einen Dialog einzulassen, um Gedanken, Gefühle und Verhalten des Gesprächspartners zu verstehen. Vielleicht ist man von seinem Verhalten nicht eben begeistert, aber wenn man versteht, was in seinem Kopf und Herzen vor sich geht, kann man konstruktiver reagieren. Und wenn man zuhört, bevor man den Mund auftut, wird man eher etwas Heilsames sagen.

Sich positiv ausdrücken

Sie sind verstimmt und wütend, weil Ihre Freundin, die Sie um 18 Uhr treffen sollten, noch nicht da ist. Wenn sie in einer halben Stunde kommt, haben Sie die Wahl: Sie können sie mit einem Wortschwall begrüßen, der deutlich macht, wie enttäuscht, wütend und verletzt Sie sind. Oder Sie können fragen und zuhören.

Wenn Sie erfahren haben, wie die Situation aussieht, hat sich vielleicht herausgeschält, dass die Verspätung Ihrer Freundin tatsächlich auf ihre unverantwortliche Zeiteinteilung zurückzuführen ist. Sie finden also, Ihr Ärger sei gerechtfertigt. Doch sogar dann noch können Sie entscheiden, wie Sie reagieren wollen. Wenn Sie das Verhalten Ihrer Freundin verurteilen, bringt Ihre Wortwahl Ihre Ungeduld zum Ausdruck. Solche Bemerkungen lösen wahrscheinlich eine Auseinandersetzung aus, und der Abend ist gelaufen. Sie können Ihre Enttäuschung und Ihren Ärger aber auch ausdrücken und gleichzeitig geduldig sein: »Ich muss sagen, ich bin zwar verärgert, verletzt und enttäuscht, dass du so spät kommst. Aber ich finde, wir wollen unser Beisammensein lieber nicht verderben. Lassen wir es also und genießen den Abend.« Mit dieser geduldigen Antwort haben Sie den sonst vergeudeten Abend gerettet. Sie haben Ihre Gefühle ehrlich geäußert, aber Geduld mit der Unvollkommenheit Ihrer Freundin bewiesen und sich positiv ausgedrückt.

Eine harte, urteilende Wortwahl erzeugt immer Spannung. Geduld will sich der Wahrheit entsprechend und liebevoll äußern.

Neulich hatte ich Gelegenheit, diese weise Richtlinie in die Praxis umzusetzen. Meine Frau und ich waren eben mit dem Abendessen fertig, als sie sich an mich wandte: »Schatz, du warst doch vor etwa einem Monat in Deutschland!«

»Ja«, antwortete ich und fragte mich, worauf sie abzielte.

»Weißt du noch, dass wir abgemacht haben, ich würde die Rechnungen während deiner Abwesenheit bezahlen?«

»Ja«, sagte ich.

»Nun, einige habe ich bezahlt, aber heute früh habe ich einen Stapel Rechnungen in meinem Schrank gefunden und gemerkt, dass sie noch nicht bezahlt sind. Einige sind überfällig.«

Ich sah sie an und sagte lächelnd: »Karolyn, ich danke dir für alle Rechnungen, die du bezahlt hast. Um die anderen kümmere ich mich, einschließlich der Mahngebühren.«

Karolyn lächelte zurück. Wir beide wussten, dass ich früher wegen der unbezahlten Rechnungen verstimmt gewesen wäre und viel Energie damit vergeudet hätte, mich zu ärgern. Was in unserer Ehe früher ein katastrophaler Abend mit Schimpfen meinerseits geworden wäre, hatte sich zu einem schönen Augenblick gemausert. Der Unterschied war, dass ich geduldig sein und mich positiv ausdrücken wollte.

Jedes Mal, wenn man Ärger, Enttäuschung, Verletzung oder Frustration empfindet, steht man vor einer Wahl. Man kann verletzend zurückschlagen, oder man kann fragen, zuhören, zu verstehen versuchen und sich dann besänftigend ausdrücken. Mit weniger sollte man sich nie zufriedengeben.

Die Wirkung der Geduld

Wir haben uns bereits angesehen, welchen Wert man der Zeit in der heutigen Zivilisation zumisst. In vielerlei Hinsicht wird Zeit noch mehr als Geld gehortet. Die Vorstellung geduldig zu sein erscheint kaum machbar, wenn man sich im Alltag durch eine lange Liste von Pflichten durchzuarbeiten hat. Was ist, wenn Geduld zu Faulheit wird oder man ihretwegen Termine verpasst? Man hat schon so kaum Zeit, alles zu erledigen, wie also sollte man im Umgang mit Menschen noch auf ein zusätzliches Element achten?

Aufrichtige Liebe erfordert alle zu lieben, mit denen man in Beziehung tritt, Mitarbeiter, Kunden und Vorgesetzte eingeschlossen. Doch Geduld braucht nicht Ineffizienz zu bedeuten. Wie also findet man das Gleichgewicht zwischen Geduld und der notwendigen Erledigung seiner Pflichten?

Arbeitsqualität

Gefühle, Konflikte und menschliche Bedürfnisse sind selten gut organisiert. Man kann auch nicht erwarten, dass sie es sind. Wichtig ist hingegen, sie positiv abzuwickeln. Für den Geduldigen sind Beziehungen wichtiger als Terminvorgaben. Überraschenderweise erhöhen sich sowohl Produktivität wie Arbeitsqualität, wenn man Beziehungen den Vorrang gibt und zu Hause wie am Arbeitsplatz Geduld übt.

Eine Büroleiterin berichtete, wie sie auch dann geduldig blieb, als sie fürchtete, es würde dem Arbeitsresultat schaden. »Ich war verzweifelt über die geringe Produktivität einer meiner Büroassistentinnen. Jeden Abend redete ich mit meinem Mann darüber. Eines Abends wandte er sich zu mir und sagte: ›Wahrscheinlich ist etwas in ihrem Privatleben los, wovon du nichts weißt, und das bewirkt ihre schlechte Produktivität. Weshalb redest du nicht mit ihr darüber?‹ Ehrlich gesagt hatte ich keine Lust, mich mit ihr abzugeben, weil ich sie nicht besonders mochte. Es wäre mir leichter gefallen, sie zu entlassen. Doch im Lauf der folgenden Wochen sprach ich gelegentlich kurz mit ihr, weniger über die Arbeit als über ihr Leben. Ende des Monats ging ich mit ihr und einer anderen Mitarbeiterin essen. Ich erzählte von meinem Sohn und der Mühe, die wir mit ihm hatten. Kaum hatte ich das erwähnt, wurde die Büroassistentin ganz aufgeschlossen und berichtete von den Schwierigkeiten, die sie mit ihrem halbwüchsigen und drogensüchtigen Sohn hatte. Jetzt, da ich wusste, wo das Problem lag, konnte ich sinnvoll reagieren. Im Verlauf der folgenden Wochen half ich ihr, ihren Sohn in Behandlung zu bringen.

Das alles ist vor über einem Jahr passiert, und heute ist sie eine der Besten im Team. Mir hat diese Erfahrung klargemacht, dass Menschen viel produktiver arbeiten, wenn sie sich geliebt fühlen. Ich habe meinem Mann viele Male dafür gedankt, dass er mir Mut zugesprochen hat, mit der Assistentin zu reden, statt sie zu entlassen.«

In Beziehungen gibt es keine Abkürzungen. Das bedeutet nicht, dass man jedes Projekt fallenlassen soll, an dem man arbeitet, weil sich jemand aussprechen möchte. Es bedeutet aber, in Wort und Tat absichtlich dem Menschen vor der Leistung den Vorrang zu geben. Erfolg entsteht auch durch Beziehungen, nicht nur durch Leistungen. Jedes Mal, wenn man mit jemandem geduldig ist, statt hastig auf verwirrtes oder unangemessenes Verhalten zu reagieren, versteht man den Wert des betreffenden Menschen besser.

> Geduldig zu sein, ist oft eine der effizientesten Entscheidungen.

Die Eile vergessen

In seinem Buch *Be Quick – But Don't Hurry!* (Sei schnell – aber beeile dich nicht) beschreibt Andrew Hill, ehemaliger

Präsident der CBS-Productions, was er vom Basketballtrainer John Wooden gelernt hat. Wooden, der als einer der besten Trainer überhaupt gilt, hat die UCLA (Universität von Kalifornien, Los Angeles) in zwölf Jahren zehnmal bis zur Nationalmeisterschaft im Basketball gebracht. Seine ehemaligen Spieler, unter anderem Andrew Hill, erinnern sich an einen seiner Lieblingssätze: »Sei schnell – aber beeile dich nicht.«

Der Trainer Wooden wusste, wie wichtig rasches Handeln ist, aber auch, dass eine in Eile verrichtete Arbeit vergeudet ist. Jeder junge Mann in seinem Team war in der Highschool ein Star gewesen. Jeder hatte das Gefühl, er könne im Spiel alles Nötige tun, um zu siegen. »Es lag einfach nicht in ihrem Charakter, an ein Langsamerwerden zu denken. Sie wollten alle schneller und immer schneller werden, und deshalb hatte die Aufgabe, sie zu bremsen, für den Coach eine solche Priorität«, schreibt Hill.

Hill wendet dieses Prinzip auf das Leben außerhalb des Basketballplatzes an und findet: »Ungeduld und unrealistische Ziele machen die Arbeit vieler talentierter Leute zunichte.« In einer Welt mit sofortiger Benachrichtigung und Stoßverkehr verheddert man sich leicht dermaßen in der Erledigung von Aufgaben, dass man nicht mehr daran denkt, wie man es tut, oder wen man vor lauter Beschleunigung dabei verletzt.

Eile schadet Beziehungen sogar, wenn Sie alleine sind. Haben Sie jemals versucht, im Flughafen schnell auf einem Förderband zu gehen und davon herunterzukommen, ohne einen Schritt auszulassen? Ihr Körper hat sich so an die Bewegung gewöhnt, dass der feste Boden sich fremd anfühlt. Wenn Sie den ganzen Tag Ungeduld um sich verbreiten, wird es Ihnen schwerfallen langsamer zu treten, wenn Sie sich mit jemandem im Lebensmittelladen unterhalten oder beim Nachhausekommen Ihre Angehörigen begrüßen. Wenn man die Absicht hat zu lieben, wird einem bewusst, auf welche Arten und Weisen man sich unnötig beeilt. Dann kann man mit seinen Beziehungen vor Augen die Bremse anziehen.

Der Marshmallow-Test

Vor über 40 Jahren hat Professor Walter Mischel an der Stanford-Universität seinen berühmten »Marshmallow-Test« durchgeführt. Dabei legte der Versuchsleiter einen Marshmallow vor etwa vierjährige Kinder hin und sagte: »Du kannst den Marshmallow gleich jetzt essen. Oder du kannst eine Viertelstunde warten, während ich etwas anderes mache, und wenn ich zurückkomme, bekommst du zwei Marshmallows.«

Einige Kinder aßen den Marshmallow gleich. Andere warteten ein wenig und aßen ihn dann. Etwa ein Drittel der Kinder wartete, bis der Versuchsleiter zurückkam, und freute sich, als Lohn zwei Marshmallows zu bekommen. (Viele von ihnen sangen, führten Selbstgespräche, guckten weg, schlossen die Augen oder schliefen beim Warten sogar ein.)

Nach 14 Jahren befragte Professor Mischel die Kinder von damals wieder. Er stellte fest, dass diejenigen, die den Marshmallow sofort gegessen hatten, stur, ungeduldig und leicht frustriert waren. Sogar als junge Erwachsene gaben sie sich lieber kurzfristig mit weniger zufrieden, als geduldig zu warten und dann etwas Besseres zu bekommen.

Die aber, die als Kinder auf ihren Marshmallow gewartet hatten, besaßen mehr Selbstachtung, schnitten bei Aufnahmeprüfungen besser ab und waren sozial reifer und vertrauenswürdiger. Im Hinblick auf ihre Zukunft als Erwachsene bewiesen sie die Fähigkeit, eine kurzzeitige Befriedigung zugunsten eines erstrebenswerteren Ziels aufzuschieben.

Der berühmte Marshmallow-Test erinnert uns daran, uns nicht von Dingen ablenken zu lassen, die zwar verführerisch, aber nicht wichtig sind. Man kann das Machtgefühl genießen, seinen Ärger an einem Angestellten auszulassen, der einen Fehler gemacht hat, nur ist das Überlegenheitsgefühl höchstwahrscheinlich schon verpufft, bevor er das Zimmer verlassen hat. Ist man hingegen geduldig mit dem Angestellten, so vertraut man auf künftige Fortschritte seinerseits, auch wenn man weiß, dass er nicht vollkommen ist. Die Investition in diese Beziehung kann langfristig beide weiterbringen.

Geduldigsein erhöht die Chancen auf Erfolg und Zufriedenheit. Verpflichtet man sich der aufrichtigen Liebe, spiegelt die Haltung, dass man sich auf das konzentrieren kann, was im Augenblick das Wichtigste ist, und falls nötig geduldig abwartet.

Geduld mit sich selbst

Lernt man Geduld mit Mitmenschen, sollte man auch mit sich selbst geduldig sein. Wir sind alle auf dem Weg, auch wenn es darum geht, geduldiger zu werden. Mir gefällt sehr,

wie Erich Fromm dies illustriert, der als Psychoanalytiker
Weltruhm erlangte:

> »Wenn man sich eine Vorstellung davon machen
> will, was Geduld ist, braucht man nur ein Kind
> beim Laufenlernen zu beobachten. Es fällt hin
> und fällt immer und immer wieder hin und ver-
> sucht es doch von Neuem; es gelingt ihm immer
> besser, bis es eines Tages laufen kann, ohne hinzu-
> fallen. Was könnte der Erwachsene alles fertig-
> bringen, wenn er bei Dingen, die ihm wichtig
> sind, die Geduld und Konzentration eines Kindes
> hätte!«

Die meisten Menschen leben ziemlich gestresst. Dieser
Stress kann von zu vielen Pflichten, zu wenig Geld oder
Zeit, einer nicht besonders stabilen Gesundheit oder zerrütteten Beziehungen stammen. Doch ungeachtet der Ursache
des Stresses wird man wahrscheinlich eher dann ungeduldig, wenn man das Gefühl hat, vom Leben in die Enge ge-
trieben zu werden. Man wird Perfektionist und will alles
richtig und rechtzeitig erledigen. Wenn es nicht gelingt,
ärgert man sich über sich selbst und verurteilt sich mit Bemerkungen wie: »Ich kann nicht glauben, dass ich so was
gemacht habe. Wie konnte ich nur so ein Narr sein? Weshalb habe ich mir nicht mehr Zeit genommen? Ich bin ja so
dumm.« Solche Selbstgespräche tragen nicht gerade zum
Wachstum bei, sondern eher zur weiteren Entmutigung.

**Will man die Mitmenschen lieben,
muss man auch mit sich geduldig sein.**

Ist man ungeduldig mit sich selbst, so ist man es wahrscheinlich auch mit anderen. Man verlangt dasselbe hohe Leistungsniveau von den Mitmenschen, das man sich selbst abverlangt. Dieses Niveau ist meistens für niemanden realistisch.

Die Antwort lautet nicht unbedingt, die eigene Messlatte tiefer zu setzen, sondern mit dem Wachstumsprozess mitzugehen. Wenn Sie mit einer Arbeit nicht zufrieden sind, so nehmen Sie das Positive daran wahr und fragen Sie sich: »Was kann ich aus dieser Erfahrung lernen?« Ist man geduldig, sagt man sich und anderen, dass sogar Misserfolge Trittsteine zum Erfolg sein können.

Geduldiger werden

Als egozentrisches Wesen neigt der Mensch dazu, zu tun und zu sagen, was er selbst für das Beste hält. Wird man verletzt, wehrt man sich automatisch gegen denjenigen, der uns verletzt hat. Doch jedes Mal, wenn man ungeduldig mit anderen ist, lässt man sich eine Gelegenheit entgehen, Liebe zu verströmen. Geduld ist nicht wenig. Sie ist ein gewaltiger Charakterzug, der sehr wohl den Unterschied zwischen einem positiven oder negativen Erbe ausmachen kann. Was soll man also tun, wenn Ungeduld nicht nur im falschen Ich des eigenen Wesens als Mensch verwurzelt ist, sondern sich darüber hinaus jahrelang in Gewohnheiten festgesetzt hat?

Geduld kann den Unterschied zwischen einem positiven oder negativen Erbe ausmachen.

Alte Gewohnheiten ablegen

Meistens beginnt der Weg der Geduld damit, sich frühere Misserfolge einzugestehen. Ich habe gemerkt, dass man mir gerne verzeiht, wenn ich bereit bin, mich für mein ungeduldiges Verhalten zu entschuldigen. Um Verzeihung bitten ist das Zugeständnis, dass ich ausgerutscht bin, und bringt gleichzeitig zum Ausdruck, dass mich meine Fehler weder freuen noch zufriedenstellen. Ich erkenne, dass mein Fehler andere verletzt hat, was mich motiviert, eine Brücke zur Person zu schlagen, die ich beleidigt habe, damit ich echt lieben und die Tür für eine künftige Beziehung öffnen kann.

Hat man erst einmal den Schutt vergangener Misserfolge weggeräumt, ist man bereit, alte ungeduldige Verhaltensmuster aufzulösen und sie durch geduldige Muster zu ersetzen. Alte Muster kann man nur ablegen, wenn man sie erkennt. Fragen Sie sich: »Wie reagiere ich gewöhnlich, wenn mich jemand verärgert oder enttäuscht?« Wenn Sie diese Frage beantworten, haben Sie herausgefunden, welche negativen Muster Sie in Ihrem Leben ersetzen sollten.

Eine Freundin erzählte mir neulich einen Vorfall, als ihr Mann ohne Babynahrung für ihr Kind von der Arbeit nach

Hause kam. Sie hatte einen langen Tag mit dem Säugling hinter sich und ihren Mann angerufen, als er gerade das Büro verließ, und ihn gebeten, eine Dose Babybrei im Lebensmittelgeschäft zu holen. »Als er erklärte, er habe sie vergessen, sprudelte es aus mir heraus: ›Wie konntest du das vergessen? Es ist, als hättest du vergessen, dass du ein kleines Kind hast. Ich habe mich den ganzen Tag um das Baby gekümmert, und du schätzt das nicht einmal. Ich kann mich in nichts auf dich verlassen.‹ Wortlos drehte sich mein Mann um, stieg ins Auto, fuhr zum Laden und holte die Babynahrung. Während er weg war, gingen mir meine Sätze ständig im Kopf herum. Ich sagte mir: ›Genauso reagierst du gewöhnlich, wenn dich das Verhalten anderer frustriert.‹ Mir war klar, dass ich nicht liebevoll gewesen war und keine Geduld bewiesen hatte. Ich wusste, dass dies meiner Beziehung zu meinem Mann nicht guttat und ihn als Menschen herabsetzte. Als er nach Hause kam, bat ich ihn um Verzeihung und sagte ihm, wie leid es mir tue, ihn so angeschnauzt zu haben. Ich fügte hinzu, ich wisse genau, dass auch ich manchmal etwas vergesse, und es tue mir leid, meine Frustration an ihm ausgelassen zu haben.

Am darauf folgenden Sonntag saß ich in der Kirche. Der Gastprediger an jenem Tag erhob sich und begann: ›Heute möchte ich euch etwas darüber erzählen, wie man mit Ärger und Frustration umgeht.‹ Ich traute meinen Ohren kaum. Das war eindeutig etwas für mich, also holte ich Bleistift und Papier aus der Tasche.

Der Gastprediger zitierte zwei Sprichwörter, die mein Leben für immer veränderten. Das erste: ›Wenn du dich stolz erhoben und dabei blamiert hast ... so leg die Hand auf den Mund. Denn stößt man Milch, so gibt es Butter, stößt man die Nase, so gibt es Blut, stößt man den Zorn, so gibt es Streit.‹ (Spr 30,32–33) Der Prediger betonte: ›Leg die Hand auf den Mund‹, wenn man merkt, dass man etwas sagt, das ein Urteil enthält. Das habe ich wörtlich genommen und mir im Lauf des folgenden Monats immer wieder die Hand auf den Mund gelegt. Das hat es mir abgewöhnt zu reden, bevor ich nachgedacht hatte.

Dann erläuterte der Prediger das Sprichwort: ›Eine sanfte Antwort dämpft die Erregung, eine kränkende Rede reizt zum Zorn‹ (Spr 15,1). Dahinter steckt der Gedanke: Wenn man wütend ist und sanft redet, ist die Wahrscheinlichkeit geringer, dass sich im Herzen des Gegenübers Ärger regt. Nachdem ich jeweils die Hand vom Mund nahm, begann ich sanft zu sprechen. Diese beiden Übungen haben meine Reaktionen, wenn ich frustriert bin, völlig verändert. Ich fühle mich dabei viel besser und bin sicher, dass meine Familie und Freunde diese Veränderung in meinem Leben schätzen.«

Diese Frau und Mutter hat zwei wichtige Grundsätze zur Entwicklung von Geduld beispielhaft angewandt:

1. *Finden Sie eine Methode, um über die Zeit entstandene negative Muster aufzulösen.* Für manche heißt das zum Beispiel, die Hand auf den Mund zu legen. Andere zählen von eins bis hundert, bevor sie etwas sagen, oder laufen ums Haus, bevor sie sich zu einer Situation äußern, oder gehen einfach nur kurz aus dem Zimmer. Eine Frau erzählte mir, sie gieße Blumen, wenn sie verstimmt oder wütend sei. »Im ersten Sommer, in dem ich das ausprobierte«, sagte sie, »habe ich meine Petunien beinahe ertränkt.« Ertränkte

Petunien sind aber allemal besser als negativ weiterzuleben. Dies sind einige Möglichkeiten, wie man bewusst alte Muster auflösen und den Weg für positive Veränderungen ebnen kann.

2. *Ersetzen Sie negatives durch positives Verhalten.* Für die Frau in unserem Beispiel war das positive Verhalten, sanft sprechen zu lernen. Ich kenne eine Mutter, die ihren kleinen Kindern wichtige Anweisungen zuflüstert. Die Kinder beugen sich mit weit aufgerissenen Augen vor, damit sie ja hören, was sie sagt. Würde sie die Anweisungen laut schreiend oder auch nur mit normaler Stimme geben, würden die Kinder sie eher ignorieren oder ängstlich reagieren. Spricht jemand leise, so hören andere eher hin.

Manche haben sich angewöhnt, aufzuschreiben, was sie sagen wollen, bevor sie den Mund auftun, oder Fragen zu notieren, die sie stellen möchten, um die Situation besser zu verstehen, bevor sie sich äußern. Ein Mann erzählte mir, es habe ihm geholfen, neue Muster aufzubauen, indem er jedes Gespräch mit folgendem Satz einleitete: »›Ich möchte es so positiv sagen, wie ich nur kann, weil ich an Sie glaube und unsere Beziehung schätze.‹ Dieser Satz«, meinte er, »hat mich jeweils daran erinnert, wie ich mich ausdrücken wollte, und dem Gesprächspartner versichert, dass es mir um eine Lösung ging und nicht darum, ihn zu verletzen.«

Tatsachen akzeptieren
Ein weiterer Schritt auf dem Weg zu mehr Geduld ist die meist durch Erfahrung gewonnene Einsicht, dass Ungeduld

die Situation nicht ändert. Nach allem Geschrei verbrachte der Mann im Flughafen von Chicago, der seiner Wut gegen die Fluggesellschaft Luft gemacht hatte, die Nacht trotzdem in einem Hotel. Man kann Ungeduld in Wort und Tat negativ ausdrücken, aber im Endeffekt bleibt die Situation unverändert. Die negative Reaktion hingegen hat wahrscheinlich andere verletzt und uns in Verlegenheit gebracht. Die Hauptsache aber ist, dass sie keine aufrichtige Liebe bewies. Ein so ungeduldiges Verhalten ist nicht nur umsonst, es ist auch einem von Liebe erfüllten Leben abträglich.

Das Problem lösen

Der letzte Schritt beim Entwickeln von Geduld ist, sich auf die Lösung statt auf das Problem zu konzentrieren. Meine Freundin, deren Mann vergaß, die Babynahrung mitzubringen, reagierte auf das Verhalten ihres Mannes, dabei ging es eigentlich nicht um seine Vergesslichkeit, sondern darum, wie das Baby am Abend gefüttert werden sollte. Als sie sich vor allem damit befasste, was sie für sein verantwortungsloses Verhalten hielt, klang sie verurteilend. Hätte sie sich auf die Lösung konzentriert, hätte sie vielleicht gesagt: »Ach Schatz, wir haben noch kein Abendessen für die Kleine. Könntest du auf sie aufpassen, während ich in den Laden fahre, oder würdest du lieber gehen?« Wie auch immer ihr Mann auf die angebotenen Alternativen reagiert hätte, er wäre höchstwahrscheinlich viel positiver eingestellt gewesen.

Geduld konzentriert sich auf das Problem, nicht auf die Person.

Werden durch jemandes Verhalten oder Bemerkungen negative Gefühle ausgelöst, so verflüchtigt sich das Problem im Lauf der Zeit nicht von selbst. Das Problem muss gelöst werden. Da Geduld mitmenschliche Unvollkommenheiten zulässt, konzentriert sich der geduldige Mensch bei Problemen wegen Unvollkommenheit auf die Lösung des Problems, statt die betreffende Person zu verdammen.

∼ Feind der Geduld: Hochmut ∼

Der offensichtliche Feind der Geduld ist Ungeduld. Was aber ist die Ursache von Ungeduld? Meistens ist es Hochmut, der schroff reagieren lässt. Der Hochmut sagt: »Ich habe Recht, und du bist im Unrecht. Du sollst wissen, wie wütend ich bin, damit du weißt, wie Recht ich habe. Ich kann keine Geduld mit dir haben, denn das würde bedeuten nachzugeben, und das verdienst du nicht.«

Will Durant, der den Pulitzerpreis erhielt, sagte einst: »Andere zu verleumden, ist unlauteres Selbstlob.« Oft setzt man Mitmenschen mit einer ungeduldigen Bemerkung und Wutausbrüchen herab, weil man unbewusst besser dastehen möchte. Sie sollen merken, wie sehr man gestört, verletzt oder misshandelt wurde.

Möchte man jemanden wissen lassen, wie man sich fühlt, weil man eine nähere und ehrlichere Beziehung anstrebt, so handelt man aus Liebe. In einem solchen Fall sagt man dem anderen sanft und respektvoll die Wahrheit. Watet man jedoch in selbstgerechter Wut, weil man zeigen will, dass man »besser« ist als jemand, handelt man aus Hochmut. Hochmut hält von der Einsicht ab, dass die Zielscheibe der Wut ein ebenso wertvoller Mensch ist wie man selbst, und dass man ebenso wahrscheinlich Fehler begeht wie alle anderen auch. Konzentriert man sich stur auf den Fehler oder die Schwäche eines Mitmenschen, sieht man nicht, was zur Lösung des Problems nötig wäre.

Geduld befreit vom Drang, ständig Recht haben zu müssen. Sie macht friedlich und gibt Beziehungen den Vorrang vor eigensüchtigen Wünschen, die uns jeder Freude berauben.

Neue Ziele

Keris vierjähriger Sohn Andrew hatte regelmäßig mit Asthmaanfällen zu kämpfen. Trotz Medikamenten und ärztlicher Hilfe war bei einer akuten Attacke Abwarten manchmal das einzig Mögliche. Nach jeder Erkrankung der Atemwege erforderte dieses Abwarten äußerste Geduld von der ganzen Familie, während Andrew vor Schmerzen und Angst wimmerte.

Keri war mit einem Doktoranden der Medizin an einer der größeren Universitäten verheiratet. Während er sich in der Schlussphase seiner Forschungsarbeiten für die Dissertation befand – was die ganze Familie erheblich unter Druck setzte –, tat Keri alles, was sie nur konnte, damit Andrew gesund blieb. Trotzdem erwischte er eine Erkältung, die sich zu einer Bronchitis auswuchs und auch die

Lungen in Mitleidenschaft zog. Wenn er um Atem rang, beruhigte er sich nur, wenn er in Keris Armen lag. Alle paar Sekunden griff er nach ihrer Bluse, während er um den nächsten Atemzug kämpfte. Wenn er kurz einschlief, legte ihn Keri sachte hin, um aufs Klo zu gehen oder etwas zu essen. Doch schon bald war er wieder wach und schrie vor Angst nach seiner Mami.

Nach einem langen Tag war Keri selbst einem Schreikrampf nahe. Das Haus war in schrecklicher Unordnung. Der ältere Sohn würde bald von der Schule nach Hause kommen und ihr Mann nach einem langen Tag in der Bibliothek müde in der Tür stehen. Sie saß noch genau auf demselben Platz wie am Morgen. An dem Tag hatte sie nichts tun können, außer Andrew in den Armen zu halten. Sie hatte nicht einmal geduscht.

Dann sah Keri ihren schlafenden Sohn an. »Wie viele Monate oder Jahre werde ich ihn noch so halten müssen?«, fragte sie sich. »Es muss schrecklich Angst machen, nicht atmen zu können. Das ist nur ein Tag. Das ist nur ein Tag.« Sie strengte sich bewusst an, geduldig zu sein: an dem Abend, dann wieder »einen Tag«, dann den nächsten, bis zum glorreichen Augenblick, an dem Andrew den Kopf hob und um ein Keks bat.

Statt zu denken, Andrew wolle ihre Pläne durchkreuzen, sah Keri, dass er einfach wie ein Vierjähriger auf seine Angst reagierte. Statt völlig fix und fertig zu sein oder an die vielen Dinge zu denken, die sie nicht erledigen konnte, ging sie jeden Moment geduldig so mit Andrew um, wie er war. Ihre Beziehung zu ihm war ihr wichtiger als ihr Wochenprogramm.

Ärger und Frustration hätten Andrew nicht besser atmen lassen. Selbstkontrolle hingegen halfen Keri, in einer schwierigen Situation friedlich zu bleiben. Gaben ihr die Geduld, die man Mitmenschen und sich selbst gegenüber aufbringt, wenn man aufrichtig liebt.

Wenn Sie in einer Situation mit einem Kind, Freund, Kollegen oder Ehepartner stecken, die Sie zu überwältigen droht, so überlegen Sie, wie es aussähe, wenn Sie Ihre eigenen Ziele für die Beziehung durch eine geduldige, verständnisvolle Haltung ersetzten. Am Anfang sieht es fast unmöglich aus. Doch sich für Geduld zu entscheiden, und sei es auch nur für einen Moment, kann etwas bewirken. Wie jeder Zug des liebevollen Menschen beginnt Geduld mit dieser einen Entscheidung, auf die eine nächste folgt und dann wieder eine, bis sie zur wunderbaren Gewohnheit geworden ist.

» Wie sähen Ihre Beziehungen aus, wenn Sie ... «

- alle, auch sich, als jemanden behandelten, der sich auf dem Weg befindet, statt einfach nur als eine funktionstüchtige Maschine?
- in Wort und Tat zeigen würden, dass Sie Beziehungen mehr schätzen als Zeit?
- lange genug zuhörten, bis Sie verstünden, was jemand denkt und fühlt?
- schroffe, urteilende Worte aufgäben und sanft sprächen?
- sich darauf konzentrierten, bei einem Problem nach einer Lösung statt einen Sündenbock zu suchen?

Umsetzen

Fragen zum Nachdenken und zur Diskussion

1. Was ist das häufigste Zeichen von Ungeduld?

2. Glauben Sie, dass die Menschen heute mehr oder weniger geduldig sind als vor hundert Jahren? Weshalb ist das in Ihren Augen der Fall?

3. Wann haben Sie miterlebt, dass die geduldige Haltung eines Menschen jemanden zum Besseren verändert hat?

4. Überlegen Sie, wann Sie das letzte Mal mit jemandem ungeduldig waren. Wie haben Sie reagiert? Was macht Sie am ehesten ungeduldig? Weshalb?

5. Finden Sie, Sie seien mit sich geduldig? Weshalb oder weshalb nicht? Wann waren Sie das letzte Mal ungeduldig mit sich?

6. Erinnern Sie sich an zwei oder drei Beispiele, als jemand Ihnen gegenüber Geduld bewies. Wie hat dessen Geduld Ihre Haltung beeinflusst?

Anwendungsmöglichkeiten

1. Wie könnten Sie diese Woche sich selbst, Ihrem Ehepartner oder Ihrer Ehepartnerin, Ihren Kindern oder einem anderen geliebten Menschen gegenüber Geduld beweisen? Wem sollten Sie diese Woche am meisten zuhören?

2. Erinnern Sie sich an einen Vorfall in der letzten Woche, als Sie verbal ausgerastet sind? Was haben Sie gesagt? Wie hat es sich auf Ihre Beziehung zu Ihrem Gegenüber ausgewirkt? Sind Sie bereit, Ihren Fehler einzugestehen, falls Ihre Wortwahl der Beziehung geschadet hat? Wenn ja, tun Sie es baldmöglichst.

3. Schreiben Sie folgende Sätze auf eine Karteikarte und lesen Sie sie bis Ende der Woche einmal täglich:

- *Wir Menschen sind keine Maschinen. Meine Mitmenschen haben andere Gedanken, Gefühle, Wünsche und Wahrnehmungen als ich.*
- *Andere Menschen haben nicht dieselben Prioritäten wie ich. Auch ihre Ziele unterscheiden sich möglicherweise von den meinen. Ich will von jetzt an die Entscheidungen anderer respektieren.*
- *Wir alle befinden uns ständig auf dem Weg. Ich beschließe, anderen Menschen Zeit für ihr Wachstum zu lassen.*
- *Geduld meinerseits erzeugt eine produktivere Atmosphäre für mitmenschliche Hilfe.*

Vergebung

Befreiung aus dem Würgegriff des Ärgers

Vergeben tut man nicht gelegentlich.
Es ist eine ständige Haltung.
Martin Luther King

Am 2. Oktober 2006 marschierte Charles Carl Roberts in ein Schulzimmer der Schule der Amischen in Nickel Mines (Pennsylvania) und brachte fünf Schülerinnen um, bevor er sich selbst erschoss. Seine Tat empörte die Bevölkerung im ganzen Land. Noch betroffener aber war die Öffentlichkeit darüber, dass Stunden nach der Schießerei amische Nachbarn sich mitfühlend um Roberts' Frau und drei Kinder kümmerten. Sie machten klar, dass sie keinen Groll gegen Roberts hegten und eine Versöhnung mit seinen Angehörigen wünschten. Tage später nahmen Mitglieder der Amischgemeinde an Roberts' Begräbnis teil und richteten einen Fonds zur Unterstützung seiner Frau und Kinder ein.

Vergeben gehört so sehr zu dieser Gemeinschaft, dass niemand sich auch nur fragt, ob sie einem Mörder Gerechtigkeit angedeihen lassen oder Barmherzigkeit entgegenbringen sollen. Liebe ist für sie tatsächlich der einzige Weg.

Vergeben heißt, sich ehrlich, mitfühlend und mit Selbsterkenntnis mit jemandem zu versöhnen, der Sie verletzt hat.

Gewalt ist in der heutigen Zivilisation zu erwarten, auch wenn sie erschreckend ist. Vergeben überrascht. Es widerspricht den Erwartungen. Die Welt hätte verstanden, wenn die Familien der fünf Schülerinnen sich hasserfüllt gerächt hätten. Der Amischgemeinde in Pennsylvanien aber war bewusst, dass sie nur durch Vergebung Heilung finden würde.

Sie und ich werden wohl kaum unter so dramatischen Umständen zu vergeben haben. Doch in welchen Verhältnissen man auch immer lebt, Vergeben ist ein Hauptmerkmal der Liebe. Um liebevoll zu sein, muss man vergeben lernen. Man muss sowohl die größten Verletzungen im Leben vergeben wie die täglichen Beleidigungen eines Angehörigen oder auch, dass ein Verkäufer in der Eisenwarenhandlung zu viel berechnet hat. Ob ein Vergehen groß oder klein ist – die Vergebung verlangt, dass man sich versöhnen muss, sollen sich die Beziehungen im eigenen Leben positiv auswirken.

~ Wie gut kann ich vergeben? ~

1. Wenn mir jemand ein Unrecht antut, werde ich höchstwahrscheinlich

a) nicht mehr mit der betreffenden Person reden, bis sie sich entschuldigt hat,

b) dem Vorfall keine Beachtung schenken und weitermachen,

c) der betreffenden Person meine Gefühle mitteilen.

2. Wenn ein geliebter Mensch sich nicht bei mir entschuldigen will,

a) werde ich wütend und verlasse den Raum,

b) tue ich, als machte es mir nichts aus,

c) sage ich ihm, ich sei jederzeit bereit zu vergeben.

3. Wenn ich mich an ein Unrecht erinnere, das mir jemand angetan hat,

a) erinnere ich die betreffende Person an den Schmerz, den sie verursacht hat,

b) sage ich mir, dass ich nicht an so etwas denken sollte,

c) versuche ich, meinen Ärger loszuwerden, und setze meine Energie dafür ein, über etwas anderes nachzudenken.

4. Wenn ich einen Fehler mache,

a) werde ich höchstwahrscheinlich erklären, weshalb ich nicht schuld daran war,

b) befasse ich mich mit dem Fehler und fühle mich elend,

c) gehe ich zur Person hin, die ich ungerecht behandelt habe, und bitte um Verzeihung.

**5. Wenn jemand mich wegen eines Fehlers zur Rede
stellt,**

a) werde ich defensiv und beschuldige andere,

b) wechsle ich das Thema,

c) gestehe ich meinen Fehler ein und bitte um Verzeihung.

Sehen Sie sich diesen kurzen Test an und schauen Sie
nach, wie oft Sie a) geantwortet haben. Wenn Sie meistens a) geantwortet haben, reagieren Sie wahrscheinlich
verärgert, wenn jemand Sie verletzt. Vielleicht sollten
Sie sich klarmachen, wie Ihr Ärger Sie beeinflusst. Wenn
Sie am häufigsten b) geantwortet haben, versuchen Sie
wahrscheinlich, Konflikte in Beziehungen zu vermeiden,
auch wenn das heißt, eine Schranke zwischen sich und
anderen stehen zu lassen. Dieses Kapitel soll verständlich machen, weshalb zum aufrichtigen Lieben die c-Ant-
worten so wichtig sind, nämlich mit den Betreffenden
sprechen, vergeben und loslassen.

Gerechtigkeitswunsch oder Liebesfähigkeit

Ich erinnere mich an einen Ehemann, der erzählte: »Ich
war unglaublich wütend auf meine Frau und ihren Geliebten. Ich wünschte mir, dass beide für den Schmerz bezahlen
sollten, den sie mir und den Kindern bereitet hatten.« Das
sind ganz normale Gefühle, wenn man bedenkt, was für uns
richtig und falsch ist. Wir sind unverbesserliche moralische
Wesen. Wenn uns ein Unrecht angetan wird, sagt uns et-

was im Inneren: »Das ist nicht richtig. Wer das getan hat, muss dafür bezahlen.«

Die Transformationskraft aufrichtiger Liebe schafft diesen Appell an die Gerechtigkeit nicht ab. Vielmehr erklärt sie, weshalb man überhaupt Gerechtigkeit walten lassen möchte. Wir sind zum Lieben und Geliebtwerden geschaffen. Bestimmte Naturgesetze lenken unsere Entscheidungen, und der Gerechtigkeitswunsch ist tief im menschlichen Wesen verwurzelt.

Wahre Vergebung gibt es nur, wenn Gerechtigkeit und Liebe zusammenarbeiten.

Gleichzeitig besitzen wir aufgrund der Liebe alle die Fähigkeit, Vergebung in jeder Beziehung walten zu lassen. Die meisten Kinder lieben ihre Eltern, weil ihnen etwas im Innersten sagt: »Eltern sollten ihre Kinder lieben, und Kinder sollten ihre Eltern lieben.« Die meisten Menschen empfinden ein gewisses Maß an Liebe für ihre Nachbarn, Mitarbeiter und sogar Fremde.

Der Ausgleich zwischen Gerechtigkeit und Liebe erzeugt eine Spannung, die täglich im Gerichtssaal und in Beziehungen ausagiert wird. Hören Sie sich ein paar Kommentare nach dem Fällen eines Gerichtsurteils an:

»In diesem Fall ist das Recht verdreht worden.«
»Sie hat bekommen, was sie verdient hat.«
»Ich glaube, eine Strafe auf Bewährung war eine gute

Entscheidung. Es war ja sein erstes Vergehen, und er hat es anscheinend wirklich bereut.«

Die Herausforderung, im Leben wahrhaftig zu lieben, besteht darin, dass wir denen vergeben müssen, die uns ein Unrecht angetan haben, gleichzeitig aber den Schmerz zulassen sollten, den sie uns bereitet haben. Der Mann, dessen Frau ihn wegen eines anderen verließ, berichtete später: »Nach drei Monaten kam sie zurück, sagte, sie habe einen schrecklichen Fehler gemacht und wolle an unserer Ehe arbeiten. Ich dachte, ich könnte ihr nie verzeihen. Es geschah nicht über Nacht, doch als mir aufging, dass sie es ehrlich meinte, konnte ich ihr verzeihen. Heute haben wir eine großartige Ehe. Ich bin so froh, dass ich mich nicht von meinem Hochmut daran hindern ließ, sie zu lieben.«

Vergeben wollen

Victoria Ruvolo hatte jedes Recht, wütend zu sein. Wie der Bezirksanwalt in ihrem Fall sagte, hatte jemand ein Verbrechen gegen sie begangen, für welches keine Strafe groß genug war.

Frau Ruvolo hatte Glück, noch am Leben zu sein, nachdem ihr ein 18-jähriger Witzbold einen zehn Kilo schweren Truthahn aus einem rasenden Auto in die Windschutzscheibe geworfen hatte, was ihr praktisch alle Gesichtsknochen brach. Er hatte den Truthahn mit Freunden mit einer gestohlenen Kreditkarte gekauft, und sie waren »auf eine sinnlose Shoppingtour gegangen, einfach nur aus Jux«. Victoria Ruvolo musste eine zehnstündige Operation, ein künstlich eingeleitetes Koma und einen Monat im Kran-

kenhaus über sich ergehen lassen, bevor sie wieder nach
Hause konnte, von wo aus sie eine monatelange Therapie
durchführen musste, bis sie endlich wiederhergestellt war.

Während der ganzen Tortur jedoch blieb sie in Kontakt
mit ihrem Angreifer und verzieh ihm seine Tat. Eine Szene
im Gerichtssaal verblüffte die Zuschauer besonders, als
nämlich der junge Mann »sich achtsam und zögernd zu
dem Platz im Gerichtssaal begab, wo sie saß, und sie unter
Tränen flüsternd um Verzeihung bat: ›Es tut mir so leid, was
ich Ihnen angetan habe.‹ Da stand Victoria auf, und sie und
ihr Angreifer umarmten einander weinend. Sie streichelte
ihm den Kopf und klopfte ihm auf den Rücken, während er
schluchzte; Ohrenzeugen hörten sie sagen: ›Es ist in Ordnung. Ich möchte nur, dass du das Beste aus deinem Leben
machen kannst.‹ Weiteren Berichten zufolge mussten ab-
gebrühte Staatsanwälte und sogar Reporter die Tränen
unterdrücken.«

Als Victoria Ruvolos Angreifer am 17. Oktober 2005
verurteilt wurde, bat sie den Richter um Milde. In ihrer
Aussage dem Beklagten gegenüber sagte sie: »Trotz aller
Angst und allem Schmerz habe ich aus dieser schrecklichen Erfahrung gelernt und kann für vieles dankbar sein …
In meinem Leben ist kein Platz für Rache, und ich glaube
nicht, dass eine lange, strenge Gefängnisstrafe Ihnen, mir
oder der Gesellschaft in irgendeiner Weise dienlich wäre.«

So kam es, dass der halbwüchsige Witzbold, der 25 Jahre
im Gefängnis hätte sitzen sollen, stattdessen sechs Monate
bekam. Victoria sagte weiter: »Ich hoffe von Herzen, dass
ich Sie durch mein Mitgefühl und meine Nachsicht zu einem ehrenhaften Leben ermutigt habe. Wenn Ihnen mei-

ne Großzügigkeit hilft, ein verantwortungsvoller, ehrlicher
Mann zu werden, auf dessen Liebenswürdigkeit Ihre Lieben
und Ihre Gemeinde stolz sind, dann bin ich wirklich zufrieden, und mein Leiden wird nicht umsonst gewesen sein.«

Victoria Ruvolo war sich völlig bewusst, dass eine länge-
re Gefängnisstrafe durchaus am Platz gewesen wäre. Doch
wie sie später den Medien sagte: »Was hätte Rache ausge-
richtet? Gott hat mir eine neue Chance gegeben – ich gebe
sie bloß weiter.« Für sie war Vergebung das größere Gut als
Gerechtigkeit.

Die Handlungsweise dieser Frau erinnert daran, dass
Vergebung die Macht hat, Leben zu verändern. Ihr Schwa-
ger kommentierte die gefühlvolle Szene im Gerichtssaal
wie folgt: »Sie umarmte ihn wie eine Mutter. Sie sagte ihm:
›Ich will, dass aus dir etwas wird‹, und er antwortete: ›Das
will ich auch. Das will ich auch, ich verspreche es.‹«

Weshalb wir Vergebung brauchen

Vergebung ist in den heutigen Gerichtssälen eine ebenso
radikale Vorstellung wie zu Hause. Dabei ist sie für menschliche Beziehungen ganz wesentlich, und das aus zwei Gründen:

1. *Menschen sind wirklich frei – frei zu lieben, frei zu hassen.*
   Infolge dieser Freiheit trifft der Mensch manchmal falsche Entscheidungen und geht in die falsche Richtung.
   Tut er so etwas, verletzt er sich selbst und die Menschen
   in seiner Umgebung.
2. *Vergebung ist in menschlichen Beziehungen nötig, weil das
   eigene Freiheitsbedürfnis praktisch immer den Weg des Eigen-*

nutzes einschlägt. Die normale Einstellung des Menschen lautet: »Was ist das Beste für mich?« Dem falschen Ich überlassen, trifft man häufig eine Entscheidung, die für »mich« gut ist, wenn auch auf Kosten anderer. Diese Tatsache lässt sich in der gesamten Menschheitsgeschichte nachvollziehen. Man bekommt es täglich auf dem Fernsehschirm und in den Zeitungen mit. Man sieht es bei Tragödien in anderen Ländern und in Berichten über Unterschlagungen, Vergewaltigungen, Mord und Diebstahl. Dabei sind das nur die sichtbarsten selbstsüchtigen Taten. Könnten die Wände der Wohnungen und Häuser sprechen, wie viele würden nicht harte Worte, erniedrigende Gespräche und körperliche oder sexuelle Misshandlungen offenbaren, worüber die Medien nie berichten?

Leben heißt, Mitmenschen verletzen und verletzt werden können. Ohne Vergebung kann man bei einem Unrecht *nur* auf Gerechtigkeit zurückgreifen. Würde heute jedem Menschen Gerechtigkeit zuteil, landeten wohl die meisten im Gefängnis. Wenn es darauf ankäme: Möchten Sie wirklich Gerechtigkeit für *alles*, was Sie getan haben? Die Frage stellt sich also: »Da wir die Freiheit haben, naturgemäß egozentrisch zu handeln, wie kann dann jemand ein liebevolles Leben führen?«

Wir alle haben Gelegenheit, die eigene eigennützige Seite zu überwinden und für Mitmenschen leben zu lernen. Das bedeutet, denen zu verzeihen, die einen beleidigt haben. Es bedeutet nicht, ein Unrecht zu ignorieren, das einem geschehen ist. Unser Gerechtigkeitssinn lässt es nicht zu, dass wir lieblose Taten übersehen. Täte er das, nähme das Böse in der Welt überhand. Doch im Spannungsfeld zwischen Gerechtigkeit und Liebe ist die Liebe meistens mächtiger. Vergebung ist die Entscheidung, lieber zu lieben als auf Gerechtigkeit zu bestehen. Wenn man vom wahren Ich aus lebt, wird der Wunsch nach Versöhnung größer als der Drang nach Rache.

Vergeben lernen

Sehen wir uns nacheinander an, was geschieht, wenn man aus aufrichtiger Liebe vergibt. Zuerst wird ein Unrecht begangen. Ein Bruder, eine Schwester, eine Freundin oder ein Ehepartner behandelt uns ungerecht. Wir sind gekränkt und wütend, weil unser Gerechtigkeitssinn verletzt wurde. Die erste Reaktion ist klar: Wir wollen den Menschen, der uns ungerecht behandelt hat, zurechtweisen. Das Wort *zurechtweisen* enthält bereits »auf das Rechte hinweisen«. Kurz, wir konfrontieren unser Gegenüber mit dem Unrecht. In der Regel ist es am besten, sich zuerst Zeit zu nehmen, bis die Gefühle abgekühlt sind. Aufrichtige Liebe erfordert, den Gegenspieler zu respektieren, ungeachtet dessen, was er getan hat. Wenn man liebt, begegnet man ihm sanft, aufrichtig und mit dem Angebot der Vergebung. Man stellt ihn zur Rede, weil man die Beziehung nicht von irgendetwas trüben lassen will.

Im Idealfall gibt der Übeltäter beim nächsten Schritt das Unrecht zu und sagt, er wolle es künftig nicht mehr tun. Das ist der sehnlichste Wunsch bei einer Konfrontation, denn dann können wir wirklich vergeben. Der Ärger löst sich auf, wir stellen die Beziehung zu der Person wieder her und machen uns daran, das Vertrauen wiederaufzubauen. Wir lassen nicht zu, dass die Untat das Wachstum innerhalb der Beziehung vereitelt, und lassen unser Verhalten nicht von der Verletzung und Enttäuschung diktieren. Diese Vergebung erfordert nicht nur die eigene, sondern auch die Beteiligung des anderen.

Wir können ohne Beteiligung des Menschen, der uns verletzt hat, nicht wirklich vergeben.

Die Grenzen der Vergebung

Wenn Vergebung zum festen Bestandteil aller Beziehungen wird, sollte man wissen, was sie *nicht* ist.

• *Vergeben ist nicht leicht*. Eine Frau, deren Mann das gemeinsame Geld an sich genommen hatte, um es – einmal mehr – zu verspielen, fragte weinend: »Wie kann ich ihm vergeben, wenn er mich zutiefst verletzt hat? Wie konnte er mich nur so anlügen, als ich ihm doch bloß helfen wollte? Ich bin so gekränkt.« Es hat Zeit gebraucht, doch als ihr Mann keinen Kontakt mehr zu den Spielern aufnahm und zugab, falsch gehandelt zu haben, und als er sich zudem zu einer Therapie anmeldete, machte sie sich daran, ihm zu vergeben. Fünf Jahre später berichtete sie: »Es war die härteste und beste Entscheidung, die ich je getroffen habe. Ich bin so froh, dass ich ihn nicht aufgegeben habe.«

• *Vergebung entfernt nicht alle Folgen des Unrechts.*
Nehmen wir an, ich hätte als junger Vater meinen Kindern
wenig Zeit gewidmet und wäre schroff und kritisch gewesen, hätte sie herabgesetzt und ihnen wenig Liebe entge-
gengebracht, wenn wir denn beisammen waren. Jahre später suche ich meine Kinder auf, die inzwischen schon fast
junge Erwachsene sind, bekenne mein Versagen als Vater
und bitte sie um Vergebung. Nehmen wir weiter an, dass sie
mir vergeben. Dies würde nicht alle vergangenen emotionalen Wunden heilen. Es brächte mir auch die verpassten
Gelegenheiten nicht wieder, zu denen ich die Zeit hätte
positiv und liebevoll mit meinen kleinen Kindern verbringen können. Vergebung öffnet den Weg für eine künftige
bessere Beziehung. Mit der Zeit, dank weiterer Gespräche
und vielleicht auch einer Beratung, fänden meine Kinder
möglicherweise Heilung wegen des Unrechts, das ich ihnen angetan hätte. Vergebung liefert den Boden, auf dem
Heilung stattfinden kann.

• *Vergebung stellt das Vertrauen nicht gleich wieder her.*
Eine junge Frau, die durch die Unehrlichkeit einer Freundin verletzt wurde, vergibt ihr möglicherweise, nachdem
diese ihren Fehler eingestanden und versprochen hat, sich
zu ändern. Doch der Verrat hat das Vertrauen zerstört, welches sich nur wieder aufbauen lässt, wenn sie künftig vertrauenswürdig ist. Vergebung öffnet die Tür, damit allmählich neues Vertrauen aufgebaut werden kann.

Vergebung allein stellt das Vertrauen nicht wieder her, doch ohne Vergebung lässt sich Vertrauen nicht wieder aufbauen.

• *Vergebung löscht die Beleidigung nicht aus dem Gedächtnis aus.* Jedes Ereignis wird im Gehirn festgehalten, und eine schmerzliche Begebenheit kann immer wieder ins Bewusstsein dringen. Wenn man sich erinnert, empfindet man möglicherweise denselben tiefen Schmerz wie zuvor. Hat man sich zum Vergeben entschieden, akzeptiert man diese Gedanken und Gefühle und versucht, die Kraft aufzubringen, etwas Gütiges und Liebevolles für die betreffende Person zu tun, und zwar möglichst noch heute. Die Schriftstellerin und Kolumnistin Anne Lamott schreibt: »Vergeben bedeutet das Aufgeben jeder Hoffnung, eine andere Vergangenheit gehabt zu haben.« Wenn man aus wahrer Liebe handelt, konzentriert man sich auf die Zukunft und lässt nicht zu, sich wie besessen mit früheren Fehlern zu beschäftigen, die inzwischen vergeben sind. Man beschließt, die Schranke der Beleidigung zu entfernen und die Beziehung wiederherzustellen. Wenn man vergibt, sollte man so lieben, dass man keine Bilanz über Beleidigungen führen will.

Der Umgang mit Andersartigkeit

»Unsere 35 Jahre Ehe waren nicht perfekt«, sagt Gail, »aber Don und ich lieben einander noch immer, freuen uns, beieinander zu sein, und müssen noch immer mitein-

ander verhandeln, und das jeden Tag! Manchmal finde ich
alltägliche Gewohnheiten am schwierigsten zu verstehen.
Don umarmt mich kaum jemals, wenn ich ihn nicht darum
bitte, und vergisst die Zeit so schnell, dass wir seinetwegen
fast immer zu spät kommen. Er kann Unordnung überhaupt
nicht ausstehen und räumt in der Küche ständig alles weg,
wenn ich noch nicht einmal fertig bin und noch etwas
brauche, was ich bereitgelegt habe. Ich weiß, es gibt vieles,
was auch er an mir ändern möchte. Wenn Sie die Wahrheit
wissen wollen: Wir sind noch immer dabei zu lernen, wie
man gut miteinander lebt.«

Gail und Don haben einander über die Jahre gegenseitig
viele Konzessionen gemacht. Als sie frisch verheiratet waren, ging es bei einem Streit praktisch immer um das Sau-
berhalten des Hauses. Gail störten Schuhe im Eingang
nicht, auch nicht Bücher und Papiere auf der Anrichte in
der Küche oder Kleider auf dem Boden des Wandschranks.
Nicht nur störte das Don, sondern Gails Unordnung empörte ihn. Er hatte immer gedacht, mit einer ordentlichen
Frau verheiratet zu sein. Gail hingegen sehnte sich danach,
dass Don ihr seine Liebe durch Berührungen zeigte und mit
Worten ausdrückte, was er selten tat. Mehr als einmal witzelte er: »Ich liebe dich. Wenn sich das ändert, lasse ich es
dich wissen.«

Nach über drei Jahrzehnten Ehe lernen Gail und Don
noch immer, einander trotz ihrer Schwächen zu lieben.
Don ist viel toleranter geworden, was das Durcheinander
im Haus betrifft. Gail versucht, die gemeinsamen Bereiche
im Haus öfter aufzuräumen, weil ihr klargeworden ist, dass
sie Don auf diese Weise ihre Liebe zeigen kann. Gail ver-

sucht daran zu denken, dass Don ihr jedes Mal seine Liebe beweist, wenn er ihr Auto in Ordnung hält oder eine Mahlzeit für sie kocht. Er wiederum versucht seine Frau öfter zu bestätigen, nicht nur an Hochzeits- und Geburtstagen, sondern auch an ganz gewöhnlichen Tagen.

Regt einen ein bestimmtes Verhalten auf, so ist noch keine Verzeihung bzw. Entschuldigung nötig. Gereiztheit hingegen muss man beachten. Das kann entweder dazu führen, dass der Betreffende sein Verhalten ändert oder dass man dessen Verhalten akzeptiert. Ebenso erfordern Persönlichkeitskonflikte keine Vergebung. Der eine ist von Natur aus organisiert, der andere spontan. Wenn die beiden zusammen arbeiten oder wohnen, können Spannungen entstehen. Spannungen erfordern Gespräche, Verständnis und Akzeptieren der Andersartigkeit, aber keine Vergebung.

Es ist natürlich nicht immer leicht, mit Verschiedenheiten umzugehen. Manchmal macht man, wenn man verärgert ist, schroffe, urteilende Bemerkungen. In diesem Fall sollte man sich entschuldigen und um Verzeihung bitten.

Neue Gewohnheiten
Üben Sie, kleine Dinge zu verzeihen, und bitten Sie auch bei kleinen Fehltritten um Entschuldigung.

Wenn man selbst Vergebung braucht

Die Schießerei in Pennsylvania hätte vielleicht nie stattgefunden, hätte der Mörder als junger Erwachsener für einen damaligen Vorfall um Vergebung gebeten und diese bekommen. In einem Abschiedsbrief schrieb Roberts, er werde von Erinnerungen geplagt, vor 20 Jahren zwei junge Angehörige belästigt zu haben.

Man wird die reine Wahrheit hinter Roberts' Aussage wahrscheinlich nie kennen oder wissen, wie sein früheres Fehlverhalten seine Tat an jenem Oktobertag beeinflusste. Hingegen weiß man, dass Vergebung – sowohl anderen wie sich selbst gegenüber – heilsam ist und Leben ändern kann. Um aufrichtig zu lieben, muss man sowohl bekennen und seine Fehler ablegen wie Mitmenschen vergeben.

Wenn Sie jemanden beleidigt und verletzt haben, so ergreifen Sie die Initiative und versuchen Sie sich mit dem Verletzten auszusöhnen. Wenn Sie den Beleidigten nicht sofort um Verzeihung bitten und er Ihnen Ihr Fehlverhalten vor Augen führt, so wäre es klug, den Ausrutscher einzugestehen und Frieden mit ihm zu schließen.

Sind Sie so in den Versuch verstrickt, die Verantwortung für Ihre Tat abzuschieben, oder nicht bereit, Ihren Fehler einzugestehen und zu bereuen, so empfehle ich Ihnen unbedingt, den eingeschlagenen Weg nochmals zu überdenken. Wenn Sie sich nicht entschuldigen und um Verzeihung bitten, bildet die Kränkung eine bleibende Schranke zwischen Ihnen und dem Gekränkten. Jede Schranke, die Sie aufbauen, isoliert Sie etwas mehr. Vergebung ist ebenso wesentlich für Ihre eigene Heilung wie für diejenige der Mitmenschen.

Bei Kränkungen erfordert liebevoll zu leben, dass man die Verantwortung für das eigene Versagen übernimmt, den Fehler ablegt und den Gekränkten um Verzeihung bittet.

Dann lassen sich Beziehungen wieder in Ordnung bringen. Es gibt keine langjährige, positive Beziehung ohne Einge- ständnisse, Verhaltensänderungen und Vergebung. Man braucht nicht vollkommen zu sein, um gute Beziehungen zu führen, aber man muss bereit sein, realistisch mit eige- nem Versagen umzugehen.

Es gibt keine langjährige, positive Beziehung ohne Vergebung.

Menschen lieben, die sich nicht entschuldigen wollen

Wenn Sie jemanden liebevoll zur Rede stellen, der Sie ver- letzt hat, wird der Betreffende in den meisten Fällen den Fehler zugeben und sich entschuldigen. Er kann allerdings auch leugnen, etwas Ungerechtes getan zu haben, und we- gen der Anschuldigung beleidigt sein. Wenn Sie wissen, dass Ihre Informationen stimmen, und Sie dem Missetäter »Beweise« liefern, so mag er wohl gezwungenermaßen zu- geben, dass er Sie ungerecht behandelt hat. Er kann aber auch trotzdem nicht bereit sein, sein Verhalten zu ändern. Ihr Bekenntnis zur aufrichtigen Liebe erfordert von *Ihnen*, anders zu handeln und zu denken.

Neue Gewohnheiten
Wenn jemand, der Sie verletzt hat, sich nicht ent-
schuldigen will oder kann, so denken Sie daran:
Sie können Ihren Ärger trotzdem loswerden.

I. Loslassen

Jamie führte zwei Jahre lang ein Fitnesszentrum, bevor es
an den Tag kam, dass der Besitzer Geld veruntreute und in
jeder Hinsicht zwanghaft log, angefangen von seiner
Kindheit über seine Familie bis hin zu seiner finanziellen
Stellung. Jamies Begeisterung über die Zukunft des Zent-
rums, alle Pläne, die sie sich mit dem Besitzer ausgeträumt
hatte, waren auf einmal dahin. Der Arbeitgeber, dem sie
vertraut hatte, hatte sie betrogen. Sie konnte nicht einmal ein vernünftiges Gespräch mit ihm führen, weil er
ständig weiterlog. Zu alledem musste sich Jamie einer
Krebsbehandlung unterziehen und hatte auch noch unerwartet viel Arbeit.

»Zuerst war ich unglaublich wütend«, berichtet sie,
»dann dachte ich während einer meiner Behandlungen:
›Ich will nicht, dass sich jetzt Wut in meinem Denken
ausbreitet.‹ Ich beschloss, die Behandlung, die meinem
Krebs an jenem Tag den Garaus machen sollte, solle auch
meine Wut vernichten. Da spürte ich beinahe körperlich,
wie die Bitterkeit aus meinem Körper verschwand.«

Zwar hat Jamie noch immer mit dem Überwinden der
Folgen der Handlungsweise ihres Arbeitgebers zu tun, aber
sie empfindet keine Bitterkeit mehr über die Situation. Sie
lässt zu, dass die Liebe mächtiger ist als das ihr angetane
Unrecht.

Wenn Sie jemand ungerecht behandelt hat und sich nicht entschuldigt, so geht es nicht darum, dem Kränkenden zu vergeben, der sich nicht entschuldigt, sondern ihn zusammen mit der Verletzung und Wut *loszulassen.* Wenn der Übeltäter seinen Fehler eingesteht und sein Leben zum Guten ändert, dann können Sie vergeben. Wenn nicht, werden ihn die Folgen seiner Taten mit der Zeit ohne Ihr Zutun heimsuchen. Jemanden *loszulassen* ist etwas ganz anderes als ihm zu vergeben. Es versöhnt sie nicht, aber es befreit Sie geistig und seelisch, damit Sie der Mensch werden können, der zu sein Ihnen bestimmt ist.

Als christlicher Pastor ermutige ich Ratsuchende jeweils, den Betreffenden Gott zu übergeben, den ich sowohl für gerecht wie für liebevoll halte. Für mich ist Gott bereit, allen zu vergeben, die ihre Übeltat bekennen und um Vergebung bitten. Ich bin nicht gezwungen, mich zu rächen, weil ich mich entschieden habe, sowohl meinen Ärger wie meinen Peiniger Gottes Gerechtigkeit und Liebe zu übergeben. Dann bin ich zum zweiten Schritt bereit.

2. Eigene Fehler bekennen

Der zweite Schritt zur Befreiung von Schmerz und Zorn infolge schlechter Behandlung ist das Eingeständnis des eigenen Versagens in der betreffenden Situation. Wenn Sie ungerecht behandelt wurden, ist Ihre Wut legitim, und Sie sollten sich auch ärgern. Doch sollte der Ärger immer nur ein Besucher sein und kein ständiger Bewohner. Ärger bringt Sie dazu, den Menschen zur Rede zu stellen, der Sie ungerecht behandelt hat, und eine Versöhnung anzustreben. Wenn Sie die Wut in sich behalten und darüber brüten, wird Bitterkeit und später Hass daraus. Solche Gefühle und eine entsprechende Haltung sind zerstörerisch für alle, die sie hegen, und können sogar zu Gewalt gegen diejenigen führen, die Sie verletzt haben.

Ärger sollte nur ein Besucher sein und kein ständiger Bewohner.

Alle haben schon Berichte über Angestellte gehört, die Vorgesetzte oder Mitarbeiter erschossen haben. Häufiger und bekannter ist wohl, dass man einen Wortschwall gegen jemanden vom Stapel lässt, der einen ungerecht behandelt hat. Wenn man von der eigenen Verletzung und Wut besessen ist, macht man sich einer fehlgeleiteten Leidenschaft schuldig. War je Hilfe und Führung im Umgang mit den eigenen Gefühlen nötig, dann in Situationen, in denen die Ungerechtigkeit von Freunden oder Angehörigen ausging. Das Eingeständnis, dass man nicht positiv mit Verletztheit und Wut umgehen kann, befreit von weiterem Groll.

3. Böses mit Gutem vergelten

Der dritte Schritt ist ein Riesenschritt: Sie vergelten Böses mit Gutem.

Von Natur aus sind wir freundlich zu denen, die freundlich zu uns sind, und lieben Menschen, die uns lieben. Doch wenn Liebe zum Weg wird, ist die Messlatte viel höher. Man liebt sogar Menschen, die einen schlecht behandeln.

Elise erzählte mir, dass sie als kleines Mädchen immer den Kopf an Mutters Pelzmantel anlehnen wollte, wenn sie neben ihr auf der Kirchenbank saß. Sie fühlte sich behaglich in ihrer Nähe und genoss es, das seidene Fell an der Wange zu spüren. Die kritische, distanzierte Mutter jedoch schob Elise immer wieder weg, damit das Kind den Mantel nicht beschmutzte.

Als Erwachsene hat Elise jahrelang daran gearbeitet, sich durch die als Kind erfahrene Ablehnung und den damit zusammenhängenden Schmerz hindurchzuarbeiten. Wenn sie mit der inzwischen alt gewordenen Mutter über ihre Gefühle sprechen wollte, wechselte diese das Thema.

Als der Vater starb, sah Elise bei dessen Beerdigung die Mutter ihre Trauer alleine tragen. Als diese so still in der vordersten Kirchenbank saß, setzte sie sich zu ihr und legte ihr den Arm um die Schultern. Wortlos lehnte die erschöpfte Mutter ihren Kopf an Elises Schulter und schloss die Augen. Für Elise war dieser wichtige Moment sehr heilsam, in dem sie die Mutter wie ein Kind auf eine Weise anlehnen ließ, die sie selbst nicht gekannt hatte. Elise bewies mit ihrer mitfühlenden Reaktion wahre Liebe der Mutter gegenüber, die sie verletzt hatte.

4. Den Schmerz zum Guten nutzen

Wenn Sie es mit jemandem zu tun haben, der sich nicht entschuldigen will, ist es sehr wichtig, darüber nachzudenken, wie Sie die drei bisherigen Schritte anwenden und Ihren inneren Aufruhr beschwichtigen können. Jemanden loszulassen, der Ihnen ein Leid angetan hat, Ihr eigenes

Versagen in der betreffenden Situation einzusehen und zu versuchen, den Missetäter zu lieben, schenkt Ihnen die Freiheit, Ihr Leben weiterzuführen und Ihre Zeit und Energie konstruktiv einzusetzen.

Ich bezweifle sehr, dass Victoria Ruvolo ihrem Angreifer ein besseres Leben hätte ermöglichen können, wenn sie ihren Zorn gegen ihn nicht losgelassen hätte. Wie viele Ereignisse im Leben verdeutlicht ihre Geschichte von Leid und Vergebung sowohl die Fähigkeit des Menschen, andere zu verletzen, als auch die allen zur Verfügung stehende Fähigkeit, den Ärger aufzugeben und Zeit und Energie zum Helfen einzusetzen.

～ Feind der Vergebung: Angst ～

Soll man sich entscheiden, ob man sich versöhnen will oder nicht, so ist es hilfreich, die den Weg versperrenden Ängste aufzuzählen:

- Der andere wird sich nicht entschuldigen wollen.
- Man wird zugeben müssen, dass man verletzt ist.
- Man wird den eigenen Anteil am Unrecht eingestehen müssen.
- Der andere wird die Verzeihung als Freibrief sehen, weiter ungerecht zu handeln.

Gesteht man sich diese Ängste ein, kann man mit den Tatsachen über die Vergebung reagieren:

- Auch wenn der andere sich nicht entschuldigen will und man deswegen nicht vergeben kann, so kann man trotzdem beschließen, nicht mehr am Ärger festzuhalten.
- Verletzlichkeit ist ein wichtiger Bestandteil von Beziehungen. Gibt man zu, verletzt zu sein, gestehen Mitmenschen von ihnen verursachte Verletzungen eher ein.
- Ein Eingeständnis lehrt, wie mächtig die Vergebung ist, und muss zum festen Bestandteil des Lebens werden, wenn man aufrichtig lieben will.
- Wir haben keine Kontrolle darüber, wie andere auf Vergebung reagieren. Hat man Gelegenheit, in einer Beziehung zu vergeben, so erfordert die aufrichtige Liebe, dass man es tut.

Angst konkurriert mit Vergebung, aber sie ist nicht so stark wie die Liebe. Wenn man andere liebt, die einen ungerecht behandeln, befreit es von Ängsten und schenkt Freude an Beziehungen wie nie zuvor.

Wie wird man ein vergebender Mensch?

Am Ende jedes Schuljahres kochte Courtney ein Essen für die Klassenlehrerin ihres Sohnes Hunter. Der Umgang mit einer Lehrerin, Frau Cooper, war allerdings ein ständiger Kampf. Hunter hatte sich wegen Frau Coopers spitzen Worten und ihres aufbrausenden Wesens das ganze Jahr vor der Schule gefürchtet. Courtney fand, der Unterrichtsstil der Lehrerin schade Hunter und den anderen Kindern. Trotz mehrmaliger Gespräche zwischen Courtney, dem Schulleiter und Frau Cooper wich diese nicht im Geringsten von ihrem Unterrichtsstil ab und sagte wiederholt, Courtney behandle Hunter zu locker.

Courtney rang mit ihrer Wut gegen diese Frau, die das Schuljahr für ihren Sohn zur Hölle gemacht hatte und dabei nie einen Fehler eingestand. Doch in der letzten Schulwoche wurde es Courtney auch klar, dass Frau Cooper ständig Rückenschmerzen, ein schwieriges Familienleben und noch viele Aufgaben zu korrigieren und Schreibarbeiten zu verrichten hatte. Also kochte Courtney nicht nur ein kleines Essen, sondern bereitete eine tiefe Schüssel voll gebackenem Hähnchen mit Kartoffelpüree vor. Als sie diese Frau Cooper am letzten Schultag übergab, dankte sie ihr von Herzen für ihren Einsatz bei Hunters Ausbildung. Sie anerkannte in Wort und Tat, dass Frau Cooper unter schwierigen Umständen als Lehrerin ihr Bestes tat und dass auch sie ein schwieriges Jahr hinter sich hatte.

Courtney, die eher zum Vergeben als zum Urteilen neigt, lieber Milde walten lässt statt Gerechtigkeit zu fordern, hat dabei die Züge des vergebenden Menschen aufgezeigt, der zu verzeihen bereit ist, wenn eine Entschuldigung vorgebracht wird. Wird keine Entschuldigung vorgebracht, so ergreift der vergebende Mensch die Initiative, mit dem Missetäter zu reden und Vergebung anzubieten. Ein vergebender Mensch wird weder in eigenen Verletzungen waten noch seinem Zorn Luft machen, sondern seine Energie zur Versöhnung einsetzen.

Wie also wird man ein vergebender Mensch?

Erster Schritt: Sich selbst vergeben

Im Lauf der Jahre habe ich Menschen kennen gelernt, die sich ständig wegen ihres eigenen Versagens herabsetzen. Sich selbst mit verurteilenden Bemerkungen zu geißeln ist selbstzerstörerisch. »Ich kann nicht glauben, dass ich das getan habe. Ich war ja so dumm. Wie konnte ich nur so unsensibel sein? Ich habe den Menschen verletzt, den ich am meisten liebe. Ich glaube, ich werde mir das nie verzeihen können.« Solche Sätze mögen zwar als Teil eines Bekenntnisses angebracht sein, doch wenn Ihnen vergeben wurde, sind sie nicht mehr nötig. Taucht ein früheres Versagen mitsamt den schmerzlichen Gefühlen wieder in Ihnen auf, sollten Sie sich genauso vergeben, wie Ihnen vergeben wurde.

Zweiter Schritt: Bitten Sie in Beziehungen für Ihre Fehler um Verzeihung

Ehrlichkeit in Bezug auf die eigenen Fehler macht verständlich, wie wichtig Vergebung ist, falls man möchte, dass Beziehungen gedeihen. Ein junger Mann sagte mir einmal: »Ich dachte immer, die Menschen sollten nicht so empfindlich sein. Jahrelang habe ich rassistisch gefärbte Witze erzählt und mir nichts dabei gedacht. Eines Tages sagte mir ein Schwarzamerikaner am Arbeitsplatz, den ich wirklich sehr gerne mochte, wie sehr ihn meine Witze verletzten. Das hat mich aufgerüttelt. Ich habe ihn um Verzeihung gebeten und mich danach bei der ganzen Abteilung entschuldigt. Seither ist mir viel bewusster geworden, welche Wirkung ich in Wort und Tat auf andere ausübe.« Dann fügte er hinzu: »Heute bitte ich sehr viel häufiger um Entschuldigung.«

Sie sind ständig auf dem Weg. Es sollte Sie nicht wundern, dass Sie manchmal Dinge sagen oder tun, die andere schmerzen, bzw. etwas Unfreundliches und Liebloses sagen oder sich unfreundlich und lieblos verhalten. Die Bereitschaft, sich zu entschuldigen, ist ein großer Schritt auf dem Weg zum vergebenden Menschen.

Sich zu entschuldigen ...

- *zeigt, dass Sie bereit sind, die Verantwortung für Ihr Fehlverhalten zu übernehmen: »Ich war im Unrecht.«*
- *drückt Bedauern aus: »Es tut mir leid, dass dich meine Handlungsweise so verletzt hat. Ich habe ein wirklich schlechtes Gefühl dabei.«*
- *versucht, etwas wiedergutzumachen: »Was kann ich tun, damit du mir wieder wohlgesinnt bist?«*
- *drückt den aufrichtigen Wunsch aus, sich zu ändern: »Das will ich nie wieder tun.«*
- *heißt um Vergebung bitten.*

Wenn Sie andere um Verzeihung bitten und Ihnen vergeben wird, erleben Sie die Freude der Versöhnung. Will jemand Ihnen nicht vergeben, erleben Sie den Schmerz der Zurückweisung. Beide Erfahrungen motivieren Sie, Menschen zu vergeben, wenn diese sich bei Ihnen entschuldigen.

Dritter Schritt: Seien Sie andern gegenüber echt liebevoll
Bei Ihren Vergebungsbemühungen geraten Sie vielleicht auch einmal außer sich, wenn der gleiche Mensch immer wieder denselben Fehler macht. Doch wenn Sie aufrichtig

lieben, wollen Sie jederzeit zum Kanal für die Vergebung werden. Diese Liebe lernt man im Alltag bei gewöhnlichen Dingen. Ihre Haltung zeigt Ihrer Umwelt, dass Sie stets bereit sind, eine Beziehung wieder in Ordnung zu bringen. Aufrichtige Liebe ruft Sie zu Aufgeschlossenheit und zum Vergeben auf, egal wie lange es dauert.

» Wütend werden ändert das Geschehene nicht. «

Als Michael Watson am 21. September 1991 in London gegen Chris Eubank antrat, harrte die Boxerwelt gespannt darauf, wer den Weltmeistertitel im Supermittelgewicht davontragen würde. Watson träumte davon, Weltklasseboxer zu werden. Auf dem Weg dorthin hatte er den zur Karriere einer Berühmtheit gehörenden Aufstieg mit »schnellen Autos, teuren Kleidern und Frauen« genossen. Doch vor Ende der elften Runde bekam Watson von Eubank einen solchen Hieb versetzt, dass er beinahe sein Leben aushauchte. Kurz nachdem der Schiedsrichter eine Unterbrechung angeordnet hatte, brach Watson zusammen. Die folgenden 40 Tage lag er im Koma und war danach infolge eines Blutgerinnsels teilweise gelähmt.

Watson schreibt, er sei verwirrt und frustriert aus dem Koma erwacht und habe sich nur schwer mit den Tatsachen abfinden können. Doch dann dachte er daran, wie mies Eubank sich wohl fühlte und dass es genauso gut andersherum hätte ablaufen können. »Wütend werden ändert das Geschehene nicht«, fand er, als er an die Zukunft zu denken begann. »Wenn ich wegen dem, was mir Chris angetan hatte, feindselig geworden wäre, wäre ich nicht nur körperlich, sondern auch noch seelisch zusammengebrochen. Wie hätte ich dann weitermachen können?« Als Watson emotional und physisch allmählich genas, fand er einen neuen Frieden und eine neue Kraft. »Jetzt fühle ich mich wie neu. Ich bin liebend gern so, wie ich bin, weil mein Herz voller Liebe ist.«

Wenn wir jemandem vergeben, gestehen wir ein, dass wir unvollkommene Menschen sind, die in einer unvollkommenen Welt leben. Manche Ereignisse, die man vergeben sollte, sind aus absichtlicher Böswilligkeit geschehen, doch viele entstammen einfach menschlicher Schwäche, ob man nun seiner Frau vergeben sollte, wenn sie die Küche in einem heillosen Durcheinander hinterlassen hat, oder einem Arzt wegen einer medizinisch falschen Behandlung.

Ist man verletzt, so ist die Versuchung groß, herausfinden zu wollen, wer die Schuld daran trägt. In Wirklichkeit aber ist es unmöglich, die Schuld prozentual unter den Beteiligten bzw. den Umständen aufzuteilen. Manchmal muss man einfach akzeptieren, dass eine Beziehung der Heilung bedarf, wobei eine eigene Schwäche höchstwahrscheinlich am Schaden mitbeteiligt war. Diese zuzugeben hilft dem Gegenüber manchmal, dasselbe zu tun. Es kann schwerfallen, sich für etwas zu entschuldigen, über das man in den eigenen Augen keine Kontrolle hatte. Aufrichtige Liebe aber erfordert, sich mit denen zu versöhnen, die man verletzt hat und die einen verletzen. Wenn man seine Energie für die Bereinigung der Beziehung einsetzt, ist man viel besser gerüstet, auch künftig zu lieben.

Michael Watson lief 2003 den London-Marathon mit – und kam sechs Tage nach Beginn des Rennens ans Ziel. Chris Eubank begleitete ihn auf dem letzten Stück.

Ein befreites Herz

Zum ersten Mal kam es zum Missbrauch, als Katie fünf Jahre alt war. Allein davon zu sprechen, schmerzt sie körperlich, und sie muss würgen. Sie kann stundenlang nach einer Therapiestunde nichts essen. Ihr Vater hat sie ihre ganze Kindheit hindurch sexuell missbraucht und ihr mit dem Tod gedroht. Nach der Scheidung der Eltern wurde sie von ihrem Stiefvater missbraucht, bis sie 15 Jahre alt war. Beide Männer luden andere zur Teilnahme an unaussprechlichen Taten gegen das Mädchen ein.

Jahrelang wusste Katie, dass sie missbraucht worden war, erinnerte sich aber nicht an die Einzelheiten im Zusammenhang mit ihrem Vater. Im Verlauf der Beratung fragte sie sich allmählich, wie stark er am Schmerz aus der Kindheit beteiligt war. Zuweilen überwältigte sie der Zorn beinahe. Sie blieb jedoch dabei, sich durch ihre Gefühle hindurchzuarbeiten, weil sie sich nach Befreiung sehnte.

Katie wohnte am selben Ort wie ihr Vater, der nichts aus der Vergangenheit zugab. Immer wieder machte Katie ihrer Wut gegen ihre Schänder Luft, bis ihr Hass nachließ und sie gedanklich und gefühlsmäßig eine neue Freiheit fand.

Als bei ihrem Vater Krebs im Endstadium diagnostiziert wurde, wollte Katie ihn nicht allein in den Tod gehen lassen. In den folgenden beiden Jahren stand sie ihm bei Arztbesuchen und Krankenhausaufenthalten bei, während sich der langsam fortschreitende Krebs seines Körpers bemächtigte. Nach einer Wirbelsäulenoperation zur Entfernung von Tumoren wurde klar, dass er nicht mehr lange zu leben hatte. Sie blieb eine Woche lang rund um die Uhr im Krankenhaus, sorgte für ihn und liebte ihn, auch wenn er oft ihre Anwesenheit gar nicht bemerkte.

Dann begann er eines Freitags aus den Erinnerungen zu erzählen: Er flickte etwas unter die Kühlerhaube des Autos, hing mit Freunden herum … und missbrauchte Katie. In seinem Delirium brach die gesamte Gewalt jener Jahre in vulgären Worten und mit entsetzlichen Einzelheiten wie ein Schwall aus ihm heraus. Einen Tag lang hielt Katie es aus, die Bestätigung ihrer Befürchtungen anzuhören. Als sie nicht mehr konnte, ging sie nach Hause.

»Ich wusste nicht, ob ich nochmals ins Krankenhauszimmer konnte«, erzählte sie, »aber es war eine Gelegenheit, ihm reine Liebe anzubieten. Ich hatte eine Chance, von dieser Erfahrung erlöst zu werden.«

Als Katie 36 Stunden später wieder ins Krankenhaus ging, war sie von Schmerz erfüllt. Wegen dieses Mannes im Krankenhausbett sah sie sich in jedem Raum, den sie betrat, sofort nach einem Ausgang um. Wegen dieses Mannes hatte sie Albträume, gefangen zu sein. Dieser Mann hatte ihre Ehe, ihre Beziehung zu ihren Kindern und ihr Denken über Gott nachteilig beeinflusst. Aber sie hatte Jahre zuvor beschlossen, den Vater und ihre Wut loszulassen.

»Er ist mein Vater, und ich liebe ihn. Ich verstehe nicht alles, was früher passiert ist. Ich weiß nur, dass ich ihn jetzt liebe.«

An jenem Tag ließ Katies Vater nichts von seiner vor kurzem vom Stapel gelassenen Tirade hören. »Ich hätte so gern etwas Schokolade«, bat er seine Tochter. »Ich gäbe alles für ein bisschen Schokolade.« Er hatte starke Schmerzen, war wegen der Geschwüre im Rücken gelähmt und hatte vier Tage lang keine feste Nahrung zu sich genommen.

»Vater, ich hol dir Schokolade«, erwiderte Katie ohne zu zögern. Sie ging in einen speziellen Süßwarenladen und kaufte ein Pfund Schokoladenfondant.

Ins Krankenhaus zurückgekehrt, setzte sie sich auf den Bettrand und fütterte den Vater mit Schokoladenstücken, nach denen ihn so gelüstete. Er sank in die Kissen und lächelte. Katie war außer sich vor Freude, dass sie ihm mitten in seinem Elend Freude bereiten konnte.

Als er eine Woche danach starb, war Katie die einzige Anwesende. In den letzten Tagen in der Sterbeklinik sang sie ihm stundenlang Wiegenlieder vor, um ihn zu beruhigen.

Als er starb, hatte er sich bei Katie nicht entschuldigt. Er konnte den vergangenen Schmerz nicht tilgen, und Katie leugnet diesen auch nie. Aber sie hatte sich entschieden, ihn zu beschenken, obwohl er ihr so viel genommen hatte. Sie hatte beschlossen, ihn milde zu behandeln, auch wenn das keinen Sinn ergab. Sie hatte ihm Liebe geschenkt, ihm, der Gerechtigkeit verdiente – Liebe, Stück für Stück, aus einem befreiten Herzen, das vergeben konnte.

» Wie sähen Ihre Beziehungen aus, wenn Sie ...«

- glaubten, dass Ärger und Liebe unvereinbar sind?
- die Initiative ergreifen würden, sich zu versöhnen, statt Groll anzuhäufen?
- jemandem, der Sie schlecht behandelt, vergäben oder den Missetäter loslassen lernten und wüssten, wann Sie das eine und wann das andere tun sollten?
- eigenes Verschulden bereitwillig eingestünden, um Mitmenschen Gelegenheit zu geben, Vergebung zu üben?
- aus der Haltung echter Liebe denen gegenüber handelten, die gegen Sie verstoßen haben, und in Ihren Beziehungen Vergebung als Weg übten?

Umsetzen

Fragen zum Nachdenken und zur Diskussion

1. Victoria Ruvolo hat dem Jugendlichen vergeben, der sie beinahe getötet hat, und um eine milde Strafe für sein Vergehen gebeten. Denken Sie, dass ihre Reaktion in der Situation angemessen war? Weshalb oder weshalb nicht?

2. Beweisen Ihre alltäglichen Entscheidungen eher Gerechtigkeitssinn oder Liebe oder beides? Weshalb?

3. Wann haben Sie jemanden in einer Beziehung Böses mit Gutem vergelten sehen? Wie hat es sich auf die Beteiligten ausgewirkt?

4. Erinnern Sie sich an eine Situation in der vergangenen Woche, als jemand Sie verletzt oder Ihnen Unannehm-

lichkeiten bereitet hat. Wie haben Sie reagiert? Inwiefern hat Ihre Reaktion die Haltung echter Liebe gespiegelt? Wenn Sie es wiederholen könnten, was würden Sie anders machen?

5. Wie reagieren Sie gewöhnlich, wenn jemand Sie wegen eines Fehlers Ihrerseits zur Rede stellt?

6. Erinnern Sie sich an eine Begebenheit aus Ihrem Leben, als Sie jemanden um Verzeihung baten. Was haben Sie aus dieser Erfahrung über die Vergebung gelernt?

7. Wir haben vier Schritte betrachtet, wie man Menschen liebt, die sich nicht entschuldigen wollen:

   a) loslassen,

   b) den eigenen Fehler bekennen,

   c) Böses mit Gutem vergelten,

   d) den Schmerz zum Guten nutzen.

Welcher dieser Schritte fällt Ihnen am schwersten? Weshalb?

Anwendungsmöglichkeiten

1. Denken Sie an einen Verstoß gegen Sie, der eine Schranke in Ihrer Beziehung zum Täter bildet. Sind Sie bereit, ihm zu vergeben? Welchen Schritt könnten Sie tun, um liebevoll mit ihm zu sprechen und sich zu versöhnen?

2. Haben Sie jemanden beleidigt, und bildet die Beleidigung eine Schranke zwischen Ihnen und dem Opfer? Welchen Schritt wollen Sie tun, um Ihr Fehlverhalten zu bekennen und den Beleidigten um Verzeihung zu bitten?

3. Denken Sie an jemanden, der ein Unrecht Ihnen gegenüber nicht bekennen kann oder will. Was wäre, wenn Sie den Betreffenden und Ihren Ärger loslassen würden?

Höflichkeit

Alle wie Freunde behandeln

*Sei freundlich, denn jeder, dem du begegnest,
führt einen harten Kampf.*
Philo von Alexandrien

Schon zu Beginn seiner Karriere träumte Andrew Horner von einer eigenen Firma, doch in den 1950er-Jahren war in Dallas kaum Arbeit zu finden. Horner war das jüngste von 13 Kindern, in Belfast (Nordirland) geboren und vor kurzem mit seiner Frau Joan aus Kanada in die Vereinigten Staaten eingewandert. Nach mehreren erfolglosen Bewerbungsgesprächen hörte er jemanden sagen, bei S.C. Johnson & Son, auch unter dem Namen Johnson's Wax bekannt, werde eine Stelle frei. Das einzige Problem war, dass ein Universitätsabschluss verlangt wurde, und Horner war mit 16 Jahren von der Schule gegangen.

Horner ließ sich nicht beirren, fuhr zu Johnson's Wax und führte ein Gespräch mit dem Gebietsleiter, Mr Lansford. Dieser meinte, er ziehe zwar einen Kandidaten mit Abschluss von der Uni Notre Dame in Betracht, aber er bleibe in Kontakt. »Ich wusste, dass ich die Arbeit machen konnte«, schreibt Horner. »Auf dem Weg hinaus stellte ich mich allen Damen im Büro vor. Jeden Tag ging ich wieder hin und fragte, ob Mr Lansford schon jemanden eingestellt

habe. Dazu blieb ich bei den Frauen stehen, fragte sie nach
ihren Familien und lernte sie kennen. Nach etwa einer
Woche dieser Besuche beschloss Mr Lansford, die Frauen
im Büro entscheiden zu lassen, wen sie als Chef haben
wollten. Sie antworteten einstimmig: »Den netten jungen
Mann aus Kanada«, und ich wurde eingestellt.« Horner
sagt, er erzähle diese Begebenheit gerne, weil »sie zeigt,
welche Wirkung das Aufbauen von Beziehungen hat«. Er
besaß weder die von der Firma verlangte Erfahrung noch
die erwartete Ausbildung, aber er nahm Menschen wahr,
interessierte sich für sie und ging höflich mit ihnen um.

Horners Glaube an das Knüpfen von Beziehungen
machte sich in jeder seiner Anstellungen bemerkbar. Mit
seiner Frau zusammen gründete er 1985 »Premier Designs
Inc.« in Irving (Texas). Die Leitlinien der Firma fußen auf
demselben Grundsatz, nach dem Horner 1951 gehandelt
hatte: Jeder Mensch ist wertvoll. Heute beschäftigt die landesweit Schmuck verkaufende Firma über 250 Angestellte
und bringt jährlich über 200 Millionen Dollar ein. Doch
ohne Höflichkeit gäbe es sie vielleicht nicht einmal.

Höflichkeit: Alle wie Freunde behandeln.

Der Wert von Beziehungen

Allgemein stellt man sich Höflichkeit als gute Manieren
vor. Das Wort bedeutet jedoch viel mehr, nämlich eine

freundliche Gesinnung. Freundschaft ist sicher nicht in allen möglichen Beziehungen angesagt, aber Höflichkeit motiviert, in Wort und Tat alle wie Freunde zu *behandeln*.

Höflichkeit scheint im Vergleich mit geduldigen oder vergebenden Taten wenig zu sein. Doch sie wurzelt auf folgender Grundvoraussetzung, die für Beziehungen wesentlich ist: Jeder, dem wir begegnen, ist der Freundschaft wert. Unter jedem Äußeren steckt ein Mensch, der es wert ist, kennen gelernt zu werden. Wenn man das wirklich glaubt, ist Höflichkeit nicht nur möglich, sondern unvermeidlich.

Höflichkeit drückt das Bestreben aus, mit jemandem in Beziehung zu treten, wenn auch nur für den Augenblick, der nötig ist, um in seine Fahrbahn einzubiegen. Ist man unhöflich, handelt man, als wäre man im Moment der wichtigste Mensch auf Erden. Höflichkeit ist oft der erste Schritt zur Freundschaft. Wenn Sie jemanden behandeln, als sei er ihr Freund, öffnen Sie einer blühenden Freundschaft die Tür.

Wenn man glaubt, dass jeder Mensch wertvoll ist, ist Höflichkeit unvermeidlich.

Meine Freundin Angie geht vormittags häufig zum Schreiben in eine Sandwichbude. Sie hatte gemerkt, dass meistens dieselbe junge Frau ihren Tisch sauber machte, und die strahlte viel Energie aus. Eines Morgens im Dezember brachte Angie dieser Frau eine Weihnachtskerze mit und dankte ihr für ihre Dienste im vergangenen Jahr. Drei Jahre später begrüßt die junge Angestellte Angie noch immer mit einem Lächeln, wenn sie hereinkommt. Manchmal plaudern sie über Begebenheiten aus ihrem Leben. Die beidseitige Höflichkeit hat die Frauen eine Beziehung knüpfen lassen. Sie werden vielleicht nicht Busenfreundinnen, aber ihre Freude aneinander bringt Licht in ihren Alltag.

Höflichkeit ist ein wesentlicher Bestandteil, Liebe zum Weg zu machen, weil sie Wert auf Beziehungen legt. Ohne Höflichkeit Fremden, Freunden und Angehörigen gegenüber kann man keine positiven Beziehungen aufbauen, in denen der Wert der Mitmenschen anerkannt wird.

ᝌ Bin ich höflich? ᝌ

Beantworten Sie folgende Fragen auf einer Skala von I bis 5, wobei I »selten« und 5 »in der Regel« bedeutet.

1. Ich schicke Geburtstagswünsche und Dankesbriefe.
2. Ich suche gerne Mittel und Wege, anderen gegenüber höflich zu sein.
3. Wenn mir jemand etwas schenkt, das ich nicht brauche, danke ich trotzdem aufrichtig dafür.
4. Ich gebe mir alle Mühe, höflich zu meinen Nächsten zu sein.
5. Ich suche nach Gelegenheiten, höflich zu Menschen zu sein, die offensichtlich einen schweren Tag haben.

Zählen Sie Ihre Antworten zusammen. Wenn Sie zwischen 20 und 25 Punkte erreicht haben, sind Sie auf dem guten Weg, Menschen durch Höflichsein zu lieben. Bei weniger Punkten werden Sie vielleicht die Denkanstöße in diesem Kapitel schätzen, wie Sie durch Höflichkeit dem Wert Ihrer Mitmenschen Anerkennung zollen können.

Mitmenschen höflich behandeln

Vor einiger Zeit war ich mit einer Gruppe Teenager unterwegs nach Haiti, um dort Bedürftigen zu helfen. Auf einem der amerikanischen Flugplätze mussten wir mit einem Bus von einem Terminal zum andern fahren. Mir fiel auf, dass drei von vier Teenagern ihren Platz sofort aufgaben, wenn ältere Leute den Bus bestiegen, während andere sitzen blieben, auch wenn sie von stehenden Erwachsenen umringt waren. Ich nahm an, dass diejenigen, die aufstanden, diese Höflichkeit von ihren Eltern gelernt hatten, die Sitzenbleibenden hingegen nicht. Ich merkte mir den Vorfall und empfahl dem Leiter später, bei einer der Gruppensitzungen Höflichkeit zu thematisieren.

Wenn Höflichkeit eine Eigenschaft der Liebe ist und man ein besonders liebender Mensch werden möchte, sollte dann Höflichkeit nicht ein Thema sein, über welches man sich immer wieder unterhält? Für den von innen heraus liebenden Menschen ist Höflichkeit eine Lebensart. Sie bereitet zudem Freude. Je höflicher man ist, desto mehr freut man sich, wenn andere auf die gezeigte Freundlichkeit reagieren.

Es ist nicht schwer, Gelegenheiten zu finden, jemanden als Freund zu behandeln. Wenn man keine höfliche *Haltung* entwickelt hat, nimmt man die Gelegenheiten dazu auch gar nicht wahr. Sehen wir uns einige Möglichkeiten an, wie man diese liebevolle Haltung entwickelt.

Den Augenblick nutzen

Der englische Schriftsteller Arthur Evelyn Waugh warnte einst Lady Mosley, er werde jeden ihrer Briefe beantworten. Er erklärte, sein Vater, der Herausgeber und Verleger Arthur Waugh, habe »die letzten zwanzig Jahre seines Lebens mit dem Beantworten von Briefen verbracht. Wenn ihm jemand für ein Hochzeitsgeschenk dankte, dankte er, ihm gedankt zu haben, und nur der Tod konnte dem ein Ende setzen.«

Höflichkeit bedeutet, die Bemühungen anderer anzuerkennen, vielleicht nicht im Ausmaß von Arthur Waugh, doch jedenfalls mehr, als es heute gemeinhin der Fall ist. Neulich habe ich etwa 30 Leuten einer Gruppe je ein Exemplar eines meiner Bücher geschenkt. Innerhalb der folgenden zwei Wochen bekam ich drei Dankesbriefe. Meine Frau schloss daraus: »Nur 10 Prozent haben von ihren Müttern gelernt, dass man Dankesbriefe schreibt.« Wahrscheinlich hatte sie Recht, aber ich fragte mich doch, ob die 90 Prozent in anderen Lebensbereichen höflich waren. Ich wollte einfach glauben, dass mehr als nur 10 Prozent eine gewisse mitmenschliche Höflichkeit entwickelt hatten. Zudem wusste ich, dass manche Menschen Zuneigung gerne verbal ausdrücken und mitgeteilt bekommen, anderen hingegen fällt so etwas gar nie ein. Trotzdem schätzte ich es, dass die wenigen sich Zeit genommen hatten, für eine einfache Geste zu danken. Sie behandelten mich eher wie einen Freund als wie einen bestellten Redner.

Höflichkeit ist oft so einfach wie sich an Geburts- und Jahrestage zu erinnern oder Kranken ein Kärtchen mit »Gute Besserung« zu schicken. Was hat Ihnen bei Festen oder Trauerfeiern am meisten bedeutet? Achten Sie darauf, wie Sie anderen Ihre Liebe auf dieselbe Weise ausdrücken können, in der Sie geliebt werden möchten.

Auf der Straße

Wenn zwei Autos auf einen leeren Parkplatz zusteuern, gehören Sie dann zu den Fahrern, die den anderen vorlassen oder rasen Sie wie ein geölter Blitz in die Lücke? Anscheinend werden für manche Autofahrer alle andern zu Feinden, sobald sie sich hinter das Steuerrad setzen. Sie sind darauf aus, ein Rennen zu gewinnen, und jede Taktik ist erlaubt. Dichtes Auffahren, Hupen, obszöne Gesten und jemanden, der sich einfädeln möchte, nicht in die Spur zu lassen, das sind anscheinend alles legitime Manöver.

Vielleicht merken wir es auf der Straße mehr als sonst, wenn jemand höflich ist. Ich bin immer sehr dankbar, wenn ein Fahrer lange genug wartet, um mich von einem Restaurantparkplatz in eine verkehrsreiche Straße einbiegen zu lassen. Mir scheint, dass auch der höfliche Fahrer ein gutes Gefühl dabei hat. Was geschähe wohl auf den Straßen und Parkplätzen des Landes, wenn man alle Fahrer behandelte, als wären sie gute Freunde?

Wie gute Nachbarn

Höflichkeit ist gleichbedeutend mit guter Nachbarschaft. Das bedeutet, die eigenen Nachbarn wie Freunde zu behandeln. Vielleicht heißt das, ihren Rasen zu mähen, wenn sie im Krankenhaus liegen, ihnen anzubieten, die Post zu holen, wenn sie auf Reisen sind, oder ihnen Werkzeug zu leihen, wenn sie gerade etwas basteln. Gute Nachbarschaft bedeutet, die Bedürfnisse der Nachbarn wahrzunehmen und ihr Leben positiv zu beeinflussen.

So einfache Gesten können eine riesige Wirkung in einem Stadtviertel haben. In seinem Buch *Der Tipping Point* hat Malcolm Gladwell aufgezeigt, dass Verbrechen wie Vergewaltigungen und Mord zurückgingen, nachdem Gemeindeaktivisten in New York sich auf »kleine« Probleme konzentrierten wie Pöbeleien und Sauberkeit in Stadtvierteln und der Wunsch wach wurde, die Dinge zum Guten zu ändern. »Die kleine Anzahl von Menschen in der kleinen Anzahl von Situationen, auf welche die Polizei oder die neuen gesellschaftlichen Kräfte Einfluss nahmen, fingen an, sich anders zu verhalten«, und ihr Verhalten fand Anklang. Wer weiß, welche Wirkung auch Ihr höfliches Verhalten in Ihrer Gemeinde hat?

Hörst du mich jetzt?

Die weite Verbreitung des Handys hat einen völlig neuen Bereich für höfliches bzw. unhöfliches Verhalten eröffnet. Ich werde das erste Mal nie vergessen, als ich die volle Wucht dieses Fakts zu spüren bekam. Ich war mitten in einem Beratungsgespräch mit einem Klienten, als sein Handy klingelte. Er murmelte: »Entschuldigen Sie«, nahm sein Handy und führte ein fünfminütiges Gespräch mit seinem Gesprächspartner. Danach sagte er nochmals »Entschuldigen Sie«, und wir redeten weiter, als wäre nichts geschehen. Später konnte ich kaum glauben, dass der Vorfall wirklich stattgefunden hatte. Seither habe ich allerdings immer wieder ähnliche Erfahrungen gemacht, nicht unbedingt in meinem Beratungsraum, aber bei privaten Gesprächen und in der Öffentlichkeit.

Handys haben für so viel Unhöflichkeit gesorgt, dass der Monat Juli in Amerika landesweit zum Handyhöflichkeitsmonat erklärt worden ist. Doch das hat anscheinend nichts genützt. In einer kürzlich durchgeführten Studie beklagten sich 91 Prozent der Befragten, Opfer »öffentlicher technologiebedingter Gefühllosigkeit« gewesen zu sein. Interessanterweise liest man in derselben Untersuchung, dass 83 Prozent der Befragten antworteten, sie täten so etwas nie oder nur selten. Wie bei vielen unhöflichen Verhaltensweisen bemerkt man sehr wohl, was andere tun, ohne zu merken, was man selber anstellt.

Wie oft hat man nicht in einem Restaurant zwei Menschen an einem Tisch sitzen sehen, wovon einer eifrig ins Handy quasselt, während der andere zum Fenster hinausstarrt? Ich weiß nicht, weswegen man glaubt, der Anrufende sei wichtiger als der Gegenübersitzende. Ich kann verstehen, dass es Notfälle oder Berufe gibt, bei denen man ständig angerufen wird. Im Alltag jedoch lautet die Anstandsregel: »Beantworte keinen Anruf auf deinem Handy, wenn du mit jemandem sprichst.«

Eine befriedigende Entscheidung treffen

Höflichkeit verwandelt Ärgernisse in Gelegenheiten zum Liebenswürdigsein. Das Bemerkenswerte daran ist, dass es weniger Zeit und Energie braucht, freundlich zu sein, als sich zu ärgern.

Ich verbringe viel Zeit im Flugzeug. Immer wieder habe ich Gelegenheit, einem Ehepaar oder einer Mutter und Tochter einen Gefallen zu tun, die gerne beieinandersitzen möchten. Ehrlich gesagt ziehe ich einen Sitz am Gang bei weitem vor. Die Frage lautet aber: Wie würde ich Freunde behandeln? Sitze in der Mitte sind nicht so schrecklich, wenn man die Genugtuung hat, die Reise für andere angenehmer gestaltet zu haben.

Dann ist da die Geschichte mit den Telefonverkäufern, die einem genau zur Essenszeit einen neuen Telefontarif anbieten. Wie wäre es, statt sie unhöflich abzuwimmeln, einfach zu sagen: »Ich brauche momentan keinen neuen Telefontarif, aber es freut mich zu hören, dass Sie hart arbeiten. Ich wünsche Ihnen alles Gute. Schönen Tag noch.« Es braucht weniger Aufwand, jemanden höflich zu behandeln, als seiner Gereiztheit Luft zu machen, und wenn man höflich ist, fühlt man sich danach viel besser.

Dankbar annehmen

Höflichkeit bedeutet auch, etwas dankbar anzunehmen. Manche finden es leichter zu geben, als zu bekommen, doch einen Liebesdienst liebenswürdig anzunehmen bedeutet, andere höflich zu behandeln.

Ich erinnere mich an einen speziellen Fall, als ich im Ausland über Ehe- und Familienthemen sprach. Als sich mein Aufenthalt seinem Ende zuneigte, machte mir einer meiner Gastgeber ein Geschenk. Ich wusste, dass es teuer war und dieser Gastgeber sich das Geschenk eigentlich nicht leisten konnte. Es war ein Geschenk voller Opfer und Liebe. Alles in mir drängte mich, zu sagen: »Sie brauchen das Geld mehr als ich das Geschenk.« Aber offensichtlich wäre dies äußerst unhöflich gewesen, und somit nahm ich das Geschenk dankbar an.

Wenn jemand etwas für Sie tun oder Ihnen etwas schenken will, um damit seine Liebe auszudrücken, ist es unhöflich, ihm diese Gelegenheit zu versagen.

Etwas von jemandem anzunehmen ist ein Liebesbeweis.

Schlechte Nachrichten übermitteln

Man sollte auch höflich sein, wenn man schwierige Entscheidungen zu treffen hat. Viele sind in der Stellung eines Vorgesetzten, und manchmal muss man aus finanziellen oder anderen Gründen Angestellte entlassen. Auch dies sollte man höflich tun. Der kalifornische Fabrikant James M. Braude erzählt folgende Begebenheit: »Einer der höflichsten Menschen, den ich je kennen gelernt habe, war der Mann, der mich aus meiner ersten Arbeit entließ. Er rief mich zu sich und sagte: ›Mein Lieber, ich weiß nicht, wie wir es ohne Sie je schaffen sollen, aber ab Montag werden wir es versuchen müssen.« Es gibt immer eine Möglichkeit, andere höflich zu behandeln, auch wenn man ihnen etwas Unangenehmes zu sagen hat.

Es tut mir leid

Neulich las ich folgenden Vorschlag für gutes Benehmen in einem Ausnahmefall:

> Was sollte man sagen, wenn die Ente beim Schneiden vom Teller rutscht und auf dem Schoß der Nachbarin landet? Seien Sie ganz höflich und sagen Sie: »Dürfte ich Sie um die Ente bitten?«

Höflichkeit spielt eine wichtige Rolle, wenn man Fehler macht oder bei einem Missgeschick jemandem Unannehmlichkeiten bereitet. Neulich erzählte mir ein Freund von folgendem Vorfall in einem Restaurant: Dem Ober entglitt ein Teller mit Essen – der Teller fiel auf die Schulter meines Freundes, und von dort tropfte das Essen auf Hemd und Hose. Der Ober sagte: »Oh, es tut mir schrecklich leid«, und kam sofort mit Papiertüchern an, mit denen er das Essen von den Kleidern meines Freundes wischte. Er wiederholte: »Es tut mir schrecklich leid«, aber er bot ihm nicht an, ihm ein Essen kostenlos zu überlassen oder ihm die Reinigung der Kleider zu erstatten.

Der Freund fügte hinzu: »Das ist das letzte Mal, dass ich in diesem Restaurant war.« Natürlich war es ein Missgeschick. Nur war »Es tut mir schrecklich leid« einfach nicht genug. Hätte der Ober es dem Geschäftsführer gesagt und dieser ihm ein Essen und die Entschädigung für die Reinigung angeboten, wäre mein Freund höchstwahrscheinlich wieder dorthin essen gegangen. Alle machen Fehler. Höflichkeit erfordert, sich in das Gegenüber zu versetzen, um sich möglichst liebenswürdig entschuldigen zu können.

Aufmerksam zuhören

Einer Geschichte zufolge bat Zar Nikolaus I. den großen Pianisten und Komponisten Liszt, am Hof vorzuspielen. Mitten im ersten Stück blickte der Musiker zum Zar hin und sah, dass sich dieser mit einem Adjutanten unterhielt. Liszt spielte weiter, war aber verstört. Als der Zar weiterredete, hörte Liszt schließlich auf zu spielen. Der Zar ließ Liszt durch einen Boten fragen, weshalb er nicht spielte.

Liszt antwortete: »Wenn der Zar spricht, sollten alle schweigen.« Danach wurde das Konzert nicht mehr unterbrochen.

Aufmerksam zuhören bedeutet höflich sein. Das kann heißen, dem Klavierspiel eines Kindes beizuwohnen und der Musik aufmerksam zu lauschen, auch wenn Sie lieber etwas anderes täten. Es kann heißen, jemanden etwas erzählen zu lassen, das Sie bereits wissen. Wenn Sie unterbrechen und sagen: »Ja, das habe ich schon gehört«, nehmen Sie Ihrem Gesprächspartner die Gelegenheit, Ihnen etwas mitzuteilen, was ihm wichtig erscheint. Ihre Höflichkeit bereichert das Leben des Sprechenden, und genau darum geht es bei der Liebe.

∽ Veränderungen erwarten ∽

Es scheint, als würden alle im Alltag mehr Höflichkeit schätzen. Die Expertenkommission für öffentliche Ordnung hat neulich eine landesweite Untersuchung in Amerika durchgeführt, die herausfinden sollte, was die Bevölkerung von Unhöflichkeit hält, sei es auf der Straße, in Restaurants oder am Arbeitsplatz. Hier die Ergebnisse:

- 79 Prozent halten den Mangel an Achtung und Anstand für ein ernsthaftes Problem im Land.
- 73 Prozent glauben, die Amerikaner hätten einander früher respektvoller behandelt.
- 62 Prozent stört unhöfliches und respektloses Verhalten sehr.
- 49 Prozent mussten laute, störende Handygespräche mit anhören.
- 44 Prozent bekommen unflätiges Reden zu hören (und 56 Prozent davon stört dies sehr).
- 41 Prozent bekennen, selbst unhöflich oder respektlos gewesen zu sein.

Sich höflich ausdrücken

Höflichkeit zeigt sich vielleicht am besten beim Reden. Die Wortwahl ist eine tägliche Gelegenheit, die Wichtigkeit von Beziehungen unter Beweis zu stellen.

Streitkultur

Im Westen stehen die Menschen sehr unter dem Einfluss dessen, was die Sozialwissenschaftlerin Deborah Tannen »Streitkultur« nennt und wozu sie eine Reihe von Büchern geschrieben hat. In *Stopping America's War of Words* (Stopp

dem amerikanischen Wortkrieg) schreibt sie: »Wir sind so
weit, dass wir öffentliche Dialoge und praktisch alles, was
wir unternehmen, wie einen Kampf behandeln … Unsere
Seele wird durch das Leben in einer Atmosphäre unabläs-
siger Auseinandersetzungen zerrüttet … Bei einer Auseinandersetzung mit jemandem wollen Sie nicht zuhören und
verstehen, sondern Sie setzen jede erdenkliche Taktik ein –
einschließlich zu verdrehen, was Ihr Gegenspieler eben
sagte –, um den Streit zu gewinnen.«

Sehen Sie sich irgendeine Talkshow im Fernsehen
an, dann wird gleich klar, was Deborah Tannen meint.
Die Sprecher unterbrechen einander mitten im Satz und
erheben die Stimme, als sei Lautstärke überzeugender als
Sanftheit, greifen die anderen Redner an statt deren Ge-
dankengänge, versuchen ihre Gegenspieler in die Ecke
zu treiben, indem sie Fragen stellen, die nur ein Ja oder
Nein zulassen, und werfen sie dann auf die Matte. Wenn
alles andere versagt, hängen sie ihnen noch erniedrigende
Bezeichnungen an. Wenige versuchen, die Ansichten anderer wirklich aufzunehmen. Sie zielen darauf ab, die Auseinandersetzung zu gewinnen, statt die Zuhörer aufzuklären.

Werden Beziehungen so aufgebaut? Bestimmt hat Klar-
text seinen Platz, doch wenn man andere unhöflich behandelt, kommt es am Ende so heraus, dass man die Debatte
gewinnt, aber die Beziehung geht verloren.

Ein höflicher Mensch beginnt jedes Gespräch, als sei er
mit dem Gegenüber befreundet. Das Wichtigste sollte stets
die Aufrechterhaltung der Beziehung sein und nicht, bei
einer Auseinandersetzung Recht zu behalten. Wenn der

Gesprächspartner geht, möchte man, dass er sich als Mensch geachtet fühlt, auch wenn man mit seinen Ansichten nicht einverstanden ist.

Neue Gewohnheiten
Beginnen Sie jedes Gespräch,
als sei Ihr Gesprächspartner Ihr Freund.

Raum für Freundschaft schaffen

Die meisten Menschen antworten höflich, wenn sie höflich angesprochen werden. Das Zeichen reifer Liebe ist, höflich auch mit Menschen umzugehen, die das nicht tun.

Rob hatte ein Beurteilungsgespräch bei der Arbeit. Sein Vorgesetzter nannte zwei Bereiche, in denen er Robs Leistung nicht zufriedenstellend fand.

Später erzählte mir Rob: »Ich wusste, dass mein Vorgesetzter seine Schlüsse gezogen hatte, nachdem er mit jemandem gesprochen hatte, denn er hatte mich gar nicht beurteilen können. Mein erster Gedanke war, ihm zu sagen: ›Ich finde es ungerecht, dass Sie mich aufgrund der Aussage eines anderen beurteilen.‹ Aber Ihr Satz ging mir im Kopf herum: ›Reden Sie mit ihm, als sei er Ihr Freund.‹ Also sagte ich: ›Ich bin dankbar, dass Sie mir das sagen. Ehrlich gesagt sehe ich es nicht so, aber Sie haben bestimmt gute Gründe für Ihre Meinung. Das respektiere ich. Was würden Sie vorschlagen, wie ich die Arbeit besser machen könnte, denn das möchte ich?‹

»Von dem Moment an«, berichtete Rob, »verlief das Gespräch außerordentlich freundlich. Beim Gehen sagte ich: ›Ich habe unser Gespräch sehr genossen und danke Ihnen für Ihre Ausführungen. Jedenfalls will ich aus Ihren Vorschlägen lernen. Sie sollten auch wissen, dass ich für jede künftige Idee Ihrerseits aufgeschlossen bin. Vielen Dank für die Zeit, die Sie mir gewidmet haben.‹«

Seither sind alle Begegnungen mit ihm positiv verlaufen. Diese Erfahrung hat mir gezeigt, dass jemand, mit dem ich wie mit einem Freund spreche, sich ebenfalls eher mit mir anfreunden möchte.«

Verläuft ein Gespräch alles andere als freundlich, erfordert eine höfliche Antwort Disziplin. Wenn man diszipliniert bleibt, wird möglicherweise auch der andere weicher, was Raum für die Entstehung einer echten Freundschaft bietet.

Sich liebevoll ausdrücken

Was bedeutet es denn, sich höflich auszudrücken? Ich will Ihnen ein paar praktische Vorschläge machen:

• *Eröffnen Sie das Gespräch.* Das fällt einigen leicht, weil sie von Natur aus gerne reden. Introvertierteren fällt es schwerer. Wenn Sie aber jeden, dem Sie begegnen, als möglichen Freund behandeln, so sind Sie motiviert, ihn kennen zu lernen. Ein Gespräch zu eröffnen besagt: »Ich finde, Sie sind es wert, dass ich Sie kennen lerne. Ich schätze Sie als Menschen.«

Es gibt natürlich Leute, die nicht mitmachen, wenn Sie die Tür für ein freundliches Gespräch öffnen. Höflichkeit

bedeutet, die Entscheidung des Gegenübers zu respektieren. Sie drängt sich niemandem auf.

Häufig kann man ein Gespräch durch die Frage einleiten,
ob jemand etwas für Sie tun könnte. Wenn Sie einen Mitarbeiter oder einen Kenner auf einem Gebiet in der Nähe
haben, in dem Sie Hilfe brauchen, so bedeutet die Bitte um
eine Gunst, dass Sie ihn als Freund behandeln und Raum
für weitere Gespräche schaffen. Freundschaftliche Beziehungen werden häufig durch eine Bitte eingeleitet.

• *Schenken Sie Gesprächspartnern Ihre ungeteilte
Aufmerksamkeit.* Wenn Sie auf einem Flur, auf dem Menschen auf und ab gehen, mit jemandem sprechen, so halten
Sie mit Ihrem Gesprächspartner Augenkontakt. Essen Sie
mit einer Tischpartnerin in einem überfüllten Speisesaal,
so konzentrieren Sie sich auf sie. Ungeteilte Aufmerksamkeit lässt sie wissen: »Sie sind im Moment der wichtigste
Mensch für mich. Ich schätze, was Sie zu sagen haben.«
Wenn Sie Augenkontakt halten, sind Sie weniger geneigt,
an etwas anderes zu denken, und sie weiß, dass Sie sich auf
das Gespräch konzentrieren.

• *Hören Sie zu, um zu verstehen, nicht, um zu urteilen.*
Natürlich wägen Sie ab, was jemand sagt. Vielleicht sind
Sie mit seinen Gedankengängen einverstanden, vielleicht
aber auch nicht. Jedenfalls ist es nur höflich, sich zu versi-
chern, dass Sie diese auch verstanden haben, bevor Sie Ihre
Meinung zum Besten geben. Wenn Sie in einem Gespräch
zu früh widersprechen, unterbrechen Sie den Gedanken-
fluss. Nehmen Sie sich vor einer Antwort Zeit, wirklich
herauszufinden, was Ihr Gesprächspartner sagen will, sonst
geben Sie womöglich eine unpassende Antwort.

Wenn Sie nicht einverstanden sind, so drücken Sie Ihre abweichende Meinung wie einem Freund gegenüber aus und nicht wie einem Feind. »Ich verstehe, was Sie meinen, und es macht durchaus Sinn. Darf ich Ihnen sagen, wie ich es sehe, auch wenn ich etwas anderer Meinung bin?« Dann teilen Sie mit, was Sie denken. Achtung für die Überlegungen des Gesprächspartners auszudrücken, bevor man sich selbst äußert, lenkt das Gespräch in freundliche Bahnen, sodass es kaum feindselig wird.

Erkennen Sie, dass Meinungsverschiedenheiten zum Leben gehören. Wenn man sich mit Menschen, die nicht der eigenen Meinung sind, nicht freundlich unterhalten will, schrumpft der Freundeskreis immer mehr. Wenn man sich hingegen höflich unterhalten lernt, dehnt sich der Freundeskreis aus. Versuchen Sie nie, jemanden dazu zu bringen, mit Ihnen einverstanden zu sein. Vergessen Sie nie: Sie wollen bei einer Auseinandersetzung nicht siegen. Sie versuchen, eine Beziehung aufzubauen.

∾ Hoffnung auf Frieden ∾

Ich leitete einst ein Gespräch zwischen Studenten. Die Gruppe bestand vor allem aus Amerikanern, aber es nahmen auch ein junger Mann aus Israel, ein Jude, und ein Muslim aus Ägypten daran teil.

Da es sich um eine offene Diskussion handelte, stellte der Ägypter die Frage, was die Amerikaner über die Spannungen im Nahen Osten dachten. Meine erste Reaktion war: »Ich kann nicht für alle Amerikaner sprechen, nur für mich, aber es ist eine ausgezeichnete Frage«, und damit eröffnete ich die Diskussionsrunde. Mehrere Studenten teilten ihre Meinung mit. Manche waren eher für Israel, andere mehr für die Araber.

In meiner Zusammenfassung sagte ich: »Mir scheint, es habe sich herausgeschält, dass die religiösen und kulturellen Unterschiede zwischen Juden und Muslimen durchaus real sind. Doch die Geschichtsbetrachtung der beiden Völker ist ebenfalls sehr verschieden. Wir sind uns offenbar darüber einig, dass es falsche Behandlungen und Missverständnisse auf beiden Seiten gegeben hat. Man kann nur hoffen, dass eine neue Generation es schafft, einander zuzuhören und einen gemeinsamen Boden zu finden, auf dem die Würde beider Völker geachtet wird. Genau das ist es doch, was wir in diesem Gespräch anstreben!?«

Nach dem Treffen kamen sowohl der jüdische wie der arabische Student zu mir und dankten mir für mein Verständnis für ihre jeweilige Lage. Der Araber sagte: »In den meisten Diskussionen, an denen ich teilgenommen habe, werden entweder projüdische oder proarabische Stimmen laut, die der Sicht des anderen wenig Achtung entgegenbringen. Ich glaube, Achtung ist sehr wichtig, und die einzige Hoffnung, wenn wir das Problem lösen wollen, ist, einander zuzuhören.« Ich war mit ihm einverstanden. Damit will ich nicht sagen, dass ein freundliches Gespräch sämtliche kulturellen und religiösen Spannungen aus der Welt schafft. Ich finde nur, dass wir lernen sollten, höflich miteinander umzugehen, wenn wir zur Lösung statt zum Problem beitragen wollen.

• **Heben Sie die Stimme nicht.** Verlegen Sie sich nie darauf, andere zu beschimpfen oder einen lauten, schroffen, verurteilenden Monolog zu führen. Laut werden und mit Urteilen um sich werfen statt aufzuklären erhitzt die Gemüter nur. Der Gesprächspartner und etwaige Zuhörer bekommen dann höchstwahrscheinlich gar nicht mit, was Sie sagen, sondern werden davon abgelenkt, wie Sie es sagen. Nicht nur schaffen solche Mätzchen eher Feinde als Freunde, Ihre Unhöflichkeit lässt auch noch etwaige Tatsachen, die Sie vorgebracht haben, in den Hintergrund rücken.

• **Wenn Sie eine Idee ablehnen, so tun Sie es liebenswürdig.** Äußern Sie sich immer auf der Grundlage des Wunsches, Beziehungen aufrechtzuerhalten. Sie könnten zum Beispiel sagen: »Ich schätze sehr, dass Sie mir Ihre Idee mitgeteilt haben. Ich kann sie persönlich nicht akzeptieren, aber ich achte Sie als Menschen und hoffe, dass unsere Meinungsverschiedenheit in dieser Frage unsere Beziehung nicht beeinträchtigt. Ich finde, Sie haben eine Menge zu bieten, und vielleicht ist das umgekehrt auch der Fall.« Lehnen Sie Ideen ab, nie aber Menschen.

• **Bitten Sie nötigenfalls um Verzeihung.** Tatsache ist, dass wir uns manchmal unhöflich ausdrücken. Das braucht eine Beziehung noch nicht zu beenden. Wenn man bereit ist, sich zu entschuldigen, ist auch der Beteiligte zum Vergeben bereit, und die Beziehung wird fortgeführt. Eine aufrichtige Bitte um Verzeihung wird die Beziehung eher vertiefen als zerstören.

Lernt man, sich höflich auszudrücken, auch wenn man mit anderen nicht einverstanden ist, so kann man die Tür für ein Gespräch offen lassen und vielleicht zu einer freundlichen Stimmung beitragen, statt sich Feinde zu schaffen.

Wie werde ich höflich

Hand aufs Herz: Manche Leute regen uns auf. Doch mit etwas Disziplin kann man sogar dann höflich bleiben, wenn man gereizt ist. Wie also übt man, höflich zu bleiben, wenn zum Beispiel der Nebenmann beim Frühstück zu laut schmatzt oder ein Autofahrer einem eben die Vorfahrt abgeschnitten hat? Wenn man sich stets an drei Tatsachen erinnert, wird man feststellen, dass man im Umgang mit anderen ganz von selbst höflich wird.

Jeder, dem Sie begegnen, ist ein wertvoller Mensch

Am Freitag, den 12. Januar 2007, morgens um kurz vor acht stellte sich ein junger Mann in Jeans, T-Shirt und Baseballmütze der Washington Nationals an den Ausgang einer Washingtoner U-Bahn-Station und holte eine Violine aus dem Kasten. Diesen ließ er offen vor sich liegen, warf ein paar Dollar hinein, wandte sich den Geschäftsleuten zu, die aus der U-Bahn strömten, und begann zu spielen.

63 Menschen gingen an dem Geiger vorbei, ehe ein Mann beim Vorbeigehen kurz den Kopf wandte. Einige Sekunden danach warf eine Frau einen Dollar in den Geigenkasten, die erste Spende für die Darbietung. Sechs Minuten nach Beginn lehnte sich jemand an eine Wand in der Nähe und hörte zu.

In den 43 Minuten, die der Geiger spielte, blieben 7 Menschen stehen und hörten mindestens eine Minute lang zu. 27 warfen Geld in den Geigenkasten. 1097 Leute eilten an dem Musiker vorbei, anscheinend ohne ihn zu hören oder zu sehen.

Die eiligen Pendler wussten allerdings nicht, dass sie an jenem Morgen ein Gratiskonzert des international gefeierten Geigers Joshua Bell hätten hören können, der einige der atemberaubendsten Musikstücke spielte, die je geschrieben wurden, und das auf einer Stradivari aus dem Jahr 1713. Die Zeitung *The Washington Post* hatte die Aufführung als Experiment arrangiert. Würden Menschen in der Stoßzeit anhalten und die Schönheit genießen? Viel mehr Leute standen in der Nähe Schlange, um ein Lottolos zu kaufen.

»Es war ein seltsames Gefühl, dass die Leute mich tatsächlich … *übersahen*«, meinte Bell lachend. In der knappen Dreiviertelstunde, die er an jenem Tag spielte, hatte er 32,17 Dollar verdient. In seiner gewohnten Umgebung bringt ihm sein Talent bis zu 1000 Dollar die Minute ein.

Geschäftige Menschen auf dem Weg zur Arbeit nahmen Joshua Bells Wert als Geiger nicht wahr. Wie häufig hält einen Geschäftigkeit davon ab, den Wert der Menschen im eigenen Umfeld wahrzunehmen? Natürlich kann nicht jeder ein Instrument so wunderbar spielen wie Joshua Bell. Aber jeder, dem man begegnet, hat einen nicht quantifizierbaren Wert, den man nur sieht, wenn man sich Zeit nimmt, hinzuschauen und zuzuhören. Wenn man unhöflich zu einem Angestellten, Verkäufer oder dem Fußgänger vor einem auf dem Gehsteig ist, der den Weg versperrt, geht man wohl auch an einem weltberühmten Geiger vorbei, als trüge man Ohrstöpsel.

Höflichkeit lässt die Schönheit und Talente der Mitmenschen wahrnehmen, denen man täglich begegnet. Sie erinnert an die Freude, die man haben könnte, wenn man das Tagesprogramm einen Moment vergessen und einfach anhalten und zuhören würde.

Jeder Mensch, dem Sie begegnen, kämpft einen Kampf

Der Regisseur Stanley Kramer erzählt eine Begebenheit aus der Arbeit mit Vivien Leigh bei ihrer letzten Rolle in dem 1965 herausgekommenen Film *Das Narrenschiff*. Man kennt sie wohl am besten aus ihrer Darbietung der Scarlett O'Hara in *Vom Winde verweht*. »Einmal bei der Vorbereitung für eine Szene alberte sie eine geraume Weile am Schminktisch herum und machte etwa zweieinhalb Stunden lang allen, die sie zurechtmachen sollten, das Leben zur Hölle.« Als Kramer hereinkam, sah ihn Vivien Leigh an und sagte: »Stanley, ich … ich kann heute nicht.« Sie bat um Gnadenaufschub, völlig erschöpft wegen ihrer Depression und der Tuberkulose, an der sie zwei Jahre später sterben sollte. Bei einer Ehrung Vivien Leighs nach ihrem Tod an der Universität von Südkalifornien sagte Stanley Kramer: »Ich wusste, dass sie krank war und nicht konnte. Ich werde diesen Blick nie vergessen. Es war der Blick einer der größten Schauspielerinnen unserer Zeit. Von jenem Augenblick an war ich … so zielgerichtet, verständnisvoll und geduldig, wie ich nur konnte. Sie war krank und hatte doch den Mut, weiterzumachen … was kann man da noch sagen?«

Hinter jedem Gesicht verbirgt sich eine kämpfende menschliche Seele. Manchmal wurzelt der Kampf in körperlichen Schmerzen oder einer Krankheit. Manchmal erwächst er aus schmerzlichen Beziehungen oder Geldschwierigkeiten. Doch jeder Mensch, dem wir heute begegnen, kämpft irgendwie. Henry Wadsworth Longfellow sagte einst: »Jeder Mensch hat seinen geheimen Kummer, von dem die Welt nichts weiß. Oft nennen wir jemanden kaltherzig, wenn er eigentlich nur traurig ist.«

Vor ein paar Tagen hörte ich, wie eine Bibliothekarin eine Kundin anraunzte, sie komme zu knapp vor Schließung der Bibliothek, um noch so viele Bücher auszuleihen. Statt defensiv oder ärgerlich zu antworten, sagte die Kundin: »Klingt, als hätten Sie einen langen Tag gehabt.«

Die Bibliothekarin nahm sofort einen weicheren Ton an, und lächelnd begann sie den Stapel Bücher einzuscannen. »Es *war* ein langer Tag«, sagte sie. »Sehen Sie die Schlange dort? Alle wollen noch Bücher ausleihen. Wenn die Leute so spät kommen, können wir nicht vor 21.30 Uhr gehen.«

»Ich kann verstehen, dass Sie nach Hause wollen! Nächstes Mal komme ich früher.« Als sie mit ihren Büchern ging, rief die Bibliothekarin die nächste Kundin merklich sanfter auf.

Wenn ich scheinbar arrogantes, feindseliges oder distanziertes Verhalten beobachte, reagiere ich instinktiv ärgerlich. Wenn ich aber bedenke, welcher Kampf sich wohl hinter dem Verhalten abspielt, antworte ich dem Betreffenden viel eher höflich. Vielleicht bin ich noch immer gereizt, aber wenn ich hinter die Fassade blicke, bin ich motiviert, höflich zu antworten.

Neue Gewohnheiten

Wenn jemand besonders unhöflich oder distanziert ist, nehmen Sie sich einen Moment Zeit zu überlegen, was wohl dahinterstecken könnte.

Jede Höflichkeit bereichert das Leben eines Mitmenschen

Als ich noch studierte, hatten Karolyn und ich sehr wenig Zeit und Geld. Wir arbeiteten beide, und ich hatte ein volles wissenschaftliches Pensum zu absolvieren. Wir lebten in einem Studentenwohnheim und freundeten uns mit John und Jane an, die in der Wohnung über uns wohnten. Etwa nach einem Jahr kamen Janes Eltern sie eine Woche besuchen. Wir begegneten ihnen kurz am Tag ihrer Ankunft, und Jane stellte uns als ihre »besten Freunde« vor. Später in derselben Woche kam ich nach Hause und stellte fest, dass Janes Vater mein Auto gewaschen hatte. Ich konnte meinen Augen kaum trauen. Als ich mich bei ihm bedanken ging, lächelte er: »Janes Freunde sind meine Freunde.« Heute noch erinnere ich mich mit Zuneigung an ihn. Er bewies Liebe, indem er mich als Freund behandelte, obwohl ich nur ein Bekannter war.

Niemand ist je zu alt, um höflich behandelt werden zu wollen. Wenn man einem Mitmenschen gegenüber höflich ist, kann man zweifelsohne sicher sein, dessen Tag lichter gemacht zu haben. Man hat seine Last erleichtert und ihn aufgemuntert, ebenfalls höflich zu anderen zu sein. Man hat das gute Gefühl, freundlich gewesen zu sein, und der andere fühlt sich gut, weil ihn jemand respektvoll behandelt hat.

Höflichkeit beginnt zu Hause

Neulich war ich in Baton Rouge, der Hauptstadt von Louisiana. Am Flughafen wurde ich von einem 23-jährigen Mann abgeholt. Als er mich ins Hotel fuhr, merkte ich, wie er jede meiner Fragen mit »Ja, mein Herr« oder »Nein, mein Herr« beantwortete. Mein erster Gedanke war, er habe wohl zuletzt im Militär gedient, aber da irrte ich mich.

Am nächsten Tag stellte ich fest, dass er Frauen jeweils mit »Ja, gnädige Frau« oder »Nein, gnädige Frau« antwortete. Ich merkte, dass er in einem der Südstaaten aufgewachsen war und als normalen Anstand gelernt hatte, einen Mann mit »Mein Herr« und eine Frau mit »Gnädige Frau« anzureden. Höflichkeit gehörte zur Redeweise dieses jungen Mannes.

Jede Kultur und Subkultur hat ihre eigenen Anstandsregeln, die von allen erwartet werden und die man gewöhnlich zu Hause lernt. Hier einige wenige Anstandsregeln, die ich in einer Mittelklasse-Arbeiterfamilie im Südosten Amerikas gelernt habe:

- *Bedanke dich jedes Mal, wenn dir jemand ein Kompliment oder ein Geschenk macht.*
- *Sprich nicht mit vollem Mund.*
- *Bitte um Erlaubnis, bevor du mit den Spielsachen deiner Schwester spielst.*
- *Nimm nicht das größte Stück Hühnchen.*
- *Probier beim Essen zuerst ein wenig davon, bevor du es ablehnst. Dann kannst du sagen: »Das mag ich nicht besonders. Vielen Dank.«*

- *Betritt nie jemandes Zimmer, ohne angeklopft zu haben, und dann frage: »Darf ich bitte hereinkommen?«*
- *Mach zuerst deine Aufgaben, bevor du Ball spielst.*
- *Wenn du Mutter oder Vater bei einer Arbeit siehst, so frage immer: »Darf ich dir helfen?«*
- *Warte, bis du an der Reihe bist, mit dem Roller zu fahren.*
- *Wenn Tante Zelda kommt, so umarme sie, wenn du sie unter der Tür begrüßt.*
- *Wenn du möchtest, dass Johnny mit dir spielen kommt, so klopfe an seine Eingangstür und frage seine Mutter: »Darf Johnny mit mir spielen kommen?« Wenn sie sagt: »Jetzt nicht«, sagst du »Danke« und gehst.*
- *Schrei deine Eltern und deine Schwester nicht an.*
- *Unterbrich nicht, wenn jemand spricht.*
- *Nimm deine Mütze ab, wenn du ins Zimmer kommst.*
- *Sieh die Person an, mit der du sprichst.*
- *Wenn du beim Essen Salz möchtest, so frage: »Reichst du mir bitte das Salz?«*
- *Wenn du vom Tisch aufstehen möchtest, sag: »Darf ich mich bitte entschuldigen?«*

Diese Regeln sind dazu da, Angehörigen und Nachbarn Achtung zu erweisen. Sie sind keine allgemeingültigen Normen, aber genügend verbreitet, sodass Sie wahrscheinlich darunter einige entdeckt haben, die auch Ihre Eltern Ihnen nahegebracht haben.

Wie man Kindern Höflichkeit beibringt

Als Erwachsene finden wir die Anstandsregeln gut, die wir als Kinder gelernt haben, oder wir legen sie ab. Mir wurde beispielsweise als Kind beigebracht: »Am Tisch wird nicht gesungen.« Jahre später stellte ich fest, dass meine Frau dasselbe gelernt hatte. Als wir Richtlinien für unsere Kinder aufstellten, nahmen wir auch die Regel auf: »Am Tisch wird nicht gesungen.«

Immer wieder haben unsere Kinder im Vorschulalter am Tisch angefangen zu singen. Wir hießen sie immer gleich wieder aufhören: »Am Tisch singt man nicht.« Doch bald einmal meinte meine Frau: »Ich finde die Regel, am Tisch nicht zu singen, engt die Kinder ein. Sie passt irgendwie nicht zur Vorstellung, man solle seine Freude ausdrücken.«

Wir besprachen es und befanden, die Anstandsregel, am Tisch nicht zu singen, hätten wir zwar als Kind gelernt, doch jetzt wollten wir sie bewusst aufgeben. Danach konnten die Kinder am Tisch fröhlich singen, solange sie nicht den Mund voll hatten.

Anstandsregeln, die Sie als Kind gelernt haben, beeinflussen Ihr Verhalten als Erwachsener wahrscheinlich noch immer in starkem Maße. Wer in einer Familie aufgewachsen ist, wo solche ganz normal weitergegeben wurden, hat einen Vorsprung beim Entfalten dieser Qualität der Liebe. Wenn Sie sich dies als Elternteil vor Augen halten, würde ich Ihnen empfehlen, diejenigen Regeln festzulegen, die Sie Ihren Kindern beibringen möchten. Vielleicht fügen Sie Ihrer Aufstellung etwas bei oder streichen etwas.

Kinder müssen lernen, dass es bestimmte Dinge gibt, die man tut oder nicht tut, weil man seine Mitmenschen achtet. Wenn das Kind lernt, Eltern und Geschwister zu respektieren, wird es Lehrer und andere Erwachsene außerhalb der Familie ebenfalls eher achten. Der Teenager, der seine Eltern anschreit, wird wahrscheinlich eines Tages auch seine Frau anschreien.

Wenn Sie in einem Elternhaus aufgewachsen sind, wo wenig Wert auf gewöhnlichen Anstand gelegt wurde, könnten Sie sich vielleicht mit anderen Eltern darüber unterhalten, welche Höflichkeitsregeln sie ihren Kindern beibringen. Stellen Sie dann Ihre eigene Liste auf und helfen Sie Ihren Kindern, einen Schritt auf dem Weg zur mitmenschlichen Liebe zu tun.

Höflichkeit in den engsten Beziehungen

So schwierig es sein kann, Fremden gegenüber höflich zu sein, den Nächsten gegenüber ist es manchmal ein wahrer Liebestest! Sogar in Beziehungen zu guten Freunden, Ehepartnern oder Angehörigen sollte man ganz normal höflich sein.

Nachfolgend einige Höflichkeitsregeln, die meine Frau und ich uns über die Jahre angeeignet haben. Wir haben sie im Rahmen der Ehe formuliert, aber sie lassen sich auf jede enge Beziehung anwenden.

• *Sprechen Sie nie für den andern.* Wenn mich jemand fragt, was meine Frau denkt, will oder möchte, sollte ich immer antworten: »Sie werden sie selbst fragen müssen. Ich kann nicht für sie sprechen«, oder: »Ich will sie gerne fragen und es Ihnen dann sagen.« Wenn Sie für jemanden sprechen, unterlaufen Sie dessen Individualität.

• *Hören Sie einander einfühlsam zu.* Wenn ich meiner Frau einfühlsam zuhöre, versuche ich nicht nur zu verstehen, was sie sagen will, sondern auch, wie sie sich fühlt.

Dazu werde ich sie nicht unterbrechen, sondern klärende Fragen stellen, um sicherzugehen, dass ich verstehe, was sie sagt und empfindet. »Verstehe ich das richtig: Du ärgerst dich, weil du mich dreimal bitten musstest, den Müll hinauszutragen? Hast du das gemeint?« Bei solchen Bestätigungsfragen will man hauptsächlich verstehen, nicht urteilen. Wenn sich Karolyn ganz verstanden fühlt, kann ich ihr sagen, wie ich es sehe, und sie wird mir einfühlsam zuhören. Wenn wir einander verstanden haben, können wir das Problem lösen. In unseren ersten Ehejahren haben Karolyn und ich viel Zeit mit Streiten verbracht, bevor wir lernten, einander einfühlsam zuzuhören. Streiten ist nicht höflich.

• *Bitten Sie um das, was Sie möchten*. Vor einiger Zeit sagte mir eine Ehefrau: »Ich wünschte, mein Mann würde sich an meinem Geburtstag etwas Besonderes einfallen lassen.« »Haben Sie ihm gesagt, dass Sie das gerne möchten?«, fragte ich. »Nein«, sagte sie. »Wenn ich es ihm sagen muss, ist es nicht mehr dasselbe.« »Ich hoffe, dass Sie lange leben«, erwiderte ich, »denn die Chancen, dass Ihr Mann Ihre Gedanken lesen kann, sind sehr gering. Gott hat den meisten Ehemännern die Gabe des Gedankenlesens nicht mitgegeben.«

Lernen Sie, um das zu bitten, was Sie möchten. Wenn der andere es tun will, ist es noch immer ein Liebesbeweis. Er braucht Ihren Wunsch nicht zu erfüllen. Nehmen Sie es also als Geschenk an.

• *Konzentrieren Sie sich bei Konflikten auf die Lösungsfindung und nicht darauf, den Sieg davonzutragen*. Wenn ich siege, verliert meine Frau. Es ist nicht lustig, mit einer Verliererin zu leben. Einen Konflikt zu lösen erfordert, dass beide die Meinung des Gegenübers respektieren und nach einer Lösung suchen, die die gegenseitige Liebe bestätigt. Am besten für uns ist die Lösung, bei der Karolyn und ich mit dem Ergebnis zufrieden sind.

• **Bitten Sie, statt zu verlangen.** Etwas von meiner Frau zu verlangen, macht mich zum Sklaventreiber und sie zur Sklavin. Niemand will sich von jemandem beherrschen lassen, aber die meisten Menschen sind ehrlichen Bitten gegenüber aufgeschlossen.

• **Bevor Sie Ihr Gegenüber darum bitten, etwas zu ändern, machen Sie ihm ein paar Komplimente.** Jemandem seine Wertschätzung verbal mitzuteilen sagt ihm: »Ich mag dich. Ich schätze dich. Ich achte dich.« Wenn ich meiner Frau sage, was ich an ihr schätze, fühlt sie sich geachtet und geschätzt und hört eine ehrliche Bitte viel offener an.

• **Wenn ein Fehler einmal eingestanden und vergeben ist, erwähnen Sie ihn danach nie wieder.** Ich kann Fehler nicht auslöschen, aber ich kann sie verzeihen. Wenn sie vergeben sind, hat es keinen Zweck, sie nochmals zu thematisieren. Wenn ich Karolyn wegen eines vergangenen Fehlers verurteilen möchte, so beweist dies, dass ich ihr noch nicht vergeben habe. Ich sollte möglichst viel aus der Erfahrung lernen, aber wenn der Prozess einmal abgeschlossen ist, sollte ich ihn auch vergessen.

Dieser höfliche Umgang miteinander, den meine Frau und ich pflegen, hat unsere Ehe sehr bereichert. Vielleicht möchten Sie einige davon für Ihre engen Beziehungen übernehmen. Ich schlage vor, dass Sie und Ihre Angehörigen je eine Liste der Höflichkeitsregeln im Umgang miteinander aufstellen. Schreiben Sie auch alles auf, was Sie Ihrem Repertoire an Anstandsregeln hinzufügen möchten.

Wenn man lernt, einander innerhalb des Familienkreises höflich zu behandeln, ist man sehr viel wahrscheinlicher auch außerhalb der Familie höflich. Höflichkeit beginnt in der Tat zu Hause.

∿ Feind der Höflichkeit: Geschäftigkeit ∿

Wann hatten Sie das letzte Mal Gelegenheit zum Höflichsein und waren es nicht? Weshalb haben Sie sich diese Chance entgehen lassen? Ich möchte wetten, die meisten finden, dass sie eine Gelegenheit zum Höflichsein dann nicht ergreifen, wenn sie besonders viel zu tun haben.

Wie die Geschäftsleute, die an jenem Januarmorgen Joshua Bell links liegen ließen, sind wir zerstreut. Höflichkeit, wie die übrigen sechs Qualitäten des liebevollen Menschen, ist heute im Westen alles andere als »in«. In einer gehetzten Welt ist es wichtiger, etwas zu erledigen, als den Wert der Mitmenschen anzuerkennen.

Die Schriftstellerin Evelyn Underhill schrieb vor über 70 Jahren: »Aufregung und Fieberhaftigkeit, Ängste, Intensität, Intoleranz, Unstetigkeit, Pessimismus und Flatterhaftigkeit sowie jede Art von Eile und Sorgen sind alles Zeichen der selbst gefertigten und aus sich selbst gesteuerten Seele.« Weil Geschäftigkeit dazu führt, sich nur auf sich selbst zu konzentrieren, wird Unhöflichkeit oft als das Problem anderer und nicht als das eigene wahrgenommen. Man schätzt die eigene Unhöflichkeit als einmalige Begebenheit ein, weil man gerade auf dem Weg irgendwohin ist, an so vieles denken muss oder so viel zu tun hat.

Sicher ist inzwischen klargeworden, dass von niemandem erwartet wird, die ganze Zeit aufrichtig zu lieben. Die menschlichen Schwächen verunmöglichen das. Wir können es uns trotzdem stets zum Ziel setzen, Mitmenschen unsere Liebe auf »kleine« Arten und Weisen oder durch eine großzügige Tat zu beweisen. Doch auch eine »einmalige« Unhöflichkeit macht es unmöglich, Beziehungen zu verbessern.

Lebt man höflich, hält man ständig Ausschau nach Dingen, die andere gut beherrschen. Man lässt sich nicht so von Aufgaben und Terminen auffressen, dass man den Wert des Menschen vergisst, der neben uns geht oder steht. Wie viele andere lohnenswerte Dinge im Leben kann es manchmal überwältigend erscheinen, höflich zu sein, braucht aber eigentlich sehr wenig Zeit. Wenn sich die eigene Haltung ändert, wird Höflichkeit zum natürlichen Bestandteil des Weges der Liebe.

Ein verkappter Freund

Booker T. Washington, der bekannte schwarze Pädagoge, vertraute auf Freundschaften und harte Arbeit, um die Beziehungen zwischen Schwarz und Weiß nach dem Bürgerkrieg zu verbessern. Es ist seinem Einsatz zu verdanken, dass zu Beginn des 20. Jahrhunderts über 5000 Schulen in den amerikanischen Südstaaten gegründet wurden. Seine Autobiografie *Ich war ein Sklave* gilt als eines der einflussreichsten Bücher der amerikanischen Geschichte. Washington war sehr geachtet und bekannt und pflegte Umgang mit einigen der reichsten und bekanntesten Führungspersönlichkeiten und Politiker seiner Zeit.

Es heißt, Professor Washington sei kurz nach Übernahme der Leitung des Tuskegee-Instituts in Alabama durch ein exklusives Stadtviertel gegangen, als ihn eine reiche Weiße ansprach. Sie kannte den berühmten Mr Washington nicht und fragte ihn, ob er ein paar Dollar verdienen und ihr etwas Holz hacken wolle. Washington hatte gerade nichts Dringendes zu tun, lächelte, krempelte die Ärmel hoch und machte sich an die einfache Arbeit, um die sie ihn gebeten hatte. Als er fertig war, trug er die Holzscheite ins Haus und stapelte sie neben dem Kamin auf. Ein kleines Mädchen erkannte ihn und sagte der Frau später, wer er war.

Am nächsten Morgen sprach die beschämte Dame in Professor Washingtons Büro im Institut vor und entschuldigte sich wortreich. »Es ist ganz in Ordnung, gnädige Frau«, antwortete er. »Ab und zu verrichte ich gerne eine manuelle Arbeit. Außerdem macht es immer Freude, etwas für eine Freundin zu tun.« Sie schüttelte ihm herzlich die Hand und versicherte ihm, seine höfliche, liebenswürdige Haltung habe sie für ihn und seine Arbeit eingenommen. Wenig später bewies sie ihre Bewunderung dadurch, dass sie reiche Bekannte dazu brachte, dem Tuskegee-Institut insgesamt Tausende von Dollar zu stiften.

Washington konnte dieser Frau gegenüber freien Herzens höflich sein, weil er sie als Freundin und ihre Bitte nicht als Zumutung betrachtete. Ist man ebenso frei, kann man erleben, welch große Wirkung manchmal auch eine kleine Höflichkeit hat.

» Wie sähen Ihre Beziehungen aus, wenn Sie ... «

- *alle Menschen als potenzielle Freunde behandelten?*
- *sich beim Autofahren, Telefonieren, Reisen und im Umgang mit Nachbarn so verhielten, dass Ihre Achtung für den Wert eines jeden Menschen deutlich wird?*
- *Freundlichkeiten und Großzügigkeiten anderer liebenswürdig annähmen?*
- *mit allen höflich redeten, auch wenn Sie mit manchen nicht einverstanden sind?*
- *lernten, Ihren Nächsten gegenüber ganz normal höflich zu sein?*

Umsetzen

Fragen zum Nachdenken und zur Diskussion

1. Hat sich jemand letzte Woche in Wort und Tat Ihnen gegenüber unhöflich verhalten? Wenn ja, wie haben Sie reagiert?
2. Wann hat die Höflichkeit eines Mitmenschen Ihre Stimmung verändert?

3. Denken Sie an eine Begebenheit in der letzten Woche, als Sie jemanden höflich behandelt haben und ein gutes Gefühl dabei hatten. Was hat Sie motiviert, höflich zu sein?

4. Denken Sie an eine Begebenheit in der letzten Woche, als Sie jemanden unhöflich behandelt haben. Was hätten Sie tun können, um in der Situation höflicher zu sein? Können Sie noch um Verzeihung bitten?

5. Wann sind Sie am ehesten unhöflich: im Auto, am Telefon, bei der Arbeit, am Abend, Ihren Angehörigen gegenüber? Weshalb ist das wohl der Fall?

6. Wie reagieren Sie gewöhnlich, wenn jemand Ihre Meinung nicht teilt?

7. Welche Höflichkeitsregeln haben Sie als Kind gelernt?

Anwendungsmöglichkeiten

1. Sind Sie mit den folgenden fünf Aussagen einverstanden:

a) Alle Menschen sind wertvoll.

b) Alle Menschen können potenziell positive Beziehungen führen.

c) Alle Menschen haben zu kämpfen.

d) Alle Menschen brauchen Liebe.

e) Alle Menschen werden durch Höflichkeit bereichert.

Überlegen Sie sich, diese fünf Punkte auf eine Karteikarte zu schreiben. Denken Sie danach an einen Menschen, mit dem Sie regelmäßig zu tun haben und den zu lieben Ihnen schwerfällt. Ersetzen Sie »alle Menschen« mit dem Namen des Betreffenden und halten Sie sich diese fünf Punkte vor Augen, wenn Sie mit ihm Kontakt haben.

2. Beginnen Sie diese Woche ein Gespräch mit jemandem, den Sie nicht gut kennen. Es kann ein Mitarbeiter, jemand in Ihrem Wohnviertel oder jemand sein, den Sie sonstwo treffen. Ein Gespräch eröffnen zu lernen ist ein großer Schritt auf dem Weg, sich höflich auszudrücken.

3. Wenn Sie mit Eltern, Kindern, Ehepartnern oder Mitbewohnern zusammenwohnen, so stellen Sie eine Liste von Höflichkeitsregeln auf, die Sie zu Hause anwenden wollen.

Bescheidenheit

Sich zurücknehmen und andere vorlassen

Mit der Bescheidenheit ist es ganz seltsam.
Im Augenblick, in dem man sie zu besitzen glaubt,
hat man sie verloren.
Bernard Meltzer

Als Jim Collins und sein Forscherteam untersuchten, welches Geheimnis hinter den erfolgreichsten Firmen des Landes steckte, machten sie äußerst unerwartete Feststellungen. In seinem Buch *Der Weg zu den Besten* beschreibt Collins im Einzelnen, was hinsichtlich langfristiger Wirtschaftlichkeit eine gute zu einer hervorragenden Firma macht. Dazu gehört die Untersuchung des Führungsstils der Geschäftsführer der guten bis besten Firmen.

»Wir waren erstaunt, ja beinahe schockiert«, schreibt der Autor, »als wir entdeckten, nach welchen Führungsqualitäten eine Transformation verlangt. Verglichen mit profilierten Managern mit starker Persönlichkeit, die Schlagzeilen machen und berühmt werden, scheinen die Take-off-Manager vom Mars zu kommen. Sie sind still, leistungswillig bis zur Selbstaufgabe, zurückhaltend, ja fast schüchtern – eine paradoxe Mischung aus Bescheidenheit, was ihre Person angeht, und professioneller Willenskraft in allen Belangen des Geschäftslebens.«

Die Bescheidenheit dieser Geschäftsführer zeigte sich besonders darin, wie sie sich selbst beschrieben – oder das gerade *nicht* taten. Collins berichtet: »Im Gegensatz zum »Ich«-bezogenen Stil der Vergleichsmanager überraschte uns, wie wenig Take-off-Manager über sich selbst sprachen. In unseren Interviews gaben sie bereitwillig Auskunft über das Unternehmen und die wichtigen Beiträge von Kollegen. Kam das Thema aber auf sie, lenkten sie ab. Hartnäckiges Nachfragen versuchten sie abzublocken: ›Ich möchte mich nicht in den Vordergrund drängen‹, ›Hätte der Board nicht so einen herausragenden Nachfolger bestimmt, würden Sie heute gar nicht mit mir reden‹, ›Ob ich großen Anteil am Unternehmenserfolg hatte? Ich glaube nicht. Wir hatten das Glück, mit einem fantastischen Team zu arbeiten.‹«

Trotz ihrer bemerkenswerten Bescheidenheit konnten diese Geschäftsführer ausgezeichnete Erfolge verzeichnen. Sie brachten ihren Firmen Kursgewinne ein, die über einen Zeitraum von 15 Jahren fast siebenmal über dem allgemeinen Markt lagen.

Ich vermute, dass diese Führungskräfte nicht viel Zeit mit Nachdenken über Bescheidenheit verbrachten. Sie konzentrierten sich einfach darauf, gesunde Geschäftsgepflogenheiten anzuwenden und gute Beziehungen zu Angestellten und Kunden zu pflegen. Ihre Haltung lässt uns die Bescheidenheit von einer neuen Seite betrachten.

Viele halten Bescheidenheit für einen der schwächeren Charakterzüge, für etwas, das wir zwar zeigen sollten, aber nur, wenn wir den beruflichen Erfolg riskieren und uns damit abfinden, zu Hause übergangen zu werden. Fragen

Sie herum, was man unter »Bescheidenheit« versteht, werden Sie kaum Begriffe wie *Erfolg, Befriedigung, Achtung* und
vor allem *Beziehungen* zu hören bekommen. Doch das sind
eben die Begriffe, die den bescheidenen Geschäftsführern
der guten bis großen Firmen am wichtigsten sind.

Eigentlich ist Bescheidenheit keine Wahlmöglichkeit,
wenn man Liebe als Weg wählt. Wie die anderen Qualitäten des liebevollen Menschen erkennt Bescheidenheit den
Wert der Mitmenschen an. Und wie jeder andere Liebesdienst macht es viel Freude, sich zurückzunehmen, um
andere vorzulassen.

∼ *Bin ich bescheiden?* ∼

Abstrakt bedeutet Bescheidenheit nicht viel. Bescheidenheit in Alltagssituationen bestimmt, ob man geliebte
Menschen aufbaut oder herabsetzt. Es lohnt, sich zu
überlegen, ob man in einigen lebensnahen Situationen
Hochmut oder Bescheidenheit an den Tag legen würde.

1. **Wenn jemand eine Begebenheit über eine Leistung
oder etwas Erworbenes erzählt, reagiere ich gewöhnlich, indem ich**
   a) ihn unterbreche, um ihn mit einer noch eindrückliche-
   ren eigenen Begebenheit zu übertrumpfen.
   b) nichts sage, aber durch meine Körpersprache ausdrücke, dass ich nicht viel von seinen Ausführungen halte.
   c) mich dafür interessiere und nachfrage.

2. Wenn am Arbeitsplatz Vorgesetzte in der Nähe sind, reagiere ich in der Regel, indem ich

a) gut dazustehen versuche, auch wenn das bedeutet, den Verdienst für Leistungen anderer einzuheimsen.

b) meine eigene Arbeit für die Firma hervorhebe, wenn sich Gelegenheit dazu bietet.

c) die Beiträge und Leistungen anderer erwähne, aber meine eigenen für sich selbst sprechen lasse.

3. Wenn ein Angehöriger oder naher Freund etwas in einem Bereich erreicht hat, in dem ich gerne selber glänze, reagiere ich gewöhnlich, indem ich

a) seine Leistung herabsetze und versuche, die Aufmerksamkeit auf mich zu lenken.

b) seine Leistung ignoriere.

c) ihn beglückwünsche und mich bemühe, andere über seine Erfolge zu informieren.

4. Wenn jemand, den ich nicht mag, bei etwas scheitert, reagiere ich in der Regel, indem ich

a) überlege, wie sein Versagen mir nützen könnte.

b) den Vorfall nebenbei Dritten erzähle.

c) eine Gelegenheit suche, ihn zu bestärken.

5. Wenn ich eine Schwäche oder einen Fehler bei mir feststelle, reagiere ich gewöhnlich, indem ich

a) darüber nachdenke, wer dazu beigetragen haben könnte.

b) überhaupt nicht darüber nachdenke.

c) etwas unternehme, um die Schwäche oder den Fehler künftig zu unterlassen.

Geben Sie sich null Punkte für jede Antwort a), einen Punkt für jede Antwort b) und zwei Punkte für jede Antwort c). Je besser Sie abgeschnitten haben, desto weiter sind Sie auf dem Weg zur echten Bescheidenheit.

Friedlich leben

Sind Sie schon einmal zur Seite getreten und haben zugesehen, wie die Menschen an der Kasse eines Lebensmittelgeschäfts warten? Wenn sie fertig eingekauft haben und zur Kasse kommen, lassen die meisten durch Gesichtsausdruck und Herumzappeln durchblicken: »Weshalb dauert das so lange? Ich will hier raus!« Wir rasen mit dem Einkaufswagen in die kürzeste Schlange und finden, wir hätten das Recht auf den Platz, auch wenn jemand zehn Sekunden nach uns anrollt. Unterdessen halten wir Ausschau, ob eine andere Kasse geöffnet wird, um dort zuerst dranzukommen. Nur selten hört man: »Gehen Sie nur vor. Ich hab's nicht eilig.« Der Erste zu sein – dieser Wunsch drängt jeden anderen Gedanken in den Hintergrund, andere vorzulassen.

Der Drang nach dem ersten Platz ist so eingefleischt, dass die Frage wohl berechtigt ist, ob man Bescheidenheit wirklich lernen kann. Tatsache ist, dass wir sie lernen *müssen*, wenn wir je bescheidenen Geistes sein sollen. Haben Sie je ein bescheidenes Kleinkind gesehen? Von Geburt an steckt der Instinkt im Menschen, sich zu holen, was er will.

Sieht man Bescheidenheit als Möglichkeit, die aus der Liebe zum Mitmenschen stammende Freude zu erfahren, wird Bescheidenheit zum festen Bestandteil der Einstellung. Bescheidenheit lässt sich definieren als »wenig für sich beanspruchen« und »zugunsten anderer auf etwas verzichten«. Man könnte auch sagen, dass Bescheidenheit Ärger, Ehrgeiz und Selbstsucht des falschen Ich durch die Friedlichkeit des wahren Ich ersetzt. Bescheidene Menschen sind selbstsicher. Sie erkennen sowohl den eigenen als auch den Wert ihrer Mitmenschen und freuen sich daher an deren Erfolg. Bescheidenheit ist kein beliebtes Thema im Westen, aber sie ist ein wesentliches und befriedigendes Merkmal der Liebe. Das heißt noch lange nicht, dass sie leichtfällt.

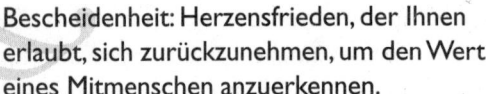

Bescheidenheit: Herzensfrieden, der Ihnen erlaubt, sich zurückzunehmen, um den Wert eines Mitmenschen anzuerkennen.

Anonym

Eines der Kernprinzipien der Anonymen Alkoholiker (AA) ist die Anonymität, wie es schon der Name besagt. Bei den AA gibt es keine hohen Tiere. Alle sind gleichwertige, zu Sklaven des Alkohols gewordene Menschen, die gemeinsam daran arbeiten, frei von ihrem Suchtmittel zu leben. Man könnte meinen, Bill Wilson, der in den 1930er-Jahren die »Anonymen Alkoholiker« gründete, sei ein Meister der

Bescheidenheit gewesen. Das war er – am Schluss. Aber er hat lange gebraucht, um dahin zu kommen.

Susan Cheever, die eine Biographie über Bill Wilson geschrieben hat, führt in *My Name Is Bill* ein gutes Beispiel über seinen Kampf mit dem Wunsch nach Auszeichnung an. Jahre nach der Gründung der AA und des Zwölf-Schritte-Programms wollte die Yale- Universität ihm für seine Leistung den Ehrendoktor verleihen.

Wilson hätte den akademischen Grad und die damit verbundene Ehre gerne angenommen. Doch inzwischen war er im Leben »in den eigenen Grundsätzen genügend fortgeschritten, um zu wissen, dass sie anzunehmen irgendwie keine gute Idee war«.

Das stammte von einem Mann, der einst über den Grundsatz der Anonymität schrieb: Er »erinnert uns daran, dass wir Grundsätze der eigenen Persönlichkeit vorziehen und aufrichtige Bescheidenheit wirklich üben sollten«. Er sagte auch: »Vom Geist der Anonymität angeregt, versuchen wir, den natürlichen Wunsch nach Auszeichnungen aufzugeben.« Dennoch habe Wilson, schreibt Susan Cheever, »mit diesem Begehren gerungen, als er sich um Bescheidenheit bemühte«.

Als Wilson noch schwankte, was er der Yale-Universität antworten solle, suchte er beim Kuratorium der AA um Rat an. »Hoffnung erfüllte ihn, als alle außer einem fanden, er solle die Auszeichnung annehmen«, schreibt die Biografin. Der Andersdenkende unter den Treuhändern war Archibald Roosevelt, Sohn des ehemaligen Präsidenten Theodore Roosevelt. Er erklärte Wilson, sein Vater habe sich Gedanken darüber gemacht, wie attraktiv Macht für ihn sei,

und beschlossen, nie eine persönliche Ehrung anzunehmen. Eine einzige Ausnahme machte er beim Nobelpreis.

Susan Cheever schreibt, Bill habe erkannt, dass von
Roosevelt die richtige Botschaft kam. Also lehnte Wilson
die Auszeichnung für sich selbst ab (sogar als Yale ihm an-
bot, sie ihm als W. W. statt unter seinem vollen Namen zu
verleihen), bat jedoch, dass die AA als Organisation sie
erhalten solle. Das lehnte die Universität jedoch ab.

In ihrem Buch beschreibt Susan Cheever Wilsons zu-
nehmende Bescheidenheit. »Später lehnte er es ab, auf
dem Titelblatt der Zeitschrift *Time* abgebildet zu werden,
noch nicht einmal von hinten, wie es ihm Redakteure an-
heimstellten. Er schlug zudem mindestens sechs weitere
Ehrendoktorwürden und eine ganze Reihe von Angeboten
des Nobelpreiskomitees aus.«

Er war ein Mann mit denselben Neigungen wie alle
Menschen. Doch da er innerhalb seiner Organisation gesehen hatte, wie hilfreich Anonymität ist, wählte er den Weg
der Bescheidenheit statt eines Weges, der ihm mehr öffent-
liches Ansehen verschafft hätte. So behielt er seine Glaubwürdigkeit und seinen Einfluss unter den Mitalkoholikern,
denen er sein Leben gewidmet hatte.

Ich will mit dieser Geschichte nicht sagen, es sei falsch,
Anerkennung von außen anzunehmen. Häufig sind Preise
und Beifall für die Betreffenden anregend und begünstigen
gute Taten. Doch Bill Wilsons Kampf zwischen dem
Wunsch nach Anerkennung und dem nach Bescheidenheit zeigt auf, in welchem Spannungsfeld sich viele bewegen. Wilson befürchtete offensichtlich die Ablenkung, die
eine Ehrung mit sich bringen könnte. Bescheidenheit und

Anerkennung sind nicht immer Gegensätze, doch wenn man ständig Anerkennung sucht, hält es einen leicht davon ab, wirklich zu lieben.

Nimmt Ehrgeiz im eigenen Denken überhand, merkt man gar nicht, dass die Energie, die aufgewendet wird, um gut dazustehen, stattdessen für das Aufbauen von Beziehungen eingesetzt werden könnte. Ob diese Beziehungen zum erwünschten eigenen Erfolg führen, bleibt dahingestellt. Das Wichtige dabei ist, dass man liebevoll handelt, und je bescheidener man wird, desto mehr ändern sich die Prioritäten.

Betrachtet man Bescheidenheit mit den Augen aufrichtiger Liebe, merkt man, dass sie

- *das Bewusstsein des eigenen Platzes in der Welt spiegelt.*
- *für Gelegenheiten steht, andere an die erste Stelle zu setzen, auch wenn dies ein Opfer bedeutet.*
- *Stärke, nicht Schwäche beweist.*
- *anerkennt, dass die Bedürfnisse anderer ebenso wichtig sind wie die eigenen.*
- *den Wert der Mitmenschen anerkennt.*
- *keine Energie mit Hochmut, Groll oder Ärger vergeudet.*

Sehen wir uns mit diesen Punkten vor Augen an, was es heißt, mit einer bescheidenen Einstellung zu lieben.

Den eigenen Platz finden

Jim ist ein hervorragender Leiter einer gemeinnützigen Organisation in Indien. Er lacht von Herzen, hat eindeutige Meinungen und ist vom Verlangen beflügelt, anderen zu helfen. Jim berichtet, seine Großmutter, die ihn aufzog, habe ihm immer wieder gesagt: »Denk daran: Niemand ist besser als du. Und denk auch daran: Niemand ist schlechter als du.« Es braucht Bescheidenheit, nicht besser *und* nicht schlechter zu leben, als Sie es tun. Das setzt die Einsicht voraus, dass Sie ebenso wertvoll und ebenso schwach sind wie die Menschen, die zu lieben Ihre Bestimmung ist.

An der Spitze

Viele nennen die Einsicht, dass man hochmütig ist, den ersten Schritt zur Bescheidenheit hin. Es ist befreiend einzuräumen, dass wir größer und besser als andere sein möchten, und wir erahnen damit, wie der Mensch aussieht, der zu sein eigentlich unsere Bestimmung ist.

G. K. Chesterton hat um die Jahrhundertwende zum 20. Jahrhundert viel geschrieben. Einiges darunter hat Gandhi zur Friedensbewegung inspiriert, um der englischen Kolonialherrschaft in Indien ein Ende zu setzen, und auch Michael Collins dazu gebracht, für die Unabhängigkeit Irlands zu kämpfen. Chesterton wurde einmal gebeten, sich in einer Serie der Londoner *Times* zur Frage zu äußern: »Was ist das Problem des Universums?«, worauf er antwortete: »Ich. Hochachtungsvoll, G. K. Chesterton.«

Möchte man mehr von sich halten, als man sollte, hilft die Überlegung, dass man Mitmenschen ebenso leicht verletzen oder Fehler machen kann wie alle anderen auch. Erkennt man den eigenen Hochmut, ist man ihm nicht ausgeliefert.

Anerkennung zu wollen, ist nicht Hochmut. Hochmut ist der Drang, außerhalb eines von Liebe erfüllten Lebens Applaus zu bekommen. Hat Bescheidenheit ihren Platz, wenn wir Liebe zum eigenen Weg machen, möchten wir genau das sein, wozu wir erschaffen wurden – nicht mehr und nicht weniger.

Den eigenen Wert zu erkennen ist ein Schritt auf dem Weg, andere aufrichtiger zu lieben.

Verkehrter Hochmut

Hochmut ist nicht der einzige Gegner der Bescheidenheit. Den eigenen Wert zu missachten, verhindert mitmenschliche Liebe ebenfalls.

Bill Wilson von den Anonymen Alkoholikern schrieb einst: »Wir lassen uns gerne von Schuld und Selbsthass überschwemmen. Wir waten in diesem schmutzigen Morast und beziehen oft eine verdrehte, schmerzliche Freude daraus … Das ist verkehrter Hochmut.« Ist man wahrhaft bescheiden, setzt man sich nicht herab. Genauso wie die Liebe verlangt, den Wert anderer anzuerkennen, will sie auch, dass man den eigenen Wert bejaht.

Ich bekomme häufig zu sehen, wie geringe Selbstachtung daran hindert, aufrichtige Liebe zu schenken und anzunehmen. Der 30-jährige Colin aus Seattle hatte mit Depressionen und Einsamkeit zu kämpfen. Er war mit einer erfolgreichen jungen Frau verlobt, die ihn offenbar vergötterte. Trotzdem hatte er Mühe, ihr seine Liebe mitzuteilen, und löste die Verlobung sogar einmal auf, nahm dann aber die Beziehung wieder auf. Er arbeitete im mittleren Management und stand einem Dutzend Angestellten vor, hatte jedoch am Arbeitsplatz keine wirklichen Freunde. Beziehungen bargen für ihn anscheinend mehr Schmerz als Freude.

Als wir uns in meinem Beratungsbüro unterhielten, kamen wir auf Colins Kindheit zu sprechen. Wie viele Menschen, mit denen ich es zu tun habe, war Colin in einem kritischen Zuhause ohne Zuspruch aufgewachsen. Noch als Erwachsener klangen Urteile in seinen Ohren wie: »Du bist verantwortungslos, unwissend, hässlich, dick, zu nichts nütze.« Je mehr wir darüber sprachen, desto klarer wurde mir, dass Colin niemanden wirklich lieben konnte, bevor er nicht erkannte, dass auch er ein wertvoller Mensch war. Anders ausgedrückt: Er konnte seine Liebe weder durch Bescheidenheit noch sonst wie zeigen, ehe er nicht erkannt hatte, dass auch er Liebe verdiente.

Für Menschen wie Colin ist der erste Schritt zur Liebe die Erkenntnis des eigenen Wertes. Das bedeutet, dankbar dafür zu sein, wer sie sind, und dankbar für ihre Gaben und Talente zu sein. Sie können sich nicht zurücknehmen, bevor sie nicht vorgetreten sind und verstanden haben, dass die Aussagen aus der Kindheit nicht stimmen. Erst wenn sie den eigenen Wert anerkennen, können sie wirklich bescheiden werden.

Neue Gewohnheiten

Wenn Sie nur damit beschäftigt sind, die in Ihren Augen verdiente Aufmerksamkeit zu bekommen, so sollten Sie Ihre Haltung ändern. Fragen Sie andere etwas über sich und nehmen Sie deren Antwort aufmerksam auf.

Bereit sein für Opfer

Über die Jahre habe ich in meinen Beratungen beobachtet, dass man sich ohne Bescheidenheit über alles und alle ärgert, die einen davon abhalten, den ersten Platz einzunehmen. Wenn man keine Fortschritte auf das eigene Ziel hin macht, ist man entmutigt oder sogar deprimiert und schaut sich nach jemandem um, dem man die Schuld zuschieben könnte.

Dies trifft vor allem am Arbeitsplatz zu. Praktisch alle, denen ich begegnet bin und die beruflich zu kämpfen hatten, erwähnten, jemand habe sich abfällig über sie geäußert, und Vorgesetzte, die deswegen voreingenommen waren, hätten sie bei einer Beförderung übergangen. Jetzt befinden sie sich auf einer in ihren Augen zu niedrigen Stufe. Wenn sie den Ärger gären lassen, geht er ihnen jahrelang im Kopf herum, weil jemand ihren Aufstieg bis an die Spitze verhindert hat.

Vergleichen Sie diese ichbezogene Haltung mit der Sicht des Hochschulabgängers Josh, den eine große, fortschrittliche Firma eingestellt hatte. Seine Vorgesetzte rief ihn eines Tages zu sich ins Büro und sagte: »Ich habe eine offene Stelle, für die Sie sich interessieren könnten. Sie ist für Sie oder Tim. In meinen Augen haben Sie das größere Potenzial, aber Tim hat mehr Erfahrung. Ich unterhalte mich mit beiden, weil ich wissen möchte, weshalb Sie Ihrer Meinung nach eine Beförderung verdienen.«

»Wie alt ist Tim?«, fragte Josh.

»Etwa 45«, sagte die Chefin.

»Dann finde ich, sollten Sie ihm die Stelle geben«, sagte Josh. »Ich bekomme bestimmt noch andere Gelegenheiten, aber für ihn ist das vielleicht die letzte Chance. Ich glaube, Sie sollten seine Erfahrung in der Firma honorieren.«

Tim bekam die Stelle, weil Josh bereit war, sich zurückzunehmen. Danach konnte Josh viel von Tim als Mentor lernen. Über die folgenden fünf Jahre entstand eine für beide wichtige Freundschaft, die ihnen sowohl persönlich wie beruflich viel gab.

Bei wirklicher Bescheidenheit geht es eher darum, etwas zu opfern, damit ein anderer vorankommt, als sich vorzudrängen, um selbst weiterzukommen. Fällt einem Bescheidenheit leicht, sieht man sofort, welches Opfer man vielleicht bringen sollte, um jemandem zu helfen.

Bescheidenheit in der Ehe

Opferbereitschaft macht in der Ehe oft sehr viel aus. Stecken Sie zwei Menschen mit verschiedenen Persönlichkeiten, Prioritäten und Talenten in den gleichen Haushalt, dann wird der eine dem anderen irgendwann etwas opfern müssen.

Als Bruce Kuhn, ehemaliger Broadway-Schauspieler, Hetty kennen lernte, war ihm klar, dass er die Frau seiner

Träume gefunden hatte. Das Problem war nur, dass Bruce
für seine Arbeit überall in Amerika herumreiste, Hetty jedoch Künstlerin war und in Holland wohnte. *Ihre* Kund-
schaft befand sich auf der anderen Seite des Meeres. So zog
Bruce Mitte seines Lebens und ohne ein Wort Holländisch
zu können nach Holland, damit Hetty ihre Arbeit dort
fortsetzen konnte. Er hat seinen anspruchsvollen Terminplan gekürzt, fliegt bei jeder Gelegenheit über den Atlantik
und hilft bei der Erziehung der beiden Kinder mit.

Er meint dazu: »Mein künstlerischer Ehrgeiz stand für
mich im Zentrum meines Lebens. Doch schließlich habe
ich mir gesagt: ›Ich will dich mir vorziehen‹, und sie hat
dasselbe getan ... Sie honoriert und achtet meine Arbeit
genügend, um die ihre aufs Spiel zu setzen, und sie ist ihrem
künstlerischen Schaffen ebenso verpflichtet wie ich.«

Bruce gibt zu, dass es nicht einfach war, seine Karriere
den Umständen anzupassen und eine halbe Welt weit weg-
zuziehen. Die Freude aber, die er durch dieses Opfer kennen
gelernt hat, ist ganz offensichtlich.

Bescheidenheit in der Ehe kann bedeuten, eine Arbeit,
seine Vorhaben für das Wochenende oder einfach nur das
Bedürfnis aufzugeben, bei einer Auseinandersetzung den
Sieg davonzutragen. Man ist leicht versucht, die Zustimmung des Partners bei etwas so Unwichtigem zu erzwingen
wie zum Beispiel in der Frage, in welchem Jahr man nach
Paris gefahren ist. Bescheidenheit erfordert manchmal,
dass Sie das eigene Bedürfnis, Recht zu behalten, zugunsten
der Beziehung opfern.

Raum für die Beziehung

Jemanden bescheiden zu lieben, erfordert nicht immer Opfer, wohl aber die Bereitschaft, ein Opfer zu bringen, wenn dies das Leben der Mitmenschen verbessern würde. Bescheidenheit kann heißen, den besseren Platz in einem Restaurant aufzugeben, sich eine Stunde Zeit zu nehmen, um seiner Frau bei der Vorbereitung eines wichtigen Bewerbungsgesprächs zu helfen, oder eine Gelegenheit, den Chef zu beeindrucken, nicht wahrzunehmen. Sieht man ein, dass sowieso alles, was man hat, ein *Geschenk* ist, kann man es auch freigebig weitergeben, statt Energie daran zu verschwenden, daran festzuhalten. Weder Joshs noch Bruce Kuhns Entscheidung hat ihnen unmittelbaren Erfolg in der Welt gebracht, dafür aber Raum für das Wachstum von Beziehungen geschaffen.

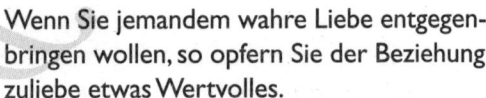

Wenn Sie jemandem wahre Liebe entgegenbringen wollen, so opfern Sie der Beziehung zuliebe etwas Wertvolles.

Die Macht der Bescheidenheit

Geschichtsschreiber berichten, dass einige Offiziere vor der Auflösung der amerikanischen Kolonialarmee 1783 erzürnt waren, weil ihnen noch immer Sold geschuldet wurde. Sie drohten, sich an den Kongress zu wenden, um die geschuldeten Beträge zu bekommen. Das Militär hätte damals durchaus die Regierungsmacht übernehmen können.

General George Washington hatte volles Verständnis

für die Männer. Allerdings hätte ein Aufstand nach seinem Dafürhalten der Demokratie der neuen Nation nur geschadet. Er berief ein Treffen für den 15. März ein und stellte sich seinen zornigen, respektlosen Offizieren.

Nachdem Washington kurz über die Finanzen des Landes gesprochen hatte, griff er in die Tasche und holte den Brief eines Mitglieds des Zweiten Kontinentalkongresses heraus. Darin hieß es, der Kongress bemühe sich, die noch nicht beglichene Besoldung zu beschaffen. Doch statt den Brief sofort zu lesen, fummelte Washington wortlos am Brief herum. Dann holte er eine Lesebrille aus der Tasche. »Meine Herren«, sagte er, »Sie erlauben, dass ich meine Brille aufsetze. Nicht nur bin ich grau geworden, sondern im Dienste meines Landes auch nahezu erblindet.«

Damals war Washington 51 Jahre alt. Mit 43 hatte er das Kommando über die Kontinentalarmee übernommen. Dass er seine Schwäche vor den Männern zeigte, die ihm achteinhalb Jahre gefolgt waren, löste die Spannung. Washington hatte die Offiziere daran erinnert, dass er sehr viel mehr für ihr Land geopfert hatte als sie. Als der General gegangen war, schwor die Armee erneut Treue für die Sache. Statt mit seiner Macht zu prahlen, hatte Washingtons bescheidenes Eingeständnis seiner Schwäche die Offiziere besänftigt. Ein Augenzeuge berichtete: »Es war etwas so Natürliches, Ungekünsteltes an seinem Aufruf, das eindrücklicher war als die beste Rede. Es ging direkt ans Herz.«

Genau das bewirkt Bescheidenheit: Sie dringt ins Herz. Zeigt man Schwächen, beweist man eigentlich Charakterstärke. Das kann das Eingeständnis bedeuten, dass man Hilfe braucht, wenn man sich eigentlich beweisen möchte.

In Arbeits- oder familiären Situationen ist das besonders schwierig, wo die anderen direkt mitbekommen, ob wir erfolgreich sind. Die Schriftstellerin Joy Jordan-Lake schreibt in *Working Families* (Berufstätige Familien) über den Kampf und das Privileg, Kinder aufzuziehen und gleichzeitig Karriere zu machen: »Meine Angehörigen sagen immer wieder, sie würden einmal ›Ich kann es schon selbst‹ auf meinen Grabstein meißeln.« Gleichzeitig lenkt sie ein, Erfolg sowohl bei der Arbeit wie in der Familie bedeute häufig, Außenstehende um Hilfe bitten zu müssen.

Nehmen wir zum Beispiel Amy, die ihre Schwiegermutter Becky bei deren erstem Besuch mit ausgeklügelten selbst gekochten Gerichten und Nachtischen beeindrucken wollte. Es war der erste Besuch nach der Geburt von Amys und Marks drei Wochen altem Sohn. Die erschöpfte und gefühlige Amy gab zwischen dem Füttern des Babys und dem Versuch, zwischenhinein ein paar Stunden Schlaf zu erhaschen, ihr Bestes, um eine perfekte Gastgeberin zu sein. Sie lehnte alle Angebote Beckys ab, ihr in der Küche zu helfen, und beteuerte, sie habe alles unter Kontrolle.

Am dritten Tag merkte Amy, dass Becky offenbar verletzt war, weil sie sich weigerte, deren Hilfe anzunehmen. Zudem merkte Amy auch, dass sie nicht mehr lange in diesem Tempo weitermachen konnte.

»Weißt du, ich könnte schon Hilfe brauchen«, gestand sie Becky gegen Abend ein. »Würde es dir etwas ausmachen, das Abendessen zu richten? Das wäre großartig. Es steht schon alles auf der Anrichte.« Becky war sofort einverstanden, und die beiden unterhielten sich in der Küche miteinander, während Becky kochte und Amy zum ersten Mal seit Tagen einfach nur dasaß und nichts tat. Nicht nur gab es an dem Tag ein Abendessen, sondern Amy und Becky waren einander nähergekommen und hatten Freude aneinander.

> **Hilfe annehmen gehört zum Besten und Schwierigsten, um liebevolle Beziehungen zu fördern.**

Natürlich möchten wir Schwächen verstecken und die besseren Eigenschaften zur Schau stellen. Bescheidenheit aber, die andere genau wissen lässt, wer man ist, kann Beziehungen völlig umkrempeln. Bescheidenheit steht wie jeder der anderen liebevollen Charakterzüge im Widerspruch zur heutigen Kultur. Sie läuft unserer Machermentalität zuwider und bekennt, dass Beziehungen das Wichtigste für ein gutes Leben sind.

Die Bedürfnisse von Mitmenschen erkennen

Oft fällt es leichter, bei Fremden bescheiden zu sein als bei unseren Lieben. Das habe ich jahrelang in Ehebeziehungen beobachtet. Der Mann ärgert sich über die Frau oder umgekehrt, weil beide das Gefühl haben: »Ich bekomme die Unterstützung nicht, die ich verdiene. Mein Mann/meine Frau verletzt mich, statt mir zu helfen. Weshalb sollte ich etwas für ihn/sie tun?«

Mit dieser Haltung hauen beide zornig auf den Putz und werden von Liebenden zu Feinden. Selbst weiterzukommen wird wichtiger als für den anderen zu sorgen. Wahre Bescheidenheit bedeutet, die eigenen Belange zurückzustellen und sich in den anderen hineinzuversetzen.

Deb und Kevin machen beide Karriere und sind seit mehreren Jahren verheiratet. Neulich war Deb voller Eifer dabei, ein Wochenendtreffen mit ihren Eltern in einem nahe gelegenen Skiort zu planen. Beiläufig erwähnte sie die Idee Kevin gegenüber und nahm an, er würde sich freuen. Kevin hingegen war erschöpft von Verkaufssitzungen und wollte ein ruhiges Wochenende zu Hause verbringen. Hunderte von Dollars auszugeben, um mit den Schwiegereltern in einer vollgestopften Skihütte heiße Schokolade zu trinken, war wirklich das Letzte, was er wollte.

Als Deb ihrem Mann aufgeregt erzählte, sie habe das perfekte Appartement für alle vier gefunden, riss Kevin der Geduldsfaden. »Weshalb willst du immer irgendwohin fahren? Was stimmt nicht mit unserem Zuhause? Ist es dir egal, dass meine Arbeit mich fertigmacht, oder merkst du es ebenso wenig wie mein Chef?«

Deb war wie vor den Kopf gestoßen: »Ich will nicht *immer* irgendwohin fahren, aber gelegentlich wäre es schön! Weshalb versuchst du, mich daran zu hindern, ein entspanntes Wochenende mit meinen Eltern zu verbringen?« Sie stürmte aus dem Haus und ins Auto, ohne zu wissen, wohin sie fahren sollte, aber sie musste einfach ein paar Stunden fort.

Als Deb sowie Kevin jeder für sich über den Streit nachdachten, versetzten sich beide in die Lage des anderen:

»Er arbeitet so viel, und ich habe ihn tatsächlich nicht gefragt, ob wir wegfahren wollen. Ich nehme an, wir haben uns wirklich nicht viel Zeit nur für uns genommen …«

»Sie hat das Wochenende in der Meinung geplant, es würde mir gefallen. Auch sie arbeitet viel, und das ist ihre Art, wie sie sich entspannt …«

Als Deb später am Abend nach Hause kam, war sie zu dem Schluss gekommen, vielleicht noch etwas zu warten und zu einem späteren Zeitpunkt Skilaufen zu gehen. Im Moment war es wichtiger, dass das Paar ein paar schöne Stunden miteinander verbrachte. Kevin hatte seinerseits unterdessen eine abgelegene Ferienwohnung unweit der Skilifte gefunden, wo er seinen Frieden haben würde, Deb aber trotzdem Zeit mit ihren Eltern verbringen konnte. Als sie ihre Vorschläge austauschten, hatten sie ein neues Problem: Für welche Lösung sollten sie sich jetzt entscheiden?

Sowohl Deb als auch Kevin nahmen beide bescheiden wahr, auf welche Weise der Partner Liebe empfand: Deb sehnte sich nach Aktivität und dem Zusammensein mit ihren Eltern, Kevin hingegen nach Ruhe und Zweisamkeit mit seiner Frau. Beide bewiesen Bescheidenheit, indem sie sich in den anderen versetzten.

Neue Gewohnheiten

Wenn Sie glauben, ungerecht kritisiert worden zu sein, so schlagen Sie nicht zurück. Nehmen Sie sich Zeit und überlegen Sie, was an der Kritik zutrifft. Seien Sie bereit, aus der Situation zu lernen.

Die Energie gut einsetzen

Am Vorabend des jährlichen *Roger Ebert's Overlooked Film Festival* (Roger Eberts Festival übergangener Filme) schrieb Ebert einen Artikel für seine Fans. »Viele haben mir davon abgeraten, zum Festival zu kommen«, schrieb er. »Wie sähe ich denn aus! Um einen Satz aus *Raging Bull* zu umschreiben: Ich bin kein hübscher Junge mehr.« Ebert wollte sich zum ersten Mal nach einer Operation in der Öffentlichkeit zeigen, bei der ein Krebsgeschwür aus dem rechten Unterkiefer entfernt worden war. Die Ärzte mussten einen Teil des Kiefers entfernen und zudem die Luftröhre einschneiden, damit er besser atmen konnte. Infolgedessen konnte er vorübergehend nicht sprechen.

Ebert schrieb, er werde zum Festival kommen und »einen Verband um den Hals tragen. Mein Mund hängt etwas herab. So kann es gehen. Man hat mir gesagt, Fotos in meinem jetzigen Zustand würden die Klatschzeitungen anlocken. Na und? Ich war sehr krank, jetzt geht es mir besser, und so sieht es aus.« Weiter schrieb Ebert: »Wir verbringen zu viel Zeit damit, Krankheiten zu verstecken.« Am Abend des Filmfestivals las jemand seine Rede von seinen Aufzeichnungen ab. Er ergänzte diese durch Handbewegungen und genoss das Festival mit Freunden und Kollegen.

Viele schämen sich, unter die Leute zu gehen, wenn sie nicht großartig aussehen. Dieser Filmkritiker aber, der den Pulitzerpreis bekommen hatte, ließ sich nicht an etwas hindern, was er genoss. Seine Bescheidenheit machte Tausenden von Krebspatienten und deren Angehörigen Mut, die es müde sind, »die Krankheit zu verbergen«. Er erinnert daran, dass man sich der Welt nicht immer von der »besten Seite« zeigen kann. Schwäche zu beweisen ist manchmal für andere ein Geschenk.

Ein liebevoller Mensch vergeudet keine Energie an falschen Stolz. Er hat ein feines Gespür für das Wichtigste im Leben und will seine Mitmenschen lieben.

> Schwächen können Stärken werden, wenn man
> sie durch die Brille der Bescheidenheit betrachtet.

Echte oder falsche Bescheidenheit

Sollte jemand ein Buch mit dem Titel *Bescheidenheit – und wie ich sie erlangt habe* schreiben wollen, so wäre es kein Buch über Bescheidenheit, sondern eher darüber, wie man Hochmut tarnt. Bescheidenheit wird von der Haltung bestimmt, nicht vom Verhalten. Sie stammt vor allem daher, dass man lieben will.

Schau, was ich mache!

Wenn man Kindergartenkinder beobachtet, wird man bestimmt einen bekannten Blick auffangen, wenn nämlich ein Kind einem anderen einen Farbstift gibt oder ein Spielzeug ohne Aufforderung wegräumt. Es sagt uns wortlos: »Hast du gesehen, was ich eben gemacht habe?« Kinder wissen, dass sie wahrscheinlich belohnt werden, wenn sie etwas Gutes tun.

Wird man zusehends bescheidener, tut man einfach nur deswegen Gutes, weil Mitmenschen der Liebe wert sind und nicht, weil man etwas dafür bekommen möchte. Erwartet man, dass jemand die eigenen »bescheidenen« Taten gut findet, so lenkt das vom Lieben ab. Sie haben bestimmt schon mal gehört, dass man sich mit 20 sorgt, was die anderen von einem halten. Mit 30 ist es einem egal, was andere über einen denken. Mit 40 merkt man, dass sich sowieso nie jemand um einen gekümmert hat. Mit zunehmender Reife rutscht das eigene Tun in den Hintergrund, und es kümmert einen nicht mehr, wenn niemand Beifall spendet.

Wie wir im ganzen Buch gesehen haben, liebt echte Liebe nicht aus ichbezogenem Ehrgeiz, sondern einfach um der Liebe willen. Wenn Sie etwas Bescheidenes tun, können Sie sich fragen: »Tue ich das, um etwas dafür zu bekommen?« Vielleicht werden wir für die Bescheidenheit geehrt, doch das sollte nicht unsere Motivation sein. Etwas tun, was als Bescheidenheit wahrgenommen wird, um die Aufmerksamkeit anderer auf sich zu ziehen, ist nur eine andere Form von Hochmut.

Ein neues Ziel

Geht jemand herum und sagt: »Ach, ich bin niemand«, oder »Was ich denke, spielt keine Rolle, vergessen Sie mich«, so mag diese Person anfänglich bescheiden erscheinen, aber in Tat und Wahrheit ist sie hochmütig. Statt ständig über sich selbst zu reden, interessiert sich ein bescheidener Mensch wirklich für andere, möchte erfahren, was sie erlebt haben, wie sie über dieses und jenes denken und was sie besonders gut können. In der Nähe solcher Menschen hält man sich gerne auf. Sie überlegen gar nicht,

wie bescheiden sie sind, und posaunen es noch viel weniger
aus. Wahrscheinlich denken sie überhaupt nicht an sich.

Die beste Motivation

Wahre Bescheidenheit hat ein gutes Gespür dafür, was Mitmenschen am meisten helfen könnte. Sie ist bereit, auf
Essen zu verzichten, wenn andere dafür Essen bekommen,
und wach zu bleiben, damit andere ruhiger schlafen. Sie
zielt nicht darauf ab, durch ein Opfer einen Lohn für sich
selbst zu ergattern, sondern das Wohlbefinden anderer zu
fördern.

Als der international bekannte geistliche Schriftsteller
und katholische Priester Henri Nouwen seine geachtete
Stellung als Professor an der Harvard-Universität aufgab
und schließlich in die Arche-Gemeinschaft »Daybreak« in
der Nähe von Toronto, Kanada, zog, ein Heim für Menschen mit Entwicklungsstörungen, tat er es nicht, um seine
große Bescheidenheit zu beweisen, sondern weil er wirklich
bescheiden war. Er sagte: »Nach 25 Jahren im Priesteramt
zeigte sich, dass mein Beten armselig war, dass ich ziemlich
am Rande lebte und nur lauter brennende Gegenwartsfra-
gen im Kopf hatte ... Eines Morgens wachte ich auf und
hatte das Gefühl, ich lebte im Stockfinstern, und das Wort
›ausgebrannt‹ sei ein recht angemessener psychologischer
Ausdruck für den geistlichen Tod.«

Nouwen fand in der Arche »Daybreak« sein Zuhause. Er
wohnte in einem der Häuser, und man bat ihn, dem schwer
behinderten Adam Arnett zu helfen, ihn anzuziehen, zu
baden und ihn morgens zu rasieren. Nouwens Buch *Adam
und ich: eine ungewöhnliche Freundschaft* beschreibt, wie

Adam sein Freund, Lehrer und Führer wurde. In seiner Bescheidenheit lernte Nouwen von dem Menschen, dem er half. Unser Bestes geben wir meistens dank Bescheidenheit – und bekommen oft viel Gutes zurück.

Bescheidenheit hat nichts mit der Stellung in der Welt zu tun. Jemand kann eine untergeordnete Stellung einnehmen und hochmütig sein oder jeweils genau das Gegenteil. Ebenso macht es bei wirklicher Bescheidenheit keinen Unterschied, ob man an einer bekannten Universität lehrt oder einem Behinderten hilft. Beides sind Äußerungen wahrer Liebe.

Bescheidenheit als Weg

Das Nachdenken über die folgenden drei Fakten ist der Schlüssel zu einem wirklich bescheidenen Leben:

1. Ich habe nichts, das ich nicht selbst bekommen habe.
2. Mein Wissen über das Universum ist begrenzt.
3. In meinem Leben bin ich völlig von etwas außerhalb von mir abhängig.

Integriert man diese drei Punkte in die eigene Haltung, wird man von selbst bescheiden.

1. Ich habe nichts, das ich nicht selbst bekommen habe. Wenn Sie den ersten Schritt zur Bescheidenheit getan und sich Ihre Neigung zum Hochmut eingestanden haben, sind Sie zum zweiten Schritt bereit. Sie gehen den Weg der Beschei-

denheit, indem Sie darüber nachdenken, dass Sie nichts
haben, das Sie nicht selbst bekommen haben. Sogar das
Leben haben nicht Sie gewählt. Als Sie auf die Welt kamen, hat jemand mehrere Jahre lang Ihre körperlichen
Bedürfnisse gestillt. Ihr Gehirn und Ihre körperlichen Fähigkeiten sind Gaben, die Sie entfalten können. Das Blut,
dank dem Ihr Körper funktioniert, fließt nicht wegen Ihrer
Bemühung. Was auch immer Sie geleistet haben, ist mit
Hilfe anderer geschehen.

Alex Haley, der Autor von *Wurzeln*, besaß in seinem
Büro ein besonderes Bild, nämlich das gerahmte Foto einer Schildkröte, die auf einem Zaunpfahl saß. Haley
schätzte das Foto sehr, weil es ihn an eine Lektion erinnerte, die er lange zuvor gelernt hatte: »Wenn Sie eine
Schildkröte auf einem Zaunpfahl sehen, wissen Sie, dass
jemand ihr geholfen hat. Jedes Mal, wenn ich nahe daran
bin zu denken: ›O Mann, ist das nicht toll, was ich gemacht habe?‹, schaue ich das Foto an und denke daran,
wie diese Schildkröte – ich – auf den Zaunpfahl gekommen ist.« Wenn Sie also auf einem Zaunpfahl sitzen und
die Aussicht genießen, so vergessen Sie nicht, dass Sie
Hilfe bekommen haben.

2. Mein Wissen über das Universum ist begrenzt. Das Wissen der klügsten Menschen hat in einem Fingerhut Platz.
Sir Isaac Newton, einer der größten Geister in der Geschichte der Wissenschaft, sagte einst: »Ich war wie ein
kleiner Junge, der am Strand gespielt hat und sich damit
amüsierte, dann und wann einen glatteren Kiesel oder eine
hübschere Muschel als sonst zu finden, derweil sich das
große Meer ganz unentdeckt vor mir ausdehnte.«

Newton hat für alle gesprochen. Wer die Doktorwürde in Aerodynamik besitzt, weiß möglicherweise nur wenig über menschliche Beziehungen. Wer eine Ausbildung in Psychologie hat, weiß vielleicht praktisch nichts über Physik. Wir sammeln vielleicht große Kenntnisse über eine kleine Facette des Weltalls, bleiben aber angesichts des unendlichen Meeres des Wissens sehr unwissend. Welchen Grund haben wir angesichts dieser großen Ignoranz, hochmütig zu sein?

3. *In meinem Leben bin ich völlig von etwas außerhalb von mir abhängig.* Alles, was wir besitzen, bis hin zum nächsten Atemzug, ist ein Geschenk. Ich selbst glaube, dass uns Gott erschaffen hat und seine Vorkehrungen uns erhalten. Ich finde meine Kraftquelle in Gott, ebenso die Quelle der Weisheit, Führung und des Lebens selbst. Meine Bestimmung und Bedeutung suche ich bei ihm.

Auch wenn Sie nicht an Gott glauben, werden Sie wahrscheinlich zugeben, dass sich niemand selbst erschaffen hat. Es ist unmöglich, sich die volle Anerkennung für Erfolg im Leben oder gar für das Überleben auf der Welt zuzuschreiben. Alle hängen auf irgendeine Art und Weise von etwas außerhalb ihrer selbst ab.

Der Arzt Albert Schweitzer, der sich sein Leben lang für Leprakranke in Gabun eingesetzt hat, ist nicht nach Afrika gegangen, um sich einen Namen zu machen, auch wenn er 1952 den Friedensnobelpreis erhielt.

Man fragte ihn einst: »Wenn Sie noch einmal leben könnten, was würden Sie tun?«

Er antwortete: »Wenn ich noch einmal leben sollte, würde ich den gleichen Weg einschlagen, denn dies ist mein Schicksal. Ich habe kein leichtes Leben und viele Schwierigkeiten gehabt. Trotzdem habe ich zu den wenigen Glücklichen gehört, die dem Ideal ihrer Jugend nachgehen konnten, und dafür bin ich zutiefst dankbar.«

Ein Leben lang widmete Schweitzer ruhig jedem Patienten seine Aufmerksamkeit. Vor einer Behandlung erklärte er: »Sie werden einschlafen, und nach einer Weile erwachen Sie, und der Schmerz wird weg sein. Haben Sie keine Angst.« Und der Patient beruhigte sich.

Stunden später hielt Schweitzer Nachtwache im dunklen Schlafsaal, als der Patient erwachte. Wenn dieser dem Arzt dankte, ihm den Schmerz genommen zu haben, antwortete er, er habe nichts getan. Seine Liebe war es, die ihn nach Afrika geführt hatte, Liebe, die andere bewogen hatte, Arzneien zu verabreichen und Verbände anzulegen, und Liebe, die Schweitzer und seine Frau dort bleiben ließ. Für ihn war Bescheidenheit ein Lebensweg.

Hochmut bedeutet, dass man sich auf die eigenen Fähigkeiten verlässt. Bescheidenheit bedeutet einzusehen, wie sehr wir von einer höheren Macht abhängig sind.

～ Feind der Bescheidenheit: Schmerz ～

Anita hatte keine Ahnung, doch jedes Mal, wenn sie sich mit ihren Schwestern traf – inzwischen waren alle in den Vierzigern – spielte sie ihre in der Kindheit eingeprägten Muster wieder durch. Anita hatte als mittleres Kind immer das Gefühl gehabt, die ältere Schwester werde als »Anführerin« mehr beachtet, während alle die jüngere als »Clown« abgöttisch liebten. Anita wurde in der Familie allzu oft übersehen, jedenfalls glaubte sie das. Und ohne es zu merken, kompensierte sie dies dadurch, dass sie sich in den Vordergrund drängte.

Begegneten die drei Frauen einander bei Familienzusammenkünften, so versuchte Anita, die Aufmerksamkeit auf sich zu ziehen, und erwähnte zum Beispiel Anerkennungen, die sie in der Arbeit bekommen hatte, Rezensionen über ihre Rollen im Laientheater und die guten Noten, die ihre Kinder aus der Schule heimbrachten. Anders ausgedrückt: Der Schmerz aus dem früheren Ignoriertwordensein trieb sie dazu, sich auf sich selbst zu konzentrieren. Sie führte die Distanz zwischen sich und ihren Schwestern als weiteren Beweis dafür an, dass sie die Ausgestoßene der Familie war, statt einzusehen, dass sie diese Distanz selbst schuf. Sie war so damit beschäftigt, sich selbst immer wieder die Distanz zu beweisen, dass sie die Schwestern vertrieb, statt eine Beziehung zu ihnen aufzubauen. Hätte sie sich für diese interessiert und nicht nur von sich geredet, hätte sie Gelegenheit gehabt, die Beziehungen zu pflegen.

Frühere Verletzungen werden leicht zum Hindernis, wenn man bescheiden sein möchte. Dabei handelt es

sich nicht nur um Verletzungen aus der früheren Famili-
endynamik wie in Anitas Fall. Der Schmerz kann daher
rühren, dass jemand am Arbeitsplatz bei einer Beförderung übergangen wurde, Freunde sich zurückziehen
oder Ehepartner sich zu jemand anderem hingezogen
fühlen. Wie auch immer die Situation aussieht, nicht
wieder verletzt werden zu wollen führt leicht dazu, dass
man durch Beeindrucken anderer auf Abwehr geht.
Dann wirkt man leicht hochmütig und vergisst die Kunst
der Bescheidenheit.

Erst wenn man sich auf die übrigen sechs Qualitäten
der Liebe verlässt und versucht, frühere Wunden zu
heilen, kann man sich wieder von sich selbst ab- und den
geliebten Menschen mehr zuwenden.

Wahre Freundschaft

Heute nennt man Meriwether Lewis und William Clark in
einem Zug als gleichrangige Leiter der Expedition in die
damals unbekannten Gebiete im Westen der Vereinigten
Staaten zu Beginn des 19. Jahrhunderts, über welche sie
auch Bericht erstatteten. So wurden sie auch von den Teil-
nehmern an der Forschungsreise betrachtet. Doch ohne ein
Opfer von Hauptmann Lewis wäre die Reise wohl als Le-
wis-Expedition statt als Lewis-und-Clark-Expedition bekannt geworden.

Präsident Thomas Jefferson beauftragte 1803 seinen ge-
schätzten Privatsekretär Lewis, die unbekannten westli-

chen Gebiete des Landes zu erforschen. Lewis schrieb seinerseits unverzüglich an seinen guten Freund William Clark und beschrieb ihm die geplante Expedition. Ein Geschichtsschreiber schrieb darüber: »Lewis machte ihm ein ungewöhnliches Angebot. Wenn Clark kommen könne, versprach er ihm eine Beförderung zum Hauptmann als Mitleiter der Forschungsreise. Lewis hatte mit dem Präsidenten gesprochen und Jeffersons Genehmigung erhalten, einen weiteren Offizier beizuziehen. Doch Jefferson hatte an einen Leutnant als zweiten Offizier gedacht und Lewis keinesfalls autorisiert, einen Hauptmannsposten zu vergeben.«

Clark nahm das Angebot an, das Lewis gar nicht hätte machen dürfen. Mehrere Wochen später erfuhr dieser, das Kriegsdepartement habe Clark als Leutnant eingestellt. Am einfachsten wäre es gewesen, wenn sich Lewis bei seinem Freund für das Missverständnis entschuldigt und ihn gebeten hätte, den zweiten Rang im Kommando der Expedition zu akzeptieren. Trotz seines dringenden Wunsches, Hauptmann zu werden, hätte sich Clark wahrscheinlich einverstanden erklärt, Ranguntergebener seines Freundes zu sein. Doch so hatte es sich Lewis nicht gedacht.

Er schrieb Clark: »Ich glaube, das Beste wird wohl sein, dass wir keinem Teilnehmer an der Expedition und auch sonst niemandem etwas über den Rang sagen.« Clark nahm dieses Angebot dankbar an. Während Clark also offiziell als Leutnant nach Westen zog, bezeichneten ihn beide als Hauptmann, und so nannten ihn auch die ahnungslosen Mitglieder der Kartografieexpedition. Lewis hätte auf der gefährlichen Reise über 6 500 Kilometer durch die Wildnis

Clark gegenüber seine Autorität spielen lassen können, was er jedoch nie tat.

So gab Meriwether Lewis seine Chance auf, alleiniger Befehlshaber zu sein und in den Annalen der Geschichte den größeren Ruhm einzuheimsen. Ihre Namen sind auf immer als Hauptmann Lewis und Hauptmann Clark miteinander verbunden, als gemeinsame Befehlshaber des größten Forschungstrecks der amerikanischen Geschichte. Dies ist ein Beispiel für eine der wahrhaftigsten Freundschaften in der Geschichte.

Das ist die Freude wahrer Bescheidenheit: andere so zu lieben, dass man ihnen lieber eine Anerkennung gönnt, als irgendeinem selbstsüchtigen Ehrgeiz nachzugeben.

» Wie sähen Ihre Beziehungen aus, wenn Sie … «

- bereit wären, ihre eigenen »Rechte« aufzugeben, wenn es anderen nützte?
- sich einen Ort zum Dienen statt eine Autoritätsposition suchten?
- Ihren Besitz, Ihre Fähigkeiten und Ihre Stellung im Leben dazu einsetzten, anderen zu Erfolg zu verhelfen?
- alle Begabungen, Zeit oder Stellung, die Sie besitzen, als Geschenk betrachteten?
- sich nicht ärgerten, wenn sich andere vordrängen?

Umsetzen

Fragen zum Nachdenken und zur Diskussion

1. Welche Verhaltensweisen haben Sie letzten Monat bei anderen beobachtet, die eine bescheidene Haltung bewiesen?

2. Wann haben Sie etwas bekommen, das ein anderer verloren hat?

3. Bescheidenheit bedeutet, den eigenen Wert ebenso anzuerkennen wie den anderer. Was fällt Ihnen schwerer: Ihre Gaben oder die Ihrer Mitmenschen zu akzeptieren? Weshalb?

4. Was macht Sie wertvoll?

5. Was ist für Sie das schwerste Opfer?

Anwendungsmöglichkeiten

1. Welchen Menschen in Ihrem Leben lassen Sie am wenigsten gerne vor? Wie könnten Sie sich diese Woche zurücknehmen, um ihn vorzulassen?

2. Sehen Sie sich diese Woche an einem normalen Aufenthaltsort – dem Lebensmittelgeschäft, der Küche, dem Pausenraum – um, und fragen Sie jemanden: »Wäre es Ihnen eine Hilfe, wenn ich …?« Wird die Frage bejaht, so tun sie es.

3. Denken Sie an jemanden, mit dem Sie regelmäßig Kontakt haben. Üben Sie Bescheidenheit, indem Sie sich gleich jetzt in die Lage dieser Person versetzen. Wie könnten Sie ihr heute am besten Ihre Liebe beweisen? Erfordert der Liebesdienst Ihrerseits ein Opfer?

Großzügigkeit

Sich Mitmenschen widmen

Liebe ist kurz gesagt: sich selbst verschenken.
Papst Johannes Paul II.

Der Arzt Jack McConnell wuchs »im letzten Haus des Talkessels« in der Kohlenbergbaugemeinde Crumpler (West Virginia) auf. Sein Vater verdiente nie mehr als 150 Dollar im Monat und besaß nie ein Auto. Trotzdem setzten McConnells Eltern während der Depression oft 40 bis 50 Menschen am Tag ein Mittagessen vor. Landstreicher, die auf den Geleisen unterwegs waren, sahen ein Zeichen an der Eingangspforte zu den Mc Connells und wussten, dass es dort etwas zu essen gab. »Wir hatten nicht viel«, sagt McConnell, »aber wir hatten einen großen Garten, wo sie Mais und Tomaten pflücken konnten, und irgendwo fanden wir ein Huhn und kochten Essen für alle.« Er erinnert sich, dass eine Lieblingsfrage des Vaters an seine sieben Kinder beim Abendessen lautete: »Und, was habt ihr heute für jemanden getan?«

Der Geist des Schenkens hinterließ einen bleibenden Eindruck bei ihm. Heute kennt man den pensionierten Arzt McConnell als Gründer einer Klinik auf der Insel Hilton Head in South Carolina, die kostenlose ärztliche Versorgung für Mittellose anbietet. Er schenkt seine Zeit, um Tausenden von »Freunden und Nachbarn« zu helfen, »die sich nicht gut fühlen«, und regt andere pensionierte Ärzte und Krankenschwestern des Ortes dazu an, dasselbe zu tun. Der Erfolg der Freiwilligen auf dem Gebiet der Medizin hat zur Gründung von über 50 ähnlichen Kliniken im ganzen Land geführt. Als McConnell gefragt wurde, wie gerne er umsonst arbeitet, antwortete er: »Ich verdiene täglich eine Million Dollar. Was ich von dieser Klinik bekomme, kann man mit Geld nicht kaufen.«

Oft denkt man, Großzügigkeit sei, Geld für eine gute Sache zu spenden oder einem Obdachlosen ein Essen zu bezahlen. Das sind zwar großzügige Taten, aber Großzügigkeit im Rahmen der echten Liebe ist viel mehr als Geld schenken. Wenn man aufrichtig liebt, ist man in allem großzügig eingestellt. Es fällt einem auf, wann andere Geld, Zeit, Energie, Aufmerksamkeit und Fähigkeiten bräuchten, die man geben könnte. Das bedeutet zum Beispiel aufzubleiben und mit dem halbwüchsigen Sohn zu reden, der einem gerade dann, wenn man schlafen gehen möchte, seine Gefühle eröffnen will. Es kann bedeuten zu merken, wann ein Freund zum Arzt gefahren werden sollte, auch wenn er nicht darum bittet, oder dass die allein erziehende Mutter nebenan an Wochenenden etwas Hilfe bei der Arbeit brauchen könnte.

Jedes Mal, wenn man Geld, Begabungen oder Zeit verschenkt, erkennt man an, dass man das alles ursprünglich selbst geschenkt bekommen hat. Wenn man jemandem etwas schenkt, so hat das nichts mit der Leistung des Betreffenden zu tun oder damit, was er für einen getan hat, sondern es entspringt der Liebe zu ihm. Lebt man in einem großzügigen Geist, so kann man nur staunen, wie leicht man auf dem eigenen Weg Gelegenheiten zu lieben erkennt.

~ Wie großzügig bin ich? ~

Geben Sie sich in den folgenden Sätzen einen bis fünf Punkte, wobei I *selten* und 5 *normalerweise* bedeutet.

1. Ich verbringe liebend gerne Zeit mit meinen Angehörigen.
2. Ich setze meine Fähigkeiten absichtlich dazu ein, anderen zu helfen.
3. Wenn ich mit jemandem rede, konzentriere ich mich ganz auf mein Gegenüber.
4. Ich schenke gerne Geld, denn ich finde, Mitmenschen erkennen daran, dass sie wertvoll sind.
5. Geht etwas, das mir gehört, verloren, zerbricht oder wird gestohlen, kann ich mich gefühlsmäßig rasch davon lösen.

Zählen Sie die Antworten zusammen. Wenn Sie auf 20 bis 25 Punkte kommen, achten Sie wahrscheinlich bereits darauf, wie Sie andere durch verschiedene Großzügigkeiten lieben können. Wenn Sie weniger Punkte erzielen, so überlegen Sie sich, was Ihnen zu verschenken am schwersten fällt: Zeit, Ihre Fähigkeiten oder Geld.

Sich selbst verschenken

Großzügigkeit zeigt sich zwar durch Taten, beginnt aber mit einer Herzenshaltung. Verschenkt man sich großzügig ganz, so zeigt man den Empfängern, wie sehr man sie schätzt.

Ein seit über 30 Jahren verheiratetes Ehepaar erzählte mir folgende Geschichte: Zu Beginn ihrer Ehe musste Peter für die Arbeit viel auf Reisen gehen und Sharon mit den beiden kleinen Kindern alleine zu Hause lassen. Peters Geschäftsreisen dauerten meist nicht lange, aber alle jungen Eltern wissen, wie anstrengend es manchmal ist, sich alleine um Kinder im Vorschulalter zu kümmern. In jenen Jahren hatte Sharon zudem mit Depressionen und Ängsten zu kämpfen. Wenn Peter weg war, überwältigten die täglichen Belastungen und ihre Ängste um seine Sicherheit sie manchmal völlig.

Eines Tages musste Peter sich aufmachen, bevor Sharon und die Kinder aufgestanden waren. Er sollte für fünf Tage nach New York und musste den Frühflug erwischen. Er rief Sharon vom Flughafen aus an, als sie den Mädchen gerade das Frühstück richtete. Sharon wusste, dass er nur kurz guten Morgen sagen wollte, und versuchte, fröhlich zu klingen. Trotzdem konnte sie die Entmutigung, wieder eine Woche alleine bewältigen zu müssen, nicht ganz verbergen.

»Es geht mir gut, wirklich, ganz gut«, sagte sie, als er besorgt nachfragte. Das war ihr vertrautes Mantra. Als sie auflegte, setzte sie sich an den mit Milch und feuchten Frühstücksflocken verkleckerten Küchentisch und fing an zu weinen.

Eine halbe Stunde später half sie gerade den beiden Kleinen beim Anziehen, als sie das Garagentor hörte. Kurz darauf kam Peter herein.

»Was machst du denn da? Deine Sitzungen! Du verlierst noch deine Stelle!«, rief Sharon bestürzt aus und sah auf den Koffer, der auf dem Boden stand.

»Du brauchst mich jetzt mehr als New York«, sagte Peter. »Ich habe den Chef angerufen und ihm gesagt, ich müsse ein paar Tage freinehmen. Sie kommen gut ohne mich zurecht.« Dann kniete er sich hin und half seinen Töchtern, sich fertig anzuziehen, während seine Frau ihm zusah.

Sharon war klar, was ihr Mann getan hatte. Er hatte etwas aufgegeben, was ihm wichtig war, um ihr zu zeigen, wie viel ihm an ihrer Beziehung lag. Als Peter und Sharon mit den Mädchen in den Park gingen und sich später hinsetzten und miteinander unterhielten, konzentrierte sich Peter nur auf seine Frau und die Töchter. Er gab sich ihnen an jenem Tag völlig hin, um ihnen zu zeigen, dass er sie jederzeit uneingeschränkt lieben wollte.

Bei Großzügigkeit geht es um mehr als um materielle Dinge. Vor allem bedeutet Großzügigkeit Einfühlung, Mitgefühl, Transparenz und Zuhörenkönnen. Besonders in der Ehe betrachten Partner einander leicht als selbstverständlich. Wenn man geliebten Menschen gegenüber großzügig ist, schenkt man ihnen die volle Aufmerksamkeit, wenn sie etwas sagen. Man versucht ihre Bedürfnisse möglichst gut zu erfüllen, nicht nur halbherzig, sondern verschwenderisch. Das bedeutet nicht, jede Geschäftsreise abzusagen, wenn einen ein geliebter Mensch braucht. Es bedeutet, seelisch großzügig zu sein und feinfühlig diejenigen Zeiten wahrzunehmen, in denen man mehr von sich geben kann, um seine Liebe zu beweisen.

Jahrzehnte später erinnert sich Sharon an alle Einzelheiten jenes Tages, als wären sie eben geschehen. Peters »verschwenderisch«-großzügige Tat bestätigte ihren Wert auf eine Weise, die sie nie vergessen wird.

> **Großzügigkeit:** Mitmenschen freigebig Aufmerksamkeit, Zeit, Fähigkeiten, Geld und Mitgefühl schenken.

Zeit schenken

In meinem zweiten Jahr im College war ich eines Tages völlig überrascht, weil mich mein Professor Harold Garner aus Anlass meines Geburtstags zum Mittagessen einlud. Drei Tage später gingen wir an einem kalten Januartag vom Hochschulgelände drei Häuserblocks weiter in ein gutes Restaurant. Ich weiß nicht mehr, was ich gegessen habe, auch nicht, worüber wir gesprochen haben, außer dass er mich über meine Familie und Verwandten befragte. Hingegen ist mir geblieben, dass ich seine echte Sorge um mich als Mensch spürte. Von jenem Tag an hörte ich in seinen Vorlesungen viel aufmerksamer zu.

In meiner ganzen Hochschulzeit hat mich kein Professor je wieder zum Mittagessen eingeladen. Bis heute hat Harold Garner einen besonderen Platz in meinem Herzen, weil er mir seine Zeit geschenkt hat.

In der heutigen Zivilisation ist Zeit etwas vom Kostbarsten, das wir jemandem schenken können. Einem Mitmenschen Zeit zu widmen heißt, ihm einen Teil seines Lebens zu schenken. Eine Stunde, die man investiert, um einem Kind zuzuhören, was es nach dem ersten Schultag erzählt, ist eine Stunde, die man mit Golfspielen, Hausputzen oder dem Beantworten von E-Mails hätte verbringen können. Das Kind weiß vielleicht nie, dass Sie etwas geopfert haben, aber die Zeit, die Sie ihm widmen, ist ein großer Liebesbeweis.

Menschen kennen lernen

Menschenliebe heißt, sich die Zeit nehmen zu wollen, einen Menschen kennen zu lernen. Der Schriftsteller James Vollbracht erzählt von seiner Großmutter Ruth, die in einem von Banden heimgesuchten Viertel wohnte. Sie ging trotz der Einwände ihrer Freunde, die sich sorgten, sie würde ausgeraubt, jeden Tag alleine spazieren. »Ruth hatte eine einmalige Strategie. Statt die Jungs zu meiden, sprach sie sie an. Sie ging zu ihnen hin, fragte sie nach ihren Namen, erzählte ihnen Begebenheiten aus dem Viertel und über ihre Eltern, Großeltern, Onkel und Tanten.«

Ruth hatte keine Angst um ihre Sicherheit, weil die Bandenmitglieder auf der Straße wussten, dass sie ihr wichtig waren. »Diese Jungs wollen eigentlich nur beachtet und geachtet werden«, sagte sie. »Eine Bande gibt ihnen, was ihnen ihre Familien oder die Gemeinschaft nicht geben. Ich versuche, Ihnen wann immer möglich etwas von diesen wesentlichen Dingen zu vermitteln.«

Sich Zeit zu nehmen, nach den Familienbeziehungen, dem Beruf, den sozialen Interessen und der Gesundheit eines Menschen zu fragen, sagt diesem, dass er Ihnen wichtig ist. Wenn Sie Zeit mit Leuten verbringen, lernen Sie deren Bedürfnisse und Wünsche kennen. Erst dann können Sie Liebe auch anders ausdrücken. Bevor Sie sich nicht die Zeit genommen haben, jemanden kennen zu lernen, werden Sie ihm wahrscheinlich kaum helfen. Wir können nicht allen, denen wir auf der Straße oder in der U-Bahn begegnen, Zeit widmen, aber wir können jeden Tag einem Menschen Zeit schenken.

Gute Frage

Fragen zu stellen ist eine der liebenswertesten Arten, Kontakt aufzunehmen, und dazu noch äußerst lohnenswert. In seinem Buch *The Healing Art of Storytelling* (Die heilsame Kunst des Geschichtenerzählens) schreibt Richard Stone, wie wichtig die Bitte an ältere Menschen ist, uns etwas über historische Begebenheiten zu erzählen, zum Beispiel über den Zweiten Weltkrieg. Man kann so viel von ihnen lernen, wenn man hört, wo sie waren, als Geschichte gemacht wurde, oder auch einfach, wie es war, als sie sich zum ersten Mal verliebten, das Meer sahen oder ihren ersten Job bekamen.

Vor der Erfindung des Buchdrucks war es in Gemeinschaften üblich, sich Geschichten zu erzählen. Sie wurden von Generation zu Generation weitergegeben. Heute, in der Welt der E-Mails und SMS, waten wir täglich durch Wortmeere, kommen dabei aber kaum in Kontakt mit Mitmenschen und deren Erfahrungen.

Sich Zeit für gute Fragen zu nehmen, sei es bei einem Geschäftsessen, wenn Ihre Partnerin oder Ihr Partner am Abend nach Hause kommt oder wenn Freunde anrufen, um kurz Hallo zu sagen – das baut Beziehungen auf und zeigt, dass Sie Ihre Gesprächspartner schätzen.

Neue Gewohnheiten
Wenn Sie nicht wissen, wie Sie jemandem Ihre
Zuneigung zum Ausdruck bringen sollen, dann
stellen Sie ihm Fragen über ihn.

Zeit zum Heilen

Als Karas Sohn im Säuglingsalter starb, wusste sie nicht, ob
sie ihren Kummer je überwinden würde. Wenige Monate
nach seinem Tod verlor der Mann von Sophie, einer älteren
Frau und Mutter einer ihrer Freundinnen, den Kampf gegen
den Krebs. Zwar kannten Kara und Sophie einander nicht
gut, aber Kara, die wusste, wie schmerzlich Feiertage nach
einem Verlust sein können, rief sie in jenem Jahr am Morgen
des Erntedankfestes an. Nachdem sie sich etwa eine halbe
Stunde unterhalten hatten, planten die beiden ein nächstes
Treffen im Dezember. Bald trafen sie sich regelmäßig, studier-
ten Sophies Hochzeitsfotos oder das Babyalbum, das Kara für
ihren Sohn angefangen hatte. Sie stellten einander Fragen,
riefen einander an schwierigen Tagen an und gingen an erin-
nerungsschweren Jahrestagen gemeinsam Mittagessen. Dadurch, dass sie einander Zeit schenkten, wurden sie geheilt.

Fast alle, denen wir begegnen, kämpfen in irgendeiner
Weise. Vielleicht haben sie Schwierigkeiten mit der Gesundheit, einer angeknacksten Beziehung, Berufsstress,
haben wenig Selbstachtung oder leiden unter Depressionen. Ein offenes Ohr kann viel dazu beitragen, Hoffnung
zu wecken und solchen Menschen zu helfen. Wie Kara und
Sophie herausfanden, ist das Wunderbare, wenn man verletzten Menschen Zeit schenkt, dass man sich beim Helfen
selbst hilft.

Zeit für die Familie

Über die Jahre habe ich unzählige Eheleute in meinem Beratungsbüro auf die eine oder andere Art sagen hören, was eine Frau neulich so formulierte: »Ich habe das Gefühl, als sei ich meinem Mann nicht wichtig. Er hat Zeit für alles andere, nur nicht für mich. Wir reden außer über das Tagesprogramm selten miteinander.« Die Ehe ist am Absterben, weil die Frau am liebsten eine schöne Zeit mit ihrem Mann verbringen möchte, ihrem Mann aber nicht bewusst ist, wie sie gerne geliebt würde.

Man denkt schnell einmal, es sei nicht nötig, ganz bewusst Zeit mit Menschen zu verbringen, mit denen wir zusammenleben, weil wir sie täglich sehen. Doch Angehörigen großzügig Zeit zu schenken, ist ein wichtiger Schritt, wenn man gut schenken lernen möchte.

Kinder sehnen sich nach dieser Art Liebe. Ein junger Mann erzählte mir neulich: »Meine Eltern waren zu beschäftigt, um Kinder zu haben. Ich weiß nicht, weshalb sie uns hatten.« Das erinnerte mich an den ergreifenden Song von Harry Chapin »Cat's in the Cradle« (Die Katze ist in der Wiege), das Lied über einen Sohn, der sich wünschte, sein Vater hätte Zeit für ihn. Während der Vater sich beeilte, Flugzeuge zu erwischen und Rechnungen zu bezahlen, fragte ihn sein ihn abgöttisch liebender Sohn, wann er nach Hause komme. Dieser antwortete, er wisse es nicht genau.

Doch dann sind wir beisammen,
dann haben wir Spaß zusammen.

Nur kam dieses »dann« nie. Unterdessen wuchs der Junge auf und gründete eine eigene Familie. Als sein Vater anrief, antwortete der inzwischen erwachsene Sohn, er habe keine Zeit, ihn zu sehen. Dem Vater wurde klar: Sein Sohn war so geworden wie er.

Wie oft denken wir nicht, wir wollten nur noch diesen Sommer oder den nächsten Termin oder die nächsten Besuche abwarten und *dann* die Zeit anders einteilen! Aber wie Annie Dillard schreibt: »So, wie wir die Tage verbringen, so verbringen wir das Leben.« Die Entscheidungen, die man heute hinsichtlich dessen trifft, was man in die engsten Beziehungen investiert, sind wahrscheinlich ein gutes Beispiel für die Entscheidungen, die man ein Leben lang treffen wird, wenn man seine Haltung nicht ändert.

Niemand kann Angehörige je vollkommen lieben. Doch wenn man Großzügigkeit pflegt, wird einem bewusster, dass man Zeit in das investieren sollte, was am wichtigsten ist, und das ist nicht unbedingt das Dringendste.

Das Wichtigste ist nicht unbedingt das Dringendste.

Zeit widmen

Vielleicht denken Sie jetzt: »Das klingt ja großartig, aber ich kann im Moment nicht mehr in meinen Alltag stopfen. Ich würde so gerne mehr Zeit mit anderen verbringen, aber ich muss auch arbeiten und den Haushalt machen.« Wenn Sie meinen, Sie könnten nicht alles machen, so haben Sie Recht.

Sie werden das schwer fassbare »Gleichgewicht« zwischen Freunden, Familie, Arbeit und Ausruhen nicht finden, weil Beziehungen und das Leben nicht so glatt verlaufen.

Wirkliche Großzügigkeit erfordert Opfer. Sie erfordert eine andere Sicht. Eine junge Mutter aus meinem Bekanntenkreis fragt sich, wenn die Dinge sich so zuspitzen, dass die vielen Details des Tages sie zu überschwemmen drohen: »Was läuft jetzt gerade nicht?«

Sie können wahrscheinlich mehr am Alltag ändern, als Sie glauben. Vielleicht haben Ihre Überstunden bei der Arbeit Ihnen dieses Jahr einen schöneren Urlaub beschert, Ihnen jedoch die Zeit genommen, die Sie sonst der Fürsorge für Ihre alten Eltern gewidmet hätten. Wenn Sie es sich erst einmal überlegen, so bleibt Ihr Kind im Vorschulalter vielleicht länger auf als nötig. Eine halbe Stunde mehr am Abend könnte Ihnen etwas mehr Freiheit geben. Vielleicht haben Sie und Ihr Mann oder Ihre Frau es sich angewöhnt, abends fernzusehen, statt sich miteinander zu unterhalten.

Als der Bankier J. P. Morgan gefragt wurde: »Wie viel Geld ist genug?«, soll er gewitzelt haben: »Nur ein bisschen mehr.« Ich würde sagen, dass viele genau dasselbe über die Zeit sagen würden. Wir haben nie genug davon. Jedes bisschen Extrazeit wird von den Alltagsaufgaben aufgefressen, wenn man nicht fest entschlossen ist, Beziehungen den Vorrang zu geben.

Wir haben zwar nicht alle dasselbe Einkommen und dieselben Fähigkeiten, aber alle haben dieselbe Menge Zeit an einem Tag. Zieht man die Stunden für den Schlaf ab, so sieht man, wie viele Stunden Zeit man Menschen widmen kann. Natürlich erfordert der Beruf oder die Ausbildung eine bestimmte Anzahl davon. Aber in diesem Rahmen haben wir die Möglichkeit, anderen unsere uneingeschränkte Aufmerksamkeit zu schenken und uns für ihr Wohlergehen zu interessieren. Ist es einem mit dem Schenken ernst, so hält man Ausschau nach Gelegenheiten, wo man Zeit schenken kann.

Radikale Veränderung

Nur Sie können beschließen, wie Sie Ihre Zeit einsetzen wollen. Kann sein, dass die Lektüre dieses Kapitels und die Bereitschaft, wirklich umsetzen zu wollen, was es zu vermitteln versucht, Ihre Zeiteinteilung radikal verändert.

Ich denke hierbei an Robertson McQuilkin, Präsident der Columbia International University, der sein Amt aufgab, als seine Frau allmählich dement wurde. Sie war nur ruhig, wenn er zu Hause war. Ihm fiel die Entscheidung nicht schwer. Er sagte: »Sie hat sich all die Jahre ganz für mich aufgeopfert. Wenn ich mich die nächsten 40 Jahre um sie kümmern würde, stünde ich noch immer in ihrer Schuld … Aber es geht um mehr: Ich liebe Muriel.« Die nächsten 13 Jahre schenkte er ihr seine Zeit und kümmerte sich um seine Frau. Erst nach ihrem Tod machte er sich wieder daran, seine eigenen Ziele zu verfolgen.

Viele ändern ihre Einstellung zur Zeit nicht so radikal. Dabei kann es so einfach sein wie der Vorsatz, jeden Tag mit mindestens einem Menschen ein gutes Gespräch zu führen. Es kann kurz oder länger sein, aber es sollte tiefer gehen als nur über das Wetter und über Sport zu reden. Zeit verschenken ist eine großartige Liebesäußerung, für die es viele mögliche Empfänger gibt.

Fähigkeiten schenken

Es war ein kalter Freitagabend im Januar. Ich war verreist und leitete gerade ein Eheseminar. Als ich meine Frau anrief und fragte, ob alles in Ordnung sei, eröffnete sie mir, die Zündflamme am Gasofen sei ausgegangen und das Haus kühle allmählich aus. Ich schlug vor, sie solle unseren Freund Larry anrufen und fragen, ob er kommen und den Gasofen wieder in Gang bringen könne. Als ich eine halbe Stunde später wieder anrief, sagte Karolyn: »Das Haus wird schon wärmer.« Larry war sofort gekommen, hatte die Zündflamme angezündet und wieder Wärme ins Haus gebracht. Er hatte seine Liebe durch Einsatz einer seiner Fähigkeiten bewiesen, die Karolyn nicht besaß. Übrigens besitzt Larry viele Fähigkeiten. Unter anderem kann er Kekse backen und kochen. Er nutzt diese Talente regelmäßig, wenn er sich jeden Sommer als freiwilliger Koch bei Jugendlagern meldet oder seine Kekse mit uns und anderen teilt.

Ich selbst kann weder kochen noch Kekse backen. Um ganz ehrlich zu sein, hätte ich auch viel länger als Larry gebraucht, um den Gasofen wieder anzuzünden. Im Bereich der Kochkünste und technischen Fähigkeiten falle ich unter die Kategorie der »Behinderten«. Vielleicht gleichen Sie eher Larry oder eher mir, aber das Gute ist, dass alle Menschen verschiedene Begabungen haben und diese einsetzen können, um ihre Liebe zu beweisen.

Erfüllung finden

Anne Wenger war eine langjährige liebe Freundin. Sie war Sprachpathologin, hatte mit 54 Jahren Kinderlähmung bekommen und konnte seither nur mit Schwierigkeiten gehen. Jahrelang blieb sie zu Hause, doch ihre Tür war immer offen. Sie hatte allen Eltern, die eine Sprachpathologin für ihre Kinder brauchten, angeboten, sie zu ihr zu bringen. Sie investierte kostenlos Stunden für die Kinder und setzte ihre Fähigkeiten ein, um ihre Menschenliebe auszudrücken. Ich habe nie eine glücklichere, erfülltere Frau gekannt als Anne Wenger. Indem sie anderen ihre Fähigkeiten zuteilwerden ließ, erfuhr sie die Freuden zwischenmenschlicher Liebe.

Vor wenigen Jahren bin ich nach Südostasien gereist, um Freiwilligen beizustehen, die sich nach der Tsunamikatastrophe 2004 gemeldet hatten. In jener Zeit lernte ich Gary und Evelyn kennen. Er war 85, sie 81 Jahre alt. Gary war ausgebildeter Landwirt und hatte mit seiner Frau zusammen zwölf Jahre auf der karibischen Insel Antigua gelebt. Nach seiner Pensionierung mit 65 Jahren sahen sie sich nach einer Möglichkeit um, anderswo in der Welt Hilfe zu leisten. Sie fuhren nach Südostasien und stellten bei den Bewohnern verschiedener Länder ein großes Bedürfnis nach Englischunterricht fest. Also machten sie sich sofort daran, Englisch als Zweitsprache unterrichten zu lernen, und schon bald lud man sie als Englischlehrer in buddhistische Klöster, Regierungskrankenhäuser und andernorts ein.

Im Lauf der letzten 20 Jahre haben Gary und Evelyn zahlreiche Bücher für den Englischunterricht entwickelt und veröffentlicht. Sie verschenken sie an alle, die sie verwenden wollen, und haben auch genehmigt, dass andere diese unbeschränkt und ohne Lizenzgebühren kopieren können. Als ich sie fragte, wie sie dieses Projekt finanzierten, sagte Gary: »Mit der Altersversicherung und einem kleinen Scheck, den wir regelmäßig von unserem früheren Arbeitgeber bekommen, seit wir im Ruhestand sind.«

»Wie lange habt ihr vor, das noch zu machen?«, wollte ich wissen.

»Solange wir gesund sind und die Kraft dazu haben«, antwortete Gary. Dieses Paar hat die Freude entdeckt, eine einfache Fähigkeit – Englisch als Zweitsprache zu unterrichten – dazu einzusetzen, Tausenden von Menschen einen Liebesdienst zu erweisen.

Man braucht nicht nach Übersee zu gehen, um großzügig zu lieben. Der Einsatz der eigenen Liebesfähigkeit gestaltet sich manchmal viel einfacher und befriedigender, als man denkt.

Aufruf zur Liebe

Als Bill ins Pflegeheim musste und sich nicht mehr so gut um sein Bankkonto und seine finanziellen Angelegenheiten kümmern konnte, geriet er fast in Panik, weil er sich Sorgen um seine Finanzen machte. Seine Tochter rief Keisha an, eine Frau in einer Bank des Ortes, die mit einigen Leuten in Bills Pflegeheim arbeitete. Keisha besprach stundenlang Bills finanzielle Zukunft mit ihm und seiner Tochter und gab ihm Ratschläge, die der Familie Tausende von Dollar ersparte.

Als Bill zu krank wurde, um aus dem Zimmer zu gehen, fing er an, Kleider, Gartengeräte und diverses Werkzeug aus Katalogen zu bestellen. Alles ging an ein Postfach, und jemand von der Bank musste jeweils seine Bestellungen abholen. Statt Bill zu schelten, dass er sein Geld so verbrauchte oder ihre Zeit in Anspruch nahm, holte Keisha die Pakete ab und sah zu, dass sie Bill gebracht wurden. Als er in der Versandfirma L.L. Bean eine neue Jacke bestellte, fuhr Keisha extra zum Pflegeheim, um ihn das Paket öffnen zu sehen, weil sie wusste, wie sehr er sich darauf freute.

Als Bill mehrere Jahre danach starb, setzte Keisha ihre Fähigkeiten über den Rahmen ihrer Arbeit hinaus noch dazu ein, den Angehörigen die verbleibenden finanziellen Fragen lösen zu helfen. Sie tat mehr als ihre Pflicht, weil sie sich ihrer Berufung bewusst war, Mitmenschen zu lieben.

Die Macht der Berufung

Berufung bedeutet, zu etwas berufen oder aufgerufen zu sein. Unser aller Berufung besteht darin, das Leben der Mitmenschen zu bereichern, indem wir Liebe zum wichtigsten Lebenszweck wählen. Genau darum geht es in diesem Buch.

Alles Leben ist heilig, einschließlich unserer Berufung. Die meisten Menschen werden finanziell für den Einsatz ihrer Fähigkeiten entschädigt, wenn sie einer bestimmten Berufung folgen. Mit dieser Entschädigung ernähren sie ihre Familien und stehen anderen bei.

Deshalb gibt es einige Berufe, die Menschen, die ein Leben der Liebe führen, nicht ergreifen wollen. Sie teilen sich in drei Kategorien auf: erstens Berufe, die sich mit Dingen beschäftigen, die wahrscheinlich anderen schaden (zum Beispiel illegaler Drogenhandel), zweitens Berufe, die der Gesellschaft keinerlei nützlichen Dienst erweisen, und drittens Berufe, die den Ausübenden schaden, auch wenn sie an sich zulässig sind (zum Beispiel als Alkoholiker Türsteher einer Bar sein). Deswegen haben manche mit zunehmender Reife auf dem Weg der Liebe den Beruf gewechselt. Wie tragisch ist es doch, einen Großteil des Lebens in einem Beruf zu verbringen, der das Leben der Mitmenschen nicht verschönert! So vergeuden wir die uns geschenkten Begabungen nur.

Hilft ein Beruf Mitmenschen körperlich, seelisch oder geistig, dann ist er bereits ein Liebesbeweis. Das bedeutet nicht, dass alle traditionelle Helferrollen wählen sollten wie solche von Priestern, Rabbis, Krankenschwestern oder Lehrern.

Welche Arbeit auch immer Sie tun, Sie können stets Ihren Mitarbeitern dienen. Wenn Ihnen Ihr jetziger Arbeitsplatz nicht gefällt bzw. eher ein Job als eine Berufung ist, könnten Sie eines Tages etwas anderes tun. Doch unterdessen ist schon Großzügigkeit anderen gegenüber ein opferbereiter Liebesbeweis.

Vielleicht sind Sie gerade jetzt dazu berufen, bei der Arbeit kürzer zu treten oder den Beruf ganz aufzugeben, um für die Familie oder alte Eltern zu sorgen. So opfern Sie einige Begabungen und können dafür andere Fähigkeiten um der Liebe willen einsetzen. Vielleicht sind Sie dazu aufgerufen, einer Ehepartnerin auf die andere Seite des Landes zu folgen, damit sie ihrer Berufung nachgehen kann. Auch das ist Großzügigkeit, wenn es im Geist der Liebe zugunsten der Beziehung geschieht.

Welchen Beruf Sie jetzt auch immer ausüben, er kann ein Liebesbeweis sein.

Nicht nur von neun bis fünf

Jeder von uns hat auch über den beruflichen Einsatz hinaus Gelegenheit, die eigenen Fähigkeiten durch Liebesdienste für Mitmenschen einzusetzen. Ich kenne einen Mann, der aus Berufung Lehrer ist. Doch darüber hinaus setzt er seine Fähigkeiten Stunden um Stunden dazu ein, benachteiligten Kindern kostenlosen Nachhilfeunterricht zu erteilen. Dann kenne ich ein paar pensionierte Frauen, die einen Vormittag die Woche wattierte Steppdecken für Obdachlose nähen. Eine weitere Frau bleibt fast jeden Abend bis spät in die Nacht auf, um ihrem Mann seine Dissertation abtippen zu helfen.

Zu Hause kann man seine Fähigkeiten wunderbar einsetzen. Kochen, Putzen, Wickeln, den Computer reparieren, Rasen mähen und Glühbirnen auswechseln sind lauter Möglichkeiten, durch Einsatz eigener Talente den Ehepartner oder die Ehepartnerin, die Kinder, Mitbewohner oder Eltern zu lieben.

Es ist deswegen wichtig, den eigenen Wert zu erkennen, weil man dann besser sieht, auf welche Art und Weise man die eigenen Begabungen für andere einsetzen kann. Wollen Sie mit Ihren Fähigkeiten großzügig umgehen, müssen Sie auch an die wichtige Rolle glauben, die Sie in der Welt spielen. Kein anderer kann Ihren Platz einnehmen. Ihre Begabungen werden gebraucht. Wenn Sie diese für Liebesdienste einsetzen, werden Sie nicht nur liebevoll, sondern tragen auch noch dazu bei, andere für den Weg der Liebe zu gewinnen.

Geld spenden

Als der Gründer von Microsoft und einer der reichsten Männer der Welt, Bill Gates, 1994 mit einer ersten Einlage von 94 Millionen Dollar eine Stiftung für wohltätige Zwecke ins Leben rief, machte er Schlagzeilen. Seither hat er mit seiner Frau über 16 Milliarden Dollar für gute Zwecke gespendet, zum Beispiel für die Trinkwasserversorgung in Afrika oder den Kampf gegen Aids. Als Warren Buffett 2006 verkündete, er schenke der Gates-Stiftung Aktien im Wert von über 30 Milliarden Dollar, wurde auch dies verständlicherweise landesweit auf den Titelseiten bekanntgegeben.

Im Gegensatz dazu steht, was der Schuhputzer Albert Lexie, der eine Wachstumsstörung hat, in Pittsburgh (Pennsylvania) tut. Lexie verdient – bei 3 Dollar für ein Paar Schuhe – nur etwa 10000 Dollar im Jahr, doch damit verschönert er täglich viele Leben.

In den frühen 1980er-Jahren hörte Lexie vom »Free Care Fund« (Fonds für kostenlose Pflege), der Geld für die medizinische Versorgung von Kindern im Kinderkrankenhaus von Pittsburgh sammelt. Obschon er selbst so wenig Geld besaß, fuhr Lexie von da an zweimal wöchentlich ins Kinderkrankenhaus, putzte dort Schuhe und spendete die Trinkgelder dem Kinderfonds. Seit jenem Tag hat er über 100000 Dollar gespendet.

Betrachtet man Lexies Beitrag durch die Brille aufrichtiger Liebe, so sieht man sofort, dass seine Großzügigkeit ebenso bedeutend ist wie Gates' oder Buffetts Spenden an große Wohltätigkeitseinrichtungen. Im Lauf der Menschheitsgeschichte sind dank täglicher Gaben von Menschen guten Willens Krankenhäuser, Universitäten, Heimstätten für Obdachlose sowie Verteilungsstellen für Kleider und Essen in der ganzen Welt gegründet worden.

Wenn man körperlich und geistig arbeitsfähig ist, ruft die Liebe dazu auf, Energie zum Geldverdienen einzusetzen, nicht nur für die Bedürfnisse der eigenen Familie, sondern auch um für Mitmenschen zu sorgen. Geld zu spenden ist einer der befriedigendsten, praktischsten Aspekte, Mitmenschen wertzuschätzen. Ebenso wie alles, was wir besitzen oder genießen, ist auch Geld zuerst ein Geschenk an uns gewesen. Die Freude, die Geldspenden bereitet, ist nur ein Nutzen davon unter vielen.

Wie viel soll ich spenden?

Manche meinen, sie könnten es sich leisten, mehr für gute Zwecke zu spenden, wenn sie mehr verdienten. Wie viel Geld man besitzt, ist jedoch nicht so wichtig, wie die Einstellung zu Geld und Beziehungen. Wie W. S. Plumer sagte: »Wer nicht freigebig mit dem umgeht, was er hat, den täuscht der Glaube, er wäre freigebig, besäße er mehr.« Mit anderen Worten: Wenn man nicht vom »Wenigen« gibt, das man hat, wird man auch nicht vom »Vielen« geben.

Somit spielt es in gewisser Hinsicht keine Rolle, wie viel man spendet, solange man es aus Großzügigkeit tut. Wenn man sich vornimmt, großzügiger zu werden, ist es jedoch hilfreich, sich ein Ziel zu setzen. Mit dieser Idee vor Augen finde ich, das minimale Ziel für jeden sollten der jeweiligen Mittel ungeachtet zehn Prozent des Einkommens sein. Spendeten alle Menschen regelmäßig so viel, wäre es gar nicht nötig, Veranstaltungen zu organisieren, um Geldmittel für gute Zwecke aufzutreiben.

Bekannte Finanzberater sind der gleichen Meinung. Der Autor von *Automatisch Millionär*, David Bach, empfiehlt seinen Lesern, zehn Prozent ihres Einkommens wegzugeben, sowohl um anderen zu helfen *als auch* um reicher zu werden. »Je mehr man gibt, desto reicher fühlt man sich«, schreibt er. »Und das ist nicht nur ein Gefühl. So seltsam es auch klingen mag, eines lässt sich häufig beobachten: Wer Geld gibt, dem fließt Geld auch schneller wieder zu. Und zwar – weil der Gebende durch seine Gabe nicht ärmer wird, sondern Überfluss und Reichtum auf sich lenkt.« Andere Finanzgurus weisen darauf hin, dass man sorgfältiger mit den übrigen neunzig Prozent umgeht, wenn man zehn Prozent des monatlichen Einkommens für Spenden weglegt, und damit spart man langfristig mehr Geld.

Je mehr Sie geben, desto reicher sind Sie in Wirklichkeit.

Der Autor der *Chroniken von Narnia*, C. S. Lewis, schreibt in *Pardon, ich bin Christ*: »Wie viel der Einzelne zu geben hat, wird man nicht festlegen können. Ich fürchte, der einzig zuverlässige Maßstab ist der: mehr zu geben, als man eigentlich erübrigen kann.

Mit anderen Worten: Wenn wir für unseren Komfort, für Luxusgegenstände und Vergnügungen ebenso viel wie andere Menschen der gleichen Einkommensklasse ausgeben, so tun wir vermutlich zu wenig für die Armen. Eine Wohltätigkeit, die uns nicht ein bisschen zwackt oder uns lästig wird, ist keine rechte Wohltätigkeit. Es sollte Dinge geben, die wir uns gerne leisten würden, die sich aber verbieten, weil wir unser Geld für wohltätige Zwecke ausgeben.«

Bei einem festen Einkommen können Sie vielleicht nicht ebenso viel spenden wie andere, aber Sie können etwas geben. Einige der großzügigsten Menschen, die ich je kennen gelernt habe, haben mit ganz kleinen Geldbeträgen begonnen. Stellen Sie sich vor, wie viel Gutes man tun könnte, wenn alle zehn Prozent des eigenen Besitzes verschenkten, um den Wert ihrer Mitmenschen anzuerkennen!

Wenn man sich von Herzen um andere kümmert, will man seine ganze Habe in Beziehungen investieren. Kümmert man sich im Herzen nur um sich selbst, versucht man alles, was man nur kann, für sich selbst anzuhäufen. Spenden bedeutet nicht, die eigene Rentenvorsorge zu streichen. Es bedeutet nur, die Gegenwart zu genießen und großzügig für die Zukunft zu planen, und zwar ohne unnötig zu horten, sondern vielmehr aus Liebe zu Nahestehenden zu handeln und denen zu spenden, die es brauchen.

Neue Gewohnheiten

Spenden Sie dieses Jahr wie sonst, erhöhen Sie aber den Betrag nächstes Jahr und dann wieder jedes Folgejahr je um ein Prozent.

Weshalb spenden?

Als Steve hörte, dass die Empfangsdame seiner Gesellschaft unerwartet operiert werden sollte, und das erst wenige Wochen, nachdem ihr Mann seine Arbeit verloren hatte, kaufte er ihr einen Geschenkgutschein in Höhe von 50 Dollar für ein Lebensmitteldiscountgeschäft. Damit kann man eine Menge Lebensmittel kaufen. Das Wichtigste dabei war jedoch die indirekte Mitteilung an die Empfängerin, dass jemand sie wahrgenommen hatte und sich um sie sorgte. Die beste Verwendung für Geld ist immer eine, die Beziehungen festigt.

Will man nicht für Beziehungen spenden, sondern nur, um Beifall zu bekommen, ist man nicht wirklich großzügig. So lässt man sich auch die Freude entgehen, um der Liebe willen zu schenken. In der Bibel heißt es: »Und wenn ich meine ganze Habe verschenkte, und wenn ich meinen Leib dem Feuer übergäbe, hätte aber die Liebe nicht, nützte es mir nichts.« (1 Kor 13,3) Ist die Spende durch echte mitmenschliche Liebe motiviert, dann ist Großzügigkeit keine Last, sondern eine Freude. Man gibt, weil man den unbezahlbaren Wert der Mitmenschen erkannt hat.

Gefahren und Möglichkeiten des Geldes

Als John D. Rockefeller aus der Ölindustrie immer reicher wurde, sagte ihm ein Berater: »Herr Rockefeller, Ihr Geld rollt herein, es rollt herein wie eine Lawine! Sie müssen Schritt mit der Lawine halten und sie schneller verteilen, als sie anwächst. Sonst wird sie Sie und Ihre Kinder und Kindeskinder unter sich begraben.« Jeder Geldbetrag kann im Leben mehr Schaden anrichten als Gutes, wenn er eine

Schranke zwischen den Menschen bildet, statt zur Förderung von Beziehungen beizutragen. Wenn man Geld verschenkt, erinnert man sich daran, wie wichtig die Mitmenschen im Leben sind. Behält man es, hat man vielleicht materiell eine leichtere Existenz, aber die Seele vertrocknet.

Der vielleicht berüchtigtste Geizkragen in der amerikanischen Geschichte war eine Frau, die etwa zur selben Zeit wie Rockefeller lebte. Hetty Green (1834–1916) erbte Geld, heiratete Geld und machte selbst mit geschickten Investitionen haufenweise Geld. Doch ihr Geiz war legendär. Um Geld zu sparen, stellte sie die Heizung in ihrem Haus nie an und benutzte nie heißes Wasser. Sie trug ein einziges altes Kleid, das sie erst dann ersetzte, wenn es abgetragen war. Als ihr Sohn Ned sich das Bein brach, wollte sie ihm die nötige Behandlung im Krankenhaus nicht zukommen lassen, und er verlor das Bein wegen Wundbrand. Nachdem ihr Mann gestorben war und die Kinder außer Haus waren, zog sie immer wieder in kleine Wohnungen in verschiedenen amerikanischen Staaten, um keinen festen Wohnsitz zu haben und die Aufmerksamkeit der Steuerbehörden nicht auf sich zu ziehen. Im Alter litt sie an einer Hernie, die sie nicht operieren lassen wollte, weil die Operation 150 Dollar gekostet hätte. Als sie starb, betrug ihr Vermögen an die 200 Millionen Dollar, was sie wahrscheinlich zur reichsten Frau der Welt zu dem Zeitpunkt machte. Ihre Seele aber war von Armut geprägt.

Stellen Sie sich vor, was Hetty Green mit dem vielen Geld für Nahestehende und Bedürftige hätte tun können! Sie behielt aber alles für sich und opferte Frieden und Beziehungen für etwas, das sie auf Erden nicht glücklich machte und das sie beim Sterben nicht mitnehmen konnte. Das Laster des Geizes – Geld weit über die eigenen Bedürfnisse zu horten – führt naturgemäß dazu, dass man nur noch an sich selbst denkt, und schneidet die gesunden Beziehungen zu anderen ab. Ob man so viel besitzt wie John D. Rockefeller und Hetty Green oder so wenig wie ein Schuhputzer, Habgier lässt Beziehungen vertrocknen, während ein gebendes Herz sie stärkt.

Locker damit umgehen

Dennis hat nur einmal in seinem Leben ein neues Auto direkt vom Händler gekauft. Er suchte, was er wollte, und ließ eine Menge Extras einbauen. Am ersten Wochenende, als er das Auto hatte, fuhr er seine Mutter besuchen. Während er da war, kamen seine Schwester und ihre Kinder in einem Lieferwagen mit den Fahrrädern der Kinder an. Kurz darauf hörte Dennis einen Schrei: »Pass auf Onkel Dennis' Auto auf!« Ein Neffe kam herein und beichtete kleinlaut, er habe mit dem Fahrrad Dennis' neues Auto verkratzt.

»Das ist schon in Ordnung. Ich bin froh, dass du es mir gesagt hast«, meinte Dennis. Dann sah er den Kratzer – von vorne bis hinten. Er musste wohl die Seite richten lassen.

Nur wenige Wochen später hatte Dennis sein Auto in der Einfahrt des Hauses eines Freundes geparkt, als dessen Frau nach Hause kam, in seine Mitfahrerseite fuhr und die Karosserie schwer beschädigte.

»Beide Male habe ich mich eigentlich nicht geärgert«, berichtet Dennis heute. »Ich liebte dieses Auto, aber es war schließlich nur ein Auto.« Weil er locker mit seinem Besitz umging, konnte er auch die Qualitäten der Liebe großzügig zeigen. Ihm waren Beziehungen wichtiger als sein Besitz, und er spürte die Freiheit, die sich daraus ergibt, nach dieser Priorität zu leben.

Der Autor Sheldon Vanauken erzählt, wie er mit seiner Frau Davy sein erstes Auto kaufte. Das Paar war begeistert, ein neues Gefährt zu besitzen. Doch als sie damit nach Hause kamen, bearbeiteten sie es gleich mit einem Hammer, damit »es angenehm verbeult« aussähe. Vanauken schreibt, sie wollten nicht, dass irgendetwas »die Liebenden trennen könnte ... überbewertete Besitztümer ... waren eine Last und besaßen ihre Besitzer.« Großzügigkeit erfordert, darauf zu achten, dass irdischer Besitz nicht wichtiger wird, als er sein sollte.

Projekt Spenden

Für viele ist das, was ich »Projekt Spenden« nenne, eine Herausforderung. Ich erinnere mich an den Mann, der mir sagte: »Ich war gebannt, als ich hörte, was die querschnittgelähmte Joni Eareckson Tada über ihr Projekt Rollstuhl erzählte. Sie sammelt gebrauchte Rollstühle, lässt sie aufarbeiten und schickt sie in Drittweltländer. Das hat mich berührt, und ich wollte mitmachen. Ich konnte nicht in ferne Länder reisen, aber Geld für das Projekt spenden konnte ich.« Dieser Mann erntete die Freude, am Liebesdienst der Frau teilzunehmen, die es in die Welt gerufen hatte.

Wir haben mehr, als wir meinen

Winston Churchill sagte einst: »Für unseren Lebensunterhalt ist wichtig, was wir verdienen – für unseren Lebensin-

～ Wem soll ich spenden? ～

Gute Organisationen an Ihrem Wohnort, denen Sie vertrauen, sind gute Orte, an denen man finanziell oder auch anders etwas geben kann, zum Beispiel Obdachlosenunterkünfte, Schulen, Krankenhäuser, Essen auf Rädern und kirchliche Institutionen. Beim Lesen stieß ich einmal auf den Bericht einer Mutter, die in der sonderpädagogischen Vorschule Freiwilligenarbeit leistete, die ihr Sohn besucht hatte, bevor er starb: »Dort war er am glücklichsten gewesen … Ich kann dort helfen, weil ich weiß, wie es sich anfühlt, ein Kind mit sonderpädagogischen Bedürfnissen zu haben.« Diese Frau ließ sich später als Ergotherapeutin ausbilden, um hilfebedürftige Familien zu unterstützen.

Möchten Sie Geld für eine gute Sache spenden, wissen aber nicht, wo Sie anfangen sollen, so können Sie sich im Internet zum Beispiel unter *www.spenden.de* oder unter *www.spendenplattform.ch* eine Organisation aussuchen, deren Anliegen Sie unterstützen wollen. Ehe Sie spenden, sollten Sie aber Informationen über die Vertrauenswürdigkeit der von Ihnen gewählten Institution einholen.

halt, was wir geben.« Nur wenn man einen Teil des Geldes und Besitzes verschenkt, merkt man überhaupt, wie viel übrig bleibt. Das ist eins der zahlreichen Paradoxe, wenn man ein wirklich liebevolles Leben führt. Gibt man aus einem dankbaren Herzen, macht Schenken bescheiden statt hochmütig. Man gibt nicht aus Pflichtgefühl, sondern aus Herzensgüte.

Auf Christopher Chapmans Grabstein von 1680 in der Westminster Abbey steht:

> Was ich weggab, habe ich.
> Was ich ausgab, hatte ich.
> Was ich ließ, verlor ich,
> weil ich es nicht gab.

Wenn man die Kunst des Gebens erlernt, stellt man fest, dass man mehr hat, als man je meinte.

Die einfache Freude des Schenkens

Als Amber Coffmans Mutter freiwillig in einer Obdachlosenunterkunft unweit von ihrem Zuhause in Maryland mithelfen wollte, wollte sie es nur tun, wenn sie ihre achtjährige Tochter Amber mitnehmen konnte. Als nun Mutter und Tochter jede Woche Zeit mit den obdachlosen Kindern und deren Eltern verbrachten, lernte Amber Freud und Leid anderer Menschen kennen, dadurch dass sie deren Lebensgeschichten erfuhr. Der Wunsch, großzügig zu leben, entstand aus in der Obdachlosengemeinschaft angebahnten Beziehungen. Drei Jahre später begann die elfjährige Amber 1993 mit dem Programm Happy Helpers for the Homeless (glückliche Helfer für Obdachlose), um den Ärmsten in Baltimore zu helfen. Sie suchte zuerst gleichaltrige Kinder, mit denen sie jeden Samstag zu Hause Käse- und Salamibrote machte, dann verteilten sie diese an Obdachlose. Heute leitet sie noch immer ihre damals gegründete Organisation, die über 30 000 Menschen geholfen hat und nach der 49 ähnliche Programme in Amerika und in anderen Ländern gegründet wurden. Jede Woche werden in Baltimore (Maryland) 600 Mittagessenspakete an Obdachlose verteilt.

Jeder Mensch bedeutet eine Beziehung

Wir sind nicht großzügig, weil wir international bekannt werden und Tausenden von Menschen helfen wollen. Wir sind großzügig, weil uns Beziehungen wichtig sind. Ambers Mutter fand es wichtig, den Geist der Großzügigkeit an ihre Tochter weiterzugeben, und der Tochter waren die Menschen wichtig, die sie kennen lernte.

Mutter Teresa, deren innere Großzügigkeit Tausenden Heilung und Frieden brachte, schrieb einmal: »Ich finde, ich bin nicht verantwortlich für die Massen. Ich sehe immer den Einzelnen.« Es tut gut, sich an diese Sätze zu erinnern, wenn man überwältigt ist, wie viele Menschen hilfebedürftig sind, darunter viele in der eigenen Familie oder am Arbeitsplatz. Es ist nicht unsere Aufgabe, einer anonymen Masse gegenüber großzügig zu sein, sondern dem Menschen, den wir vor uns haben. Eine großzügige Einstellung kann mehr Menschen heilen, als man glaubt, einen nach dem anderen.

Was oder wie Sie es auch immer geben, denken Sie daran, dass Sie einem Menschen dienen.

Einfache Kreativität

Als die Bewohner von Roswell (New Mexico) zusammenkamen, um sich gemeinsam zu überlegen, wie sie den Kindern ihrer Gemeinde helfen könnten, dachten sie vor allem an Klubs für Jungen und Mädchen, einen CVJM (Christlicher Verein junger Menschen), Theater und Sport für Jugendliche. Da hob eine Frau mittleren Alters die Hand und sagte: »Ich habe 4000 Quadratmeter Garten hinter dem Haus und immer davon geträumt, dass Kinder und Erwachsene aus der Gemeinde zusammen darin arbeiten können. Bei der Gartenarbeit geschieht etwas Magisches. Man baut gemeinsam etwas auf, das ein Leben währt.« Es war still im Raum, als sie fertig war. Die Idee war so einfach und echt. Sie konnte durchaus funktionieren.

Suchen Sie nach kreativen, einfachen Möglichkeiten, Zeit, Geld und Fähigkeiten zu verschenken. Fragen Sie sich zuerst: »Was habe ich, das andere nicht haben?« Vielleicht sind Sie nicht dazu berufen, ein Kind zu adoptieren, haben aber die Mittel, einem Paar bei einer Adoption zu helfen. Vielleicht haben Sie kein Geld, um einem Ehepaar zu helfen, können aber über das Internet Leute aufrufen, Geld für sie zu sammeln. Wenn Sie irgendwelche besonderen Mittel haben, so betrachten Sie diese als ein Geschenk an Sie, das Sie mit anderen teilen können. Ein solcher Sinneswandel eröffnet viele Möglichkeiten, großzügig zu sein.

Großzügigkeit weckt Großzügigkeit

Eine Begebenheit nach der anderen zeigt auf, wie eine einfache großzügige Tat manchmal unzählige Menschen zum Mitmachen anfeuert.

Am 1. August 2007 überquerte der 26-jährige Marcelo Cruz gerade mit dem Lieferwagen eine große Brücke in Minneapolis, als diese einzustürzen begann. Er verhinderte ein Abrutschen in den Mississippi, indem er sein Gefährt absichtlich in die Mauer hineinfuhr. Doch dann kam der querschnittgelähmte junge Mann nicht aus seinem extra für ihn ausgestatteten Fahrzeug, weil es schräg hing. Zwei zogen ihn heraus, und andere brachten ihn zur Behandlung seiner Rückenverletzung in die Notfallstation.

Lawrence Pleskow, Leiter einer kalifornischen Wohltätigkeitsgesellschaft mit der schönen Bezeichnung »When U Dream a Dream« (Wenn Sie einen Traum träumen) sah den Bericht über Cruz in den Nachrichten und rief ihn an. Er kündigte ihm an, er werde noch in dieser Woche nach Minnesota fahren und ihm einen neuen Lieferwagen bringen, den Cruz behalten könne, bis der seine, den er in die Mauer gefahren hatte, ersetzt sei. Pleskows Wohltätigkeitsgesellschaft wollte zudem Cruz und seine Mutter nach Kalifornien fliegen, wo sie Disneyland besuchen, Prominente kennen lernen und gemeinsam Ferien machen sollten.

Marcelo Cruz sitzt im Rollstuhl, weil ihn ein unbekannter Angreifer sieben Jahre zuvor in einer Straßenschlacht angeschossen hat. Heute ist er von der Großzügigkeit von Leuten überwältigt, die von seiner Lage gehört haben. Es begann damit, dass einer ihm nach seinen Möglichkeiten half, und löste eine ganze Reihe von guten Taten aus, die sein Leben veränderten.

Ebenso kann eine einfache, großzügige Tat zu Hause oder am Arbeitsplatz andere in Ihrer Umgebung zu großzügigen Reaktionen veranlassen. Wenn jemand den Schreibtisch einer Mitarbeiterin an ihrem Geburtstag schmückt, bringt vielleicht ein anderer daraufhin Blumen für den Empfang mit. Sogar eine Kleinigkeit – etwa einer Freundin ihren Lieblingskaffee mit genau der richtigen Menge Sahne mitbringen – trägt zu Großzügigkeit in der Freundschaft bei.

Zusammenkünfte

Mit etwas Kreativität entdecken Sie möglicherweise einige neue Möglichkeiten, Zeit mit Freunden und Mitarbeitern zu verbringen. Familien können einander zum Beispiel dadurch näherkommen, dass sie wie Amber Coffman und ihre Mutter durch Freiwilligenarbeit Beziehungen mit anderen knüpfen. Ganz ähnlich rücken Büroangestellte bei einer Hilfsaktion häufig zusammen. Als Justins Frau bei einem Autounfall ums Leben kam, brachten alle Büromitarbeiter Spielsachen, Spiele, Bücher und Lieblingsnahrungsmittel für dessen drei Kinder mit, die noch unter dem Schock des Unfalls standen. Wenn sich Abteilungen auf ein äußeres Ziel konzentrieren, stellen sie fest, dass sie besser zusammenarbeiten, und entdecken positive Züge bei den Mitarbeitern, die sie vorher nicht gekannt haben.

Leben Sie in einer spannungsgeladenen Familie, Ehebeziehung oder Gemeinschaft, so überlegen Sie sich, an einem Samstagmorgen gemeinsam Hinterhöfe zu reinigen oder Suppe austeilen zu gehen. Das Ergebnis könnte Sie überraschen.

»Es gibt mir Energie«

Während seiner Zeit im LeTourneau College in Texas nahm David im Sommer einen Job als Techniker in einer Kleinstadt in Wisconsin an. Nach wenigen Wochen hatte er plötzlich keine Unterkunft mehr: Das ältere Ehepaar, bei dem er ein Zimmer gemietet hatte, fand, es klappe nicht, und bat ihn zu gehen – sofort. Also stopfte David, der Geld für seine weitere Ausbildung verdienen wollte und dessen Sommerjob ihn in eine unbekannte Stadt geführt hatte, seinen gesamten irdischen Besitz in sein Auto. Nun hatte er keine Bleibe mehr. Er fuhr zu mehreren Wohnblöcken, fand aber keinen einzigen Wohnungsvermittler, der ihm ein Zimmer hätte zeigen können, weil es Sonntag war. Auf der Suche nach einer Lösung rief er Freunde an. Schließlich rief ihn einer zurück. Ein jung vermähltes Paar könne ihm vielleicht ein Zimmer überlassen.

Also fuhr er zu ihnen. Am Nachmittag saßen die drei plaudernd in der kleinen Küche, lachten miteinander, während sie einander beschnupperten.

»Wie bald brauchst du denn ein Zimmer?«, fragte die Frau.

»Nun, ich habe all meine Sachen im Auto«, beichtete David.

Die beiden sahen sich an und lächelten: »Wäre prima, wenn du hierbleiben würdest«, klang es wie aus einem Munde. Was sie für Kost und Logis haben wollten, hätte anderswo nicht einmal fürs Essen gereicht. Die beiden aber freuten sich anscheinend, jemandem auf diese Weise helfen zu können. Nicht nur begann dank ihrer großzügigen

Haltung eine Freundschaft, die noch 25 Jahre später besteht, sondern sie hat David und seine Frau später dazu angeregt, ihr Haus einem Mitarbeiter zu öffnen, der ebenfalls ein Zimmer brauchte.

Die junge Mutter Jana berichtet von einer ähnlichen Begeisterung, die eine Freundin erlebt, seit sie die Freude des Schenkens entdeckt hat. Jedes Mal, wenn Jana mit ihrer Familie in die Ferien fährt, geht diese Freundin im Haus nachsehen und holt die Post. Am Tag vor Janas Rückkehr mit ihrer Familie stellt sie ihr alles Nötige und noch einiges dazu in die Regale. »Waschmittel, Suppe, Milch, Frühstücksflocken … etwa drei Tage nach dem Heimkommen finde ich immer noch etwas«, sagt Jana. »Als ich ihr letztes Mal dankte, sagte sie: ›Ich tue es so gerne. Es *gibt mir Energie!*‹«

Großzügigkeit braucht überhaupt keine Last zu sein. Sie verlangt einem zwar manchmal ein Opfer ab, wie es die Liebe immer tut, aber der Lohn in Form besserer Beziehungen bringt eine Energie und Begeisterung mit sich, die durch nichts zu ersetzen sind. Gelegenheit zum Fördern von Beziehungen zu haben, indem man denen hilft, die es brauchen, ist eines der größten Privilegien im Leben.

～ Feind der Großzügigkeit: das eigene Programm ～

Das Leben ist vollgestopft mit Terminen, die man einhalten muss: Man muss die Kinder rechtzeitig zu Bett bringen, das Nötigste im Lebensmittelgeschäft einkaufen, die Geldanlagen kontrollieren, Fußballspiele und Sitzungen besuchen, Eltern-Lehrer-Gespräche führen, das Öl im Auto wechseln, im Fitnessstudio trainieren, den Rasen mähen und den Geschirrspüler füllen – und dann alles wieder von vorne.

Mit alledem und noch vielem anderen, was das Tagesprogramm füllt, denkt man leicht nur an sich selbst und teilt Zeit, Geld und Energie für Dinge ein, die man erreichen will, statt an die Menschen zu denken, für die man sie erreichen möchte. Wenn man im eigenen Zeitplan versinkt, übersieht man leicht, was die Mitmenschen in der eigenen Umgebung eigentlich brauchen, und lässt sich leicht Gelegenheiten entgehen, etwas für sie zu tun.

Zeitungsartikel legen uns nahe, um der Gesundheit und des Wohlbefindens willen langsamer zu treten. Das mag stimmen, aber man sollte auch um liebevoller Beziehungen willen langsamer treten. Wie kann man wissen, was andere brauchen, geschweige denn ihnen helfen, wenn man von den eigenen Vorhaben ständig abgelenkt wird?

Wie viele sind nicht schon auf der Straße an einem Obdachlosen vorbeigegangen, ohne seinen Gesichtsausdruck zu bemerken? Ebenso eilt man oft im eigenen Haus an Menschen vorbei, denen man helfen könnte, wenn man bloß ein paar Minuten lang die Liste der vielen zu erledigenden Dinge vergäße.

Natürlich müssen alle jeden Tag bestimmte Dinge tun. Doch wie der heilige Augustinus einst sagte, kann nichts, was zu tun sich lohnt, in einem Leben erreicht werden. Wenn die langfristige Perspektive wichtiger ist als die kurzfristige Checkliste, merkt man, dass Großzügigkeit meist einfacher ist, als man denkt. Die Frage des liebevollen Menschen: »Was kann ich für dich tun?«, braucht nicht viel Zeit. Sich kurz Zeit für die Antwort zu nehmen, kann für denjenigen, der der Liebe bedarf, sehr viel ausmachen.

Großzügig leben lernen

Die Kindheit der Schriftstellerin Barbara Curtis war durch Scheidung, Armut und Vernachlässigung geprägt. Als Erwachsene trank sie übermäßig viel, nahm Drogen und vernachlässigte ihre beiden Töchter. Nachdem sie mit Hilfe der Anonymen Alkoholiker ihre Abhängigkeiten in den Griff bekommen hatte, merkte sie, was für eine schlechte Mutter sie gewesen war.

»Wenn Sie nicht von Eltern aufgezogen werden, die Sie über die Maßen lieben«, sagt Barbara Curtis, »ist es überhaupt nicht leicht, großzügig zu sein. Es ist ein Schalter, den man selbst entdecken und betätigen muss. Als ich wieder nüchtern war, musste ich mich der Tatsache stellen, dass ich die Dinge anders anpacken musste. Ich ging in den Park und sah Müttern mit Kindern zu, um den Umgang liebevoller Mütter mit ihren Kindern zu lernen, weil ich das nicht kannte.«

Inzwischen ist sie 59 Jahre alt und sagt, sie lerne noch immer etwas Neues über großzügiges Lieben dazu. Nach neun eigenen Kindern, unter anderem einem mongoloiden Sohn, haben sie und ihr Mann drei weitere Buben mit dem Downsyndrom adoptiert. Sie findet, es klinge heroischer, als es ist.

»Als die Kinder noch klein waren, wollte ich manchmal überhaupt nicht mehr aufstehen und den Tag in Angriff nehmen. Ich glaubte, ich könne nichts mehr geben. Aber gerade diese Zeit hat meine Liebesfähigkeit erweitert. Jetzt möchte ich den ganzen Tag dasitzen und schreiben oder mit meinem Mann auf Kreuzfahrt gehen, statt das Haus zu putzen oder mit meinen halbwüchsigen Kindern den Kampf gegen die Schule aufzunehmen. Aber ich glaube, es ist genauso wichtig, das Badezimmer zu putzen, wie für Tausende von Lesern zu schreiben oder einen Vortrag vor 500 Menschen zu halten. Zeit und Energie in Muttersein oder eine sonstige Beziehung zu investieren, ist manchmal undankbar. Wichtig ist nur, innerlich großzügig zu sein. Ob es irgendwie anerkannt wird oder nicht, etwas aus Liebe zu tun weitet und macht liebevoller. Wenn es Sie nichts kostet, weshalb es dann nicht tun?«

Barbara Curtis hat offensichtlich Freude am Helfen. »Ich zeige den Menschen meine Liebe, indem ich etwas für sie tue«, sagt sie. »Ich könnte den Rest meines Lebens mit Hilfeleistungen verbringen, und es wäre doch nie genug, um meine Dankbarkeit dafür zu zeigen, die Chance gehabt zu haben, mein Leben umzukrempeln. Wenn man älter wird, sieht man, wie viel Arbeit es noch für die Seele zu tun gibt, bevor man aufrichtig lieben kann – es gibt noch so viel im eigenen Herzen zu tun, um großzügiger zu werden.«

Das ganze Leben wandelt sich, wenn man die Einstellung zu Zeit, Geld, Besitz und den eigenen Fähigkeiten ändert. Anna Quindlen schreibt dazu: »Man kann keine erstklassige Arbeit leisten, wenn man nur noch aus Arbeit besteht.« Dasselbe könnte man über die Einstellung zum Zuhause, zur Ausbildung und sogar zu Hobbys sagen. Wenn man sich zu sehr auf das konzentriert, was man tut, vergisst man, wie wertvoll die Menschen sind, denen wir täglich begegnen. Großzügigkeit holt Kopf und Herz aus dem Trott, in den man verfällt, und bringt sie in die Beziehungen zurück. Sie schenkt eine neue Brille, mit der man die Schönheit der Menschen sieht, die unsere Gaben gebrauchen könnten. Anna Quindlen schreibt: »Leben Sie ein großzügiges Leben. Schauen Sie zu, wie im Frühling die violetten Blüten der Azaleen aufbrechen, wie in einer kalten Nacht der Vollmond silbern am schwarzen Himmel hängt. Und erkennen Sie, dass das Leben wundervoll ist und Sie nicht das Recht haben, es für selbstverständlich zu halten. Das Gute sollte Ihnen so sehr am Herzen liegen, dass Sie es weitergeben möchten. ... Wir alle wollen, dass es uns gut geht. Wenn wir jedoch nicht auch selbst Gutes tun, wird uns immer etwas fehlen.« Großzügig und dankbar zu leben und zu erfahren, wie schön es ist, sich Beziehungen zuliebe zu verschenken, ist eine der befriedigendsten, erfreulichsten Entscheidungen, die man überhaupt treffen kann.

» Wie sähen Ihre Beziehungen aus, wenn Sie ...«

- Ihren Besitz offen in der Hand hielten und bereit wären, ihn wenn nötig wegzugeben?
- zehn Prozent Ihres Einkommens anderen schenkten?
- sich täglich Zeit nähmen, einer Bekannten, einer Freundin, einem Kind oder dem Ehepartner zu zeigen, dass Sie sich für deren Wohl interessieren?
- Ihre Fähigkeiten kreativ zugunsten anderer einsetzten?
- Freude hätten, im Umgang mit anderen großzügig zu sein, egal in welcher Lage?

Umsetzen

Fragen zum Nachdenken und zur Diskussion

1. Wann haben Sie die Freude des Schenkens schon erlebt?
2. Wie würden Sie Ihre Haltung zum Schenken einschätzen, wenn Sie darüber nachdenken, wie Sie in den letzten Jahren gegeben haben? Selbstsüchtig? Wechselhaft? Bescheiden? Großzügig? Wie zufrieden Sind Sie mit diesem Verhalten?
3. Was hält Sie am ehesten davon ab, jemandem Geld oder Zeit zu schenken oder Fähigkeiten für ihn einzusetzen?

Anwendungsmöglichkeiten

1. Schreiben Sie einige wichtige Gaben auf, die Sie im Leben bekommen haben. Dazu gehören zum Beispiel Ausbildung, liebevolle Eltern, Intelligenz, Arbeitsmög-

lichkeiten ... Geben beginnt mit dem Akzeptieren der Tatsache: »Alles, was ich bin und besitze, ist ein Geschenk.«

2. Haben Sie Angehörige oder Freunde, mit denen Sie mehr Zeit verbringen möchten? Wenn ja, wie könnten Sie das bewerkstelligen?

3. Wie könnten Sie gerade jetzt die täglichen Chancen, anderen Ihre ungeteilte Aufmerksamkeit zu schenken, aufmerksamer wahrnehmen?

4. Spenden Sie im Moment ein Zehntel Ihres Einkommens an Organisationen, die Notleidenden helfen? Wenn nicht – wäre dies ein Ziel, das Sie gerne erreichen würden? Weshalb oder weshalb nicht?

5. Schreiben Sie auf, welche Geldgeschenke Sie im letzten Monat gemacht haben. Gibt es Menschen, Kirchen, Gemeindeinstitutionen oder Projekte, die Sie nächsten Monat auf Ihre Liste aufnehmen möchten?

6. Notieren Sie einige Fähigkeiten, die Sie Ihrer Meinung nach besitzen. Wie haben Sie diese bisher eingesetzt, um anderen zu helfen? Welche Schritte könnten Sie tun, um Ihre Fähigkeiten besser zu nutzen? Wie können Sie Mitmenschen damit Ihre Liebe zum Ausdruck bringen?

Ehrlichkeit

Zeigen, wer Sie wirklich sind

Die Wahrheit ist eine solche Rarität —
es ist herrlich, sie zu sagen.
Emily Dickinson

Joy und Becca begannen ihre Arbeit in der Marketingabteilung einer Telefongesellschaft wenige Monate nacheinander. Joy machte Überstunden, um ihrer Karriere zuliebe einen möglichst guten Eindruck in der Firma zu hinterlassen. Auch Becca wollte es ihrem Vorgesetzten recht machen, aber für sie war die Arbeit vorwiegend eine Gelegenheit zum Geldverdienen, bevor sie heiratete und eine Familie hatte.

Die beiden jungen Frauen unterhielten sich gerne in der Mittagspause und gingen manchmal nach der Arbeit abends gemeinsam essen. Dabei kamen sie sich näher und bedauerten einander wegen der harten stressigen Arbeit, der winzigen Büros und der überaus schlechten Bezahlung.

Dann kam Becca eines Nachmittags ganz aufgeregt mit der Nachricht, sie habe eine Beförderung angeboten bekommen. In ihrer neuen Rolle werde sie besser bezahlt, ein richtiges Büro und mehr Verantwortung haben. Sie war auf dem Weg nach oben.

Joy versuchte, begeistert zu klingen, aber es fiel ihr schwer, einen fröhlichen Tonfall anzuschlagen. »Weshalb wird sie befördert, wo sie doch gar nicht bei der Firma bleiben will?«

In den folgenden Monaten fand Joy immer wieder eine Ausrede, um nicht mit Becca zusammen sein zu müssen. Schließlich hörte Becca auf, ihr E-Mails zu schicken mit Fragen wie: »Ich knabbere mir demnächst die Finger an. Bist du bereit zum Mittagessen?« Joy brachte Becca eine Grünpflanze für ihr neues Büro, blieb aber nicht, um noch ein paar Worte zu wechseln. Und bald schon gingen sich die beiden jungen Frauen nach Möglichkeit aus dem Weg.

»Warst du nicht mal mit Becca befreundet?«, fragte eine Mitarbeiterin Joy eines Nachmittags so nebenbei. Der Satz ging Joy den ganzen Tag bis zum Abend nicht aus dem Kopf. Sie merkte, dass Hochmut sie davon abhielt, Becca einzugestehen, was sie eigentlich belastete. Deswegen war sie im Begriff, eine Freundschaft zu verlieren. Sie stieg ins Auto und fuhr zu Beccas Wohnung.

»Ich war eifersüchtig«, sagte sie noch in der Tür. »Ich wollte den Job, und du hast es offenbar nicht einmal gemerkt. Und du machst dir nicht mal etwas aus der Firma. Aber es tut mir leid, dass ich so reagiert habe.«

Becca bat Joy herein, und die beiden redeten offen und ehrlich über ihre Verletztheit. Bei beiden hatte das Gespräch eine empfindliche Stelle berührt, doch etwas hatte sich in ihrer Beziehung verändert. In den folgenden Wochen nahmen sie allmählich ihre Freundschaft wieder auf, fest entschlossen, keinen Ärger mehr gären zu lassen, sondern einander jeweils die Wahrheit zu sagen. Weil Joy ihre

Gefühle endlich ehrlich zugab, konnte sie Beccas Erfolg mit ihr feiern. Und Becca konnte jetzt offen über ihre Unsicherheit und Ängste mit Joy sprechen, weil sie wusste, dass sie ihr vertrauen konnte.

In den Beratungen, die ich all die Jahre durchgeführt habe, habe ich sehen können, welche Wirkung Ehrlichkeit – oder Unehrlichkeit – in Beziehungen hat. Egal ob es um kleine Vorlieben, verletzte Gefühle oder etwas so Wichtiges wie eine außereheliche Beziehung geht – ohne Ehrlichkeit in der Beziehung können Menschen nicht wirklich besser lieben lernen.

Wir können natürlich niemanden dazu bewegen, ehrlich mit uns zu sein. Aber wenn man im Leben die Wahrheit sagt, befreit man *sich selbst*, kann wirklich lieben und schafft Raum für die Liebe der Mitmenschen. Ohne Ehrlichkeit bleiben alle übrigen Qualitäten des liebevollen Menschen unvollständig.

~ *Bin ich vertrauenswürdig?* ~

In diesem Kapitel wollen wir uns unter anderem ansehen, was Menschen unter Lügen verstehen. Jeder sieht es anders. Um festzustellen, wo Sie sich in diesem Spektrum an Meinungen befinden, können Sie folgende Fragen auf einer Skala von 0 bis 5 beantworten, wobei 0 *nie* und 5 *in der Regel* bedeutet.

1. Notlügen, um mich oder andere zu schützen, sind in Ordnung.

2. Es spielt keine Rolle, ob ich glaube, was ich sage, solange es so aussieht, als glaubte ich es.

3. Wenn der Chef weiß, dass alle die Regeln etwas übertreten, ist es in Ordnung, wenn ich es auch tue.

4. Mir fällt es schwer, für meine Überzeugung einzustehen, weil ich nicht sicher bin, ob ich Recht habe.

5. Wenn ich jemandem die Wahrheit sage und ihn verstimme, halte ich das für sein Problem.

Zählen Sie Ihre Antworten zusammen. Wenn Sie 5 oder weniger Punkte haben, möchten Sie eindeutig liebevoll die Wahrheit sagen. Haben Sie mehr Punkte, könnte dieses Kapitel Ihnen helfen, den Stellenwert der Wahrheit neu zu überdenken. Es ist erstaunlich, wie wichtig Ehrlichkeit wird, wenn man entschlossen ist, aufrichtig zu lieben.

Die Qualitäten der Liebe

Als ich für dieses Buch recherchierte, bat ich eine ganze Reihe von Leuten, mir einen Menschen zu nennen, den sie liebevoll fanden. Dann fragte ich jeweils: »Weshalb? Was an diesem Menschen bringt Sie dazu, ihn liebevoll zu finden?«

In den meisten Antworten wurden die bisher besprochenen Qualitäten der Liebe angeführt. Ein liebevoller Mensch sei freundlich, geduldig, vergebe, sei bescheiden, höflich und freigebig. Ein bedeutender Prozentsatz der Befragten sagte aber auch, der betreffende Mensch sei liebevoll, weil er die Wahrheit sage, auch wenn sein Gegenüber sie nicht hören wolle. Bekannte können Ihnen sagen, was Sie hören möchten, aber echte Freunde sagen Ihnen, was Sie hören sollten.

Mark schrieb, seine Frau gebe ihm immer eine ehrliche Antwort, wenn er den Mut verliere. »Sie hört mir zu und sagt mir, was sie von der Situation hält, auch wenn das bedeutet, dass sie eine Schwäche meinerseits erwähnt, für die ich mich entschuldigen sollte. Aber sie sagt mir die Wahrheit so umsichtig, dass ich spüre, dass sie mir wirklich helfen will.«

Anne in Minnesota sagte von ihrer Freundin Angie: »Sie denkt immer zuerst an andere und gibt jedem das Gefühl, besonders zu sein. Als ich am Anfang in der Firma war, kam sie oft an meinem Schreibtisch vorbei, um mir guten Tag oder auf Wiedersehen zu sagen. Später, als wir einander besser kannten, schlug sie mir sehr liebenswürdig vor, ich solle meine Frisur ändern. Statt mir zu sagen, wie langweilig ich aussähe, schilderte sie, wie großartig ich aussehen könnte. Sie sieht in allem das Potenzial.« Sich über eine Frisur zu unterhalten ist vielleicht unwichtig. Aber die Meinung sanft und respektvoll zu sagen, legt eine Freiheit im Umgang mit anderen an den Tag, die nur aus aufrichtiger Liebe stammen kann.

Die Suche nach Ehrlichkeit

Ich fragte unter anderem auch: »Was sind die Qualitäten eines wirklich liebevollen Menschen?« Hier einige Antworten:

- »Ein liebevoller Mensch ist immer ehrlich zu seinen Lieben, und er sagt die Wahrheit taktvoll.«
- »Ein liebevoller Mensch ist ehrlich, aber ohne zu urteilen.«
- »Ein liebevoller Mensch ist bereit, bei schwierigen Entscheidungen zu helfen, zu trösten, wenn man verletzt ist, zu lieben, wenn man es braucht, mitzufeiern, wenn man etwas Kleines oder Großes geleistet hat. Er sagt es ehrlich, wenn er sieht, dass man etwas im Leben ändern sollte.«
- »Ein liebevoller Mensch ist mit Rat und wenn nötig Kritik zur Hand, um einem zu helfen, ein besserer Mensch zu werden. Er ist ehrlich, aber einfühlsam.«

Immer wieder wurde Ehrlichkeit auf die verschiedensten Fragen genannt, was lieben bedeute, egal ob ich Junge oder Alte, Männer oder Frauen befragte. Wir möchten alle liebend gerne Menschen kennen, deren Wort und Tat übereinstimmen und bei denen spürbar wird, dass sie lieben wollen.

Ehrlichkeit
Liebevolle Übereinstimmung von Gedanke, Wort und Tat.

Ich möchte wissen
Der verstorbene Fred Rogers, der beliebte Moderator der Fernsehserie *Mr Rogers' Neighborhood* (Herrn Rogers Nachbarn) hat viele schöne Kinderlieder geschrieben, die auch für Erwachsene viel Wahres enthalten. In »Ich möchte

wissen« schreibt er, jedes Kind wolle erfahren, »ob es weh tut«, ob Vater oder Mutter fortgehen oder ob etwas neu oder schwierig wird, denn »ich vertrau dir immer mehr«, jedes Mal, wenn das Gesagte eintrifft.

Man wächst nie darüber hinaus, die Wahrheit erfahren zu wollen. Eine Kollegin erzählte, wie sie als Kind eines Morgens erwachte und gesagt bekam, sie gehe an dem Tag nicht in den Kindergarten, sondern für eine Augenoperation ins Krankenhaus. Ihr Köfferchen war schon gepackt. Sie war alt genug, um zu begreifen, dass die Eltern ihr etwas verschwiegen hatten. Die Erinnerung an den Verrat ist für sie schmerzlicher als die Erinnerung an die Operation.

Vergleichen Sie dies mit dem Jungen, der neulich zu einer Herzoperation musste. Er fragte seinen Großvater, ob es weh tun würde. Dieser antwortete mit einer Ehrlichkeit, in der Hoffnung steckte: »Ja, eine Zeitlang. Aber jeden Tag sollte es weniger schmerzen, und das bedeutet, dass es dir besser geht und du stärker wirst.«

Unehrlichkeit ist wie ein Belag, der sich über eine Freundschaft, Ehe, Familie oder Arbeitsbeziehung legt. Möchte man liebevoll werden, muss man die Wahrheit sagen und entsprechend handeln. Nur dann kann man Mitmenschen frei um dessentwillen lieben, was sie wirklich sind. Deswegen ist Ehrlichkeit in Liebesbeziehungen so wichtig.

Die Wahrheit liebevoll sagen

Wie wir es auch in den früheren Kapiteln gesehen haben, muss man die *Wahrheit* sagen und das *liebevoll* tun, wenn man ehrliche Beziehungen möchte. Gehören diese beiden Aspekte fest zu unseren Beziehungen, so sind wir auf dem Weg, uns Ehrlichkeit zur Gewohnheit zu machen. Liebevoll die Wahrheit zu sagen bedeutet, sich dabei jedes andere Merkmal der Liebe vor Augen zu halten.

Güte. Allen und Lucy luden an Sonntagabenden gerne Studenten der Universität ihres Wohnortes zum Abendessen ein. Im Verlauf des Studienjahres lernten sie die jungen Leute kennen und hatten Freude an ihnen, und für die Studenten waren sie Ersatzeltern auf dem Unigelände. Nur Thomas aus dem zweiten Studienjahr konnte man nicht leicht gern haben. Kaum hatte er das Haus betreten, hörte er nicht mehr auf, über sich zu reden. Erzählte sonst jemand etwas, so übertrumpfte Thomas ihn auch schon mit einem eigenen Erlebnis. Er stellte nie Fragen und hörte nicht zu, wenn die anderen ein neues Thema anschneiden wollten.

Eines Abends lud Allen Thomas zu einem Spaziergang ein. Als sie durch das Viertel gingen, fragte Allen: »Thomas, möchtest du wissen, weshalb dich die anderen nicht mögen?«

Thomas' Antwort überraschte ihn: »Ja, gerne. Niemand will es mir sagen.«

Da schlug Allen ihm vor, mehr zuzuhören und im mitmenschlichen Umgang gewandter zu werden. Thomas hörte mit offenen Ohren die Güte in Allens ehrlicher Antwort.

Einen Menschen ehrlich zu lieben hat ebenso mit der inneren Einstellung ihm gegenüber zu tun wie mit dem, was man sagt. Allen sagte die Wahrheit, weil er Thomas mochte. Er tat es nicht, weil es ihm Spaß machte, ihn zu kritisieren. Wenn man bedenkt, dass Güte verlangt, dass man zuerst an andere denkt, dann ist man ehrlich, weil man eine Beziehung aufbauen und nicht zerstören will.

Geduld. Man kann die Wahrheit auf zwei Arten sagen: wie Geschosse oder wie Samen. Setzen Sie die Wahrheit wie Kugeln ein, so ist sie für Beziehungen tödlich. Pflanzen Sie die Wahrheit als Samen ein, dann treibt sie Wurzeln, wächst und dehnt sich im Herzen des Betreffenden aus. Liebe besitzt die nötige Geduld, Samen zu pflanzen.

In manchen Beziehungen, besonders in der Ehe, bedeutet geduldige Ehrlichkeit manchmal, dem Partner die eigenen Gefühle mitzuteilen, auch wenn es einem lieber wäre, er fände es selbst heraus. Ehrlichkeit erfordert, Geduld mit der Tatsache zu haben, dass Ihr Gegenüber Sie nicht so bewusst wahrnimmt, wie Sie es gerne hätten. Wenn Sie die Beziehung Ihrem Drang vorziehen, wahrgenommen zu werden, und die Wahrheit sagen, nagt der Ärger nicht an Ihnen.

Vergeben. Die Wahrheit zu sagen hat nicht Verurteilung zum Ziel, sondern will etwas wieder in Ordnung bringen. Manchmal verlangt Ehrlichkeit, einem geliebten Menschen zu sagen, er habe einen Fehler gemacht. Beginnt man das Gespräch im aufrichtigen Bestreben, ihn aus der Schuld zu entlassen und die Beziehung wiederherzustellen, so ist man liebevoll und ehrlich.

Höflichkeit. Lässt jemand in der Schlange vor uns einen Zwanzigerschein fallen und merkt es nicht, könnte man versucht sein, den Schein einzustecken und weiterzugehen. Das würde man kaum tun, hätte ein guter Freund ihn verloren. Handelt man ehrlich und im Sinn der Höflichkeit, so geht man mit allen wie mit Freunden um. Es gibt täglich viele Gelegenheiten dafür, sei es, dass man einen Nahestehenden zur Rede stellen muss, sich zum Jahresgespräch mit Angestellten trifft oder Versicherungspapiere ausfüllt. Man kann es mit Freunden, Feinden oder Fremden zu tun haben – echte Liebe verlangt, ehrlich zu sein, weil es höflich ist.

Bescheidenheit. Der junge Daniel erzählte: »Das Schwierigste, was ich je tun musste, war, mit meinem Bruder zu reden, als ich erfahren hatte, dass er seiner Frau untreu war. Ich begann mit den Worten: ›Es fällt mir schwer, das zu sagen, weil ich weiß, dass ich sehr wohl in deiner Haut stecken könnte. Ich hoffe, dass du im umgekehrten Fall genau das tun würdest, was ich jetzt versuche. Ich habe dich viel zu lieb, um einfach nichts zu sagen.‹ Dann erzählte ich ihm, was mir zu Ohren gekommen war, und empfahl ihm, einen Berater aufzusuchen. Das tat er denn auch, und allmählich versöhnte er sich mit seiner Frau. Ich bin sehr froh, dass ich den Mut hatte, ihn liebevoll zur Rede zu stellen.«

Hätte Daniel seinem Bruder gegenüber eine überlegene Haltung zur Schau getragen, hätte dieser wahrscheinlich nicht auf ihn gehört. Stattdessen hat Daniel bescheiden zugegeben, dass er nicht über einen solchen Fehler erhaben

war. Er versetzte sich in den Bruder, und seine Wortwahl
ließ Liebe und Bescheidenheit erkennen.

Großzügigkeit. Die Frau, die ihrem Mann eine ehrliche
Rückmeldung über seinen Umgang mit ihrer halbwüchsigen Tochter geben möchte, könnte ihm ihre Meinung
schroff sagen oder es tun, während sie gerade mit etwas
anderem beschäftigt ist. Ehrlichkeit im Rahmen aufrichtiger Liebe verlangt, dass sie ihrem Mann bei diesem Gespräch ihre volle Aufmerksamkeit schenkt und sanft und
respektvoll Vorschläge macht.

Lebt man im Geist der Großzügigkeit, so ist einem klar,
dass man Zeit, Geld und die Fähigkeiten, die man besitzt,
selbst geschenkt bekommen hat. Man hält nicht so daran
fest, dass man in finanziellen Fragen betrügt oder zu beschäftigt ist, sich Zeit zu nehmen, Beziehungen durch ehrliche Gespräche zu stärken.

Wie sieht Ehrlichkeit aus?

Um ehrlich zu sagen, was Ehrlichkeit ist, muss man zugeben, dass es nicht immer leicht ist zu wissen, wie sich Ehrlichkeit im Rahmen aufrichtiger Liebe äußert.

Nach einer von *Das Beste aus Reader's Digest* durchgeführten Forschungsstudie über Ehrlichkeit belogen 71 Prozent der Befragten Freunde oder Angehörige hinsichtlich
ihres Aussehens, um deren Gefühle nicht zu verletzen.
Dann hatten 50 Prozent Geld behalten, das ihnen nicht
gehörte, sei es, dass ihnen zu wenig berechnet worden war

oder dass sie zu viel Wechselgeld herausbekommen hatten. Um eine verbotene Liebesbeziehung zu vertuschen, hatten 28 Prozent den Partner oder die Partnerin angelogen.

Aus der Umfrage geht hervor, dass die meisten Menschen Lügen manchmal der Wahrheit vorziehen. Möglicherweise schwindelt man sogar, ohne es zu merken. Normalerweise erwarten wir Ehrlichkeit von anderen, verdrehen aber selbst die Wahrheit. Deswegen brauchen Eltern ihren Kindern nicht beizubringen, wie man lügt. Das falsche Ich neigt zum Lügen, wenn es ihm nützt.

In derselben Umfrage des *Reader's Digest* wurde deutlich, dass Männer und Frauen zwar ungefähr gleich oft lügen, jedoch anders. Die Unehrlichkeit der Männer hat gewöhnlich mehr mit unpersönlichen Dingen zu tun wie zum Beispiel damit, Büromaterial mit nach Hause zu nehmen oder die Steuererklärung zu frisieren. Frauen hingegen lügen eher, um Konflikte zu vermeiden – zum Beispiel vertuschen sie dem Freund oder Ehemann gegenüber den Preis, den sie für etwas bezahlt haben – oder um die Gefühle einer Freundin zu schonen: »Aber nein, du siehst überhaupt nicht dick aus!«

Das wirft interessante Fragen auf: Ist Unehrlichkeit je richtig? Was ist, wenn man lügt, um jemanden zu schützen? Ob bewusst oder nicht, solche Fragen stellen wir uns täglich. »Ist es in Ordnung, wenn ich meiner Frau sage, sie sehe in diesen Kleidern gut aus, obwohl das nicht der Fall ist? Sollte ich Vater sagen, dass sich der Krebs nach Aussage des Arztes ausgebreitet hat? Muss ich meinem Mann sagen, dass ich diesen Typen bei der Geschäftsreise geküsst habe, auch wenn es überhaupt nichts bedeutet hat?«

Der beste Maßstab zur Beantwortung dieser Fragen ist die Selbstprüfung: Beweise ich gerade jetzt in Wort und Tat alle Züge des liebevollen Menschen? Bedeutet die Wahrheit in dieser Lage zu sagen Güte, Geduld, Vergebung, Höflichkeit, Bescheidenheit und Großzügigkeit? Wenn nicht, wie könnte ich es formulieren, damit es immer noch wahr und liebevoll ist? Wie könnte ich es liebevoll sagen?

Neue Gewohnheiten
Wenn Sie nicht sicher sind, ob Sie etwas sagen sollen, fragen Sie sich: »Kommen in dem, was ich sagen möchte, alle Züge des liebevollen Menschen zum Ausdruck?«

Das Folgende hilft uns zu verstehen, was die Wahrheit sagen *nicht* ist:

• *Alles sagen, was man weiß.* Ich meine mit Wahrheit sagen nicht, man solle sich und andere im übertragenen Sinn splitternackt ausziehen. Alles zu sagen, was man weiß, würde den Ruf vieler guter Männer und Frauen ruinieren, die frühere lieblose Verhaltensweisen abgelegt haben und inzwischen aufrechte, produktive Bürger geworden sind. Hier sollten alle Züge des liebenden Menschen zum Zug kommen: Liebe vergibt und weigert sich, etwas zu erwähnen, das dem Ruf anderer schaden würde.
• *Alle Gefühle beschreiben.* Gefühle sind unaufgeforderte Reaktionen auf Geschehnisse im Alltag. Wir sind Ge-

fühlsmenschen, und Gefühle schwanken leicht. Wenn jemand Sie anraunzt, haben Sie wahrscheinlich negative Gefühle. Sagt er Ihnen etwas Freundliches, reagieren Sie eher positiv. Ihre negativen Gefühle täglich zu verkünden, ist nicht nur unnötig, sondern geradezu destruktiv. Es ist viel besser, negative Emotionen als Hinweis aufzufassen, dass man sich um die betreffende Beziehung kümmern sollte. Werden Sie selbst in Wort und Tat positiver, dann tun Freunde, Ihr Mann oder Ihre Kollegin wahrscheinlich dasselbe. Wenn diese sich Ihnen gegenüber freundlicher verhalten, fallen die negativen Gefühle wahrscheinlich einfach weg.

• *Sich für liebloses Verhalten rechtfertigen.* Wenn Sie Ihr Verhalten von den Gefühlen bestimmen lassen und diese unter dem Deckmantel der Ehrlichkeit zum Besten geben, erzeugen Sie noch mehr negative Gefühle bei Ihrem Gegenüber. Sie bilden eine Schranke, die zeigt, dass etwas in der Beziehung nicht stimmt.

• *Geheimnisse zum eigenen Nutzen ausplaudern.* Die Wahrheit zu sagen sollte man nicht als Ausrede benutzen, um Rivalen Geschäftsgeheimnisse zum eigenen Nutzen preiszugeben oder das Vertrauen eines Mitarbeiters zu missbrauchen, um beim Vorgesetzten gut dazustehen. Jean Giraudoux' berühmter Satz drückt diese Wahrheitsauffassung schön aus: »Das Geheimnis des Erfolgs ist Aufrichtigkeit. Wenn Sie diese vortäuschen können, sind Sie gemacht.«

• *Die Gerechtigkeit aufs Spiel setzen.* Die Wahrheit zu sagen bedeutet nicht, Wissen auszuplaudern, wenn jemand dadurch ungerecht behandelt werden könnte. Das war in

Familien zu beobachten, die im Zweiten Weltkrieg Juden zum Schutz vor den Nazis bei sich versteckten. Oskar Schindler, Raoul Wallenberg, Corrie ten Boom und Chiune Sugihara sind nur einige von vielen, die ihr Leben für andere riskierten, auch wenn sie dazu manchmal die Wahrheit verschweigen mussten. Im kleinen holländischen Dorf Nieuwlande wurde 1942 und 1943 einstimmig beschlossen, es solle in jedem Haus im Dorf ein Jude oder eine jüdische Familie untergebracht werden. Dutzende von Menschen wurden gerettet, weil die Bewohner ihre Flüchtlinge und gleichzeitig einander gegenseitig schützten. Integre Männer und Frauen sagen nicht alles, was sie wissen, wenn es der Gerechtigkeit abträglich wäre.

Weshalb ist es so wichtig, die Wahrheit zu sagen, wenn man das alles bedenkt? Weil man, auch wenn man zum Verdrehen der Wahrheit neigt, im Innersten den *Unterschied* zwischen wahr und falsch sehr wohl kennt. Ich erinnere mich noch, wie mir ein fünfjähriger Junge, der das Telefon abgenommen hatte, sagte, seine Mutter sei nicht da. Nach einer kurzen Pause fügte er hinzu: »Sie ist schon da, aber sie ist in der Badewanne.« Wir haben ständig mit dem falschen Ich zu kämpfen, aber etwas in uns möchte als ehrlicher Mensch dastehen. Man verliert die Achtung vor Menschen, die ständig Unwahrheiten erzählen, und achtet umgekehrt die ehrlichen. Im Inneren wissen wir, dass Unwahrheiten destruktiv sind, Liebe hingegen aufbaut.

Innen und außen

Ein wirklich liebevoller Mensch zu werden, verlangt, dass man zur Gewohnheit gewordene Lügen ablegt und sich angewöhnt, die Wahrheit zu sagen. Ehrlichkeit geht über das hinaus, was man zu sein vorgibt. Wenn man die Wahrheit *sagt*, ist man ehrlich. Wenn man aufrichtig *lebt*, ist man echt. Dann ist man ein integrer Mensch.

Immer wieder ist von der Integrität einer Führungskraft oder eines Politikers die Rede. Das heißt, man erwartet, dass bei ihnen Wort und Tat übereinstimmen. Man sieht über viele Fehler hinweg, wenn man glaubt, der Betreffende sei wenigstens ehrlich. Und in Beziehungen fühlt sich das Gegenüber geliebt, wenn man auch in den kleinsten Dingen integer handelt.

> **Wirkliche Ehrlichkeit geht über das hinaus, was man zu sein vorgibt.**

Integer leben bedeutet:
• **Die eigenen Schwächen offen bekennen.** Als Carl seine Aufgabe als Präsident einer kleinen Sportausrüstungsfabrik übernahm, wusste er, dass er sich in ein Wespennest setzte. Der frühere Präsident war in einem Chaos finanzieller Schwierigkeiten gegangen und hatte bittere Angestellte und Enttäuschung in jeder Abteilung der Firma hinterlassen. Der Verwaltungsrat hatte Carl eingestellt, weil er Erfahrung als Problemlöser hatte, auch wenn er die betreffen-

de Branche nicht kannte. Er war zudem als integrer Mann
bekannt. Trotzdem merkte er bei der ersten Belegschafts-
versammlung gleich, als er den argwöhnischen Angestellten die Hände schüttelte, dass es Zeit brauchen würde,
wieder eine vertrauensvolle Atmosphäre aufzubauen.
»Zuerst einmal möchte ich einen Tag in jeder Abteilung
verbringen«, sagte er den Angestellten. »Ich habe viel von
euch allen zu lernen.« Also verbrachte Carl von der ersten
Arbeitswoche an Zeit im Verkauf, in der Produktion, in der
Werbung, in der Rechts- und in der Entwicklungsabteilung
und stellte Fragen, wie die Firma funktionierte und welche
Stärken und Schwächen ihre Produkte aufwiesen.

   »Solche Verträge bin ich nicht gewohnt«, gab er gegenüber einem Manager auf mittlerer Ebene zu. »Könnten wir
jeden Absatz einzeln durchgehen?« Es dauerte nicht lange,
bis Carls Untergebene merkten, dass er vertrauenswürdig
war. Während er die Firma kennen lernte, gefährdete er nie
seine Führungsrolle noch stellte er seine Autorität in Frage.
Er gab einfach zu, dass er noch viel zu lernen hatte, bevor
er der denkbar beste Präsident sein konnte. Integrität bedeutet: sein, wer man ist, statt wer man sein möchte. Es
braucht enorm viel Energie, wenn man versucht, klüger,
mutiger, stärker oder erfahrener zu wirken, als man ist.
Wenn Integrität ein selbstverständlicher Bestandteil von
allem wird, was man täglich sagt und tut, kann man eigene
Schwächen offen zeigen im Wissen, dass sogar Verletzlichkeit eine Art mitmenschlicher Liebe sein kann.

• **_Erkennen, wie wichtig die Wahrheit ist._** Ein integrer
Mensch erkennt, dass sein Verhalten sich immer auf seine
Umwelt auswirkt. Tut man etwas Liebevolles, ist die Wir-

kung positiv. Etwas Falsches wirkt sich negativ aus. Die Samen, die man sät, wachsen eines Tages und entpuppen sich für andere als Segen oder als Fluch. Unzählige Male habe ich in meinem Büro einen Vater oder eine Mutter weinen sehen, die eingesehen hatten, wie negativ ihr eigenes Leben sich auf den Charakter ihres Kind ausgewirkt hatte. Wir bestimmen das Verhalten der Kinder nicht, aber wir beeinflussen es stark. Im Gegensatz dazu ist ein integrer Mensch ein Vorbild, dem man nachleben kann. Ich erinnere mich an einen jungen Mann, der nach der Beerdigung seines Vaters zu mir kam und berichtete: »Als ich über das Leben meines Vaters nachdachte, ging mir auf, dass er ein integrer Mann war. Ich bin es nicht. In 35 Jahren habe ich es geschafft, ein Schlamassel aus meinem Leben zu machen. Ich muss einiges radikal ändern und bitte Sie, mir dabei zu helfen.« Das Leben eines wahrhaftigen Mannes beeinflusst andere bis über den Tod hinaus.

• *Übereinstimmen von Verhalten, Wort, Tonfall und Sinn.* Die Kinderärztin Diane Komp schreibt, sie habe vor Jahren ein Bild von einem zwölfjährigen Mädchen namens Korey bekommen. Korey wurde auf eine Knochenkrebsoperation vorbereitet und bat ihre Eltern, das Bild Diane Komp zu schenken. Es tat ihr leid, dass sie unter Narkose im Operationssaal sein würde, wenn die Ärztin es zum ersten Mal sah. »Schaut Dr. Komps Augen an, wenn sie das Paket öffnet. Vielleicht sagt sie, es gefällt ihr, aber ich will wissen, was sie wirklich davon hält«, bat Korey die Eltern. Koreys Bitte gab der Ärztin zu denken. »Traute sie besonders Ärzten oder Erwachsenen allgemein nicht zu, stets die Wahrheit zu sagen? Wenn man die Wahrheit hören will, so rechnen die meisten damit, dass Mund und Augen dasselbe ausdrücken. Man kann nicht mit Ja in den Augen Nein sagen und das die Wahrheit nennen.« Wenn man integer ist, stimmen Blick, Stimme, Worte und Taten überein und drücken dasselbe aus.

• **Um der Wahrheit willen etwas riskieren.** Lynn sah ihren Vater nach dem Collegeabschluss oft und merkte somit, dass sich sein Verhalten allmählich änderte. Häufig erkundigte er sich mehr als einmal nach künftigen Vorhaben oder vergaß wichtige Vereinbarungen. Einmal fuhr er mit dem Auto zur Arbeit, kam jedoch mit dem Bus nach Hause. Lynn wusste nicht, was sie tun sollte. Ihr Vater hatte immer so auf Einzelheiten geachtet. Sie wusste, dass er sehr stolz auf seine Arbeit und seine Beziehungen war, und es ging ihr sehr gegen den Strich, ihm Schmerz zu bereiten. Nach einigen Monaten dieses seltsamen Verhaltens fand Lynn, es sei unehrlich, ihn nach außen in Schutz zu nehmen und auch ihn selbst anzuschwindeln, wenn er etwas vergessen hatte, um ihn zu schonen. Eines Abends an einem Wochenende setzte sie sich zu ihm und erwähnte eine Reihe von Dingen, die ihr in den letzten Wochen aufgefallen waren. Ihr Vater nahm die Brille ab und rieb sich die müden Augen. »Lynn«, sagte er, »ich bin so froh, dass du etwas sagst. Ich war in der letzten Zeit überhaupt nicht mehr ich selbst, aber anscheinend hat es niemand gemerkt.« Weil Lynn riskierte, ehrlich zu sein, ließ sich ihr Vater untersuchen, mit dem Resultat: frühmanifester Alzheimer. Dass Lynn ihn zur Rede gestellt hatte, erlaubte es ihm, sich schon im Anfangsstadium behandeln zu lassen und mehr Zeit mit seinen Angehörigen zu verbringen, bis die Krankheit sich verschlimmerte. Wenn

Sie empfindsam sind, ist es schwierig, jemanden mit einer harten Tatsache zu konfrontieren. Aber es könnte auch sein, dass Sie genau die richtige Person dafür sind. Einen integren Menschen freut es nicht, die Drogenabhängigkeit eines Ehepartners aufzudecken oder einer Freundin zu sagen, in ihrer Ehe gebe es Hinweise auf Missbrauch. Doch Liebe steckt sowohl hinter der Zurückhaltung wie hinter dem Drang, es zu sagen. Integrität verlangt, das Risiko einzugehen, Nahestehende zu lieben, indem man ihnen, wenn nötig, reinen Wein einschenkt.

• *Versprechen halten.* Wenn Sie einem Kind versprechen, ihm ein Eis zu besorgen, und Sie vergessen es, sollten Sie sich nicht entschuldigen und sagen: »Jetzt ist es zu spät. Du musst ins Bett.« Es ist viel besser, eine bis Mitternacht geöffnete Eisdiele zu suchen, das Kind länger als sonst aufbleiben zu lassen und Ihr Versprechen zu halten. Wenn Sie einer Angestellten eine Lohnerhöhung oder einem Mann ein Geburtstagsessen versprechen, so achten Sie darauf, das Versprechen auch zu halten. Es braucht nur ein einziges nicht eingehaltenes Versprechen, damit jemand Ihre Integrität anzweifelt.

～ Ein integrer Mensch ～

Der amerikanische Psychologenverband führt verschiedene Sätze an, die ein integrer Mensch unterschreiben würde. Folgende Punkte sind dem Buch *Character Strengths and Virtues* (Charakterstärken und Tugenden) von Christopher Peterson und Martin E.P. Seligman entnommen:

- Es ist wichtiger, man selbst zu sein, als beliebt zu sein.
- Wenn man immer die Wahrheit sagt, regelt sich alles.
- Ich würde nie lügen, nur um etwas von jemandem zu bekommen.
- Meine Werte lenken mein Leben und geben ihm einen Sinn.
- Mir ist es wichtig, meine Gefühle offen und ehrlich einzugestehen.
- Ich halte meine Verpflichtungen immer ein, auch wenn es mich etwas kostet.

Ehrlichkeit am Arbeitsplatz

Alle kennen Integritätsmangel am Arbeitsplatz. In den letzten Jahren sind überall immer wieder große Betrugsskandale aufgedeckt worden. Wenn jemand findet, Betrug im großen Stil schade Beziehungen nicht, so überlege man sich nur, was ein Mangel an Integrität für betroffene Angestellte, Investoren und die Glaubwürdigkeit von Großfirmen bedeutet.

Im eigenen Umfeld hat bestimmt jeder schon kleine Betrügereien am Arbeitsplatz erlebt, sei es, dass eine Mitarbeiterin ihre Spesenabrechnung frisiert, ein Angestellter behauptet, ein Projekt sei durchgeführt, obwohl er es noch nicht einmal in Angriff genommen hat, ein Chef in der

Gewinn- und Verlusterklärung die Zahlen fälscht oder ein Konzern in seinen Werbebroschüren auf Glanzpapier mehr verspricht, als er hält.

Die bereits erwähnte *Reader's-Digest*-Untersuchung hat ergeben, dass Lügen am Arbeitsplatz sehr verbreitet sind. Dabei wird offenbar öfter die Firma betrogen, als dass Mitarbeiter angelogen werden. Nur 13 Prozent der Befragten gaben zu, einem Mitarbeiter die Schuld für einen eigenen Fehler zugeschoben zu haben, während 63 Prozent angaben, sie hätten einen Tag »krank gemacht«, obwohl sie sich durchaus wohlfühlten. Zudem gestanden 91 Prozent der Männer und 61 Prozent der Frauen ein, Büromaterial geklaut zu haben.

Paradoxerweise haben andere Studien aufgezeigt, dass die meisten Menschen Ehrlichkeit vor allem bei Angestellten und Vorgesetzten schätzen. Terry Bacon, Autor von *What People Want* (Was die Leute wollen), hat in seiner Untersuchung festgestellt, dass Ehrlichkeit »der wünschenswerteste Charakterzug« bei Vorgesetzten ist. Wir möchten auch, dass andere uns vertrauen. So kommt es, dass Angestellte »von ihrem Chef vor allem möchten, dass er ihnen vertraut«.

Vielleicht denkt man, wegen einer Arbeit oder Büromaterial zu schummeln habe keinen Einfluss auf Beziehungen. Doch jede Entscheidung, sich beim eigenen Verhalten über die Qualitäten der Liebe hinwegzusetzen, schadet Nahestehenden potenziell. Wenn eine Mitarbeiterin einem nicht trauen kann, dass man den Bericht auch wirklich schreibt, wie kann sie einem dann trauen, wenn man ihr persönlich etwas verspricht?

Die Schatten der Notlügen

Eine der Schlussfolgerungen einer weiteren kürzlich durchgeführten Studie über die Ehrlichkeit lautet: »Der Punkt,
an dem eine Notlüge zur echten Lüge wird, ist für jeden
verschieden.« Das sagt etwas darüber aus, wie blind man für
die Gefahren kleiner Notlügen ist, die einem so leicht über
die Lippen kommen.

Ich kannte eine Geschäftsfrau, die aus Bequemlichkeit
kleine Notlügen erzählte, wenn sie zum Beispiel ein Gespräch beenden wollte oder keine Zeit hatte, sich für eine
Sitzung vorzubereiten. Sie behauptete oft, man habe ihr
eine andere Zeit für das Mittagessen genannt, statt zuzugeben, dass sie sich verspätet hatte, und manchmal musste
ihre Assistentin genau zum richtigen Zeitpunkt einen
»dringenden« Anruf erfinden, wenn sie nicht eingestehen
wollte, dass sie wegmusste. Wer regelmäßig mit ihr arbeitete, erwartete mit der Zeit diese kleinen Unwahrheiten –
und ging selbst bei einem wirklich dringenden Anruf davon
aus, dass es sich um eine Notlüge handelte. Sie war eine
bezaubernde Frau und auch geachtet. Doch Lügen gehörte
einfach zu ihrem Leben.

Wir unterhielten uns eines Tages, als sie erwähnte, sie
habe eben Gelegenheit gehabt, ihrer halbwüchsigen Tochter etwas über Beziehungen beizubringen. Eine Schulfreun-
din hatte angerufen, mit der die Tochter nicht reden wollte, und sie hatte die Mutter gebeten, der Freundin zu sagen,
sie wäre nicht da.

»Ich sagte ihr: ›Du kannst deinen Freunden doch nicht
solche Lügen auftischen! Entweder redest du jetzt mit ihr,

oder ich sage ihr, du willst nicht mit ihr sprechen‹«, erzählte sie lachend und schüttelte den Kopf.

Mir war klar, weshalb das Mädchen die Freundin anlügen wollte. Sie hatte von der Mutter gelernt, dass Unehrlichkeit in solchen Situationen in Ordnung ist. Doch mir
wurde auch klar, dass diese Frau sich so sehr daran gewöhnt
hatte, am Rand der Wahrheit zu leben, dass sie nicht einmal mehr merkte, was sie tat. Bei anderen erkannte sie
Unwahrheiten, aber ihr Drang nach Selbstschutz war so
stark, dass sie gar nicht wahrnahm, welche destruktiven
Entscheidungen sie selber traf. Ihre Angestellten hatten
Freude an ihr, aber sie vertrauten ihr nicht, die beste Entscheidung zu treffen, wenn es um ihr Gehalt ging. Ihre
Vorgesetzten achteten sie, hatten aber nicht im Sinn, ihr
die Verantwortung für große Aufträge zu übergeben. Und
unter den Mitarbeitern vertraute ihr niemand Persönliches
an, weil alle gemerkt hatten, dass sie Vertrauen missbrauchte.

Kleine Lügen zerstören Beziehungen. Jedes Mal, wenn
man in eine Unwahrheit abgleitet, distanziert man sich
von den Menschen, zu denen man eine Beziehung aufbau-
en möchte.

Neue Gewohnheiten
Gewöhnen Sie sich an, am Arbeitsplatz oder
Freunden und Angehörigen gegenüber nicht
einmal Notlügen zu gebrauchen.

Eine Müllabfuhr, die ich kenne, nennt ihre Straße »Zuver-
lässiger Kreis«. Die Firmeneigentümer wollen offensichtlich vor allem vermitteln: »Sie können auf uns zählen.«
Und das betrifft den Umgang einer Müllabfuhr mit ihren
Kunden! Wollen wir allen, mit denen wir es zu tun haben,
nicht genau das sagen? »Sie können sich ganz und gar auf
mich verlassen.« Wenn man in kleinen Dingen ehrlich ist,
baut man eine Grundlage für blühende positive Beziehungen auf.

Wie gesagt, sollte Ehrlichkeit alle Qualitäten der Liebe
in sich vereinen. Wenn man bewusst und mit Absicht liebt,
unterscheidet man ganz natürlich zwischen Wahr und
Falsch. Man *will* die Wahrheit sagen und entsprechend
handeln, weil es die einzige Möglichkeit für gute Beziehungen ist. Dann hilft einem die Erinnerung an die Züge des
liebevollen Menschen, die Wahrheit liebevoll mitzuteilen.

Die Macht der Gewohnheit

Im Beisein seiner Verlobten Kelly witzelte Derrick eines
Tages, er sehe Pornovideos an, und war über Kellys Bestür-
zung völlig entgeistert. Er hatte keine Ahnung, dass es ihr
so viel ausmachte, dass er gelegentlich Pornos ansah, aber
an dem Tag gab ihm Kelly eindeutig zu verstehen, es mache
ihr sehr viel aus und er müsse das aufgeben, wenn er sie
heiraten wolle. Derrick versprach es und meinte es auch
ehrlich. Doch nach einigen Monaten Ehe stieß er auf mehrere Pornowebseiten im Internet. Zuerst guckte er gelegentlich schnell rein, wenn Kelly nicht da war, doch schon

bald nahm er sich vor, immer dann ins Internet zu gehen, wenn er wusste, dass Kelly einige Zeit außer Haus war. Ehe er sich's versah, war er pornosüchtig.

Eines Abends war er so in seine Webseitensuche versunken, dass er seine Frau nicht heimkommen hörte. Er merkte es erst, als ihr Schluchzen von der Bürotür her zu ihm drang. Sie hatten eine Auseinandersetzung bis tief in die Nacht, und Derrick versprach schließlich einmal mehr, das Anschauen von Pornos aufzugeben.

Aber er konnte es nicht lange lassen, jedenfalls tat er es nicht. Er entwickelte ein ziemliches Geschick, sein Tun zu verbergen, log immer wieder, er müsse länger arbeiten oder zu Hause noch »wichtige« E-Mails schreiben. Kelly ahnte, was los war. Als Derrick leugnete, dass er sich noch immer für Pornos interessierte, verletzte die Lüge Kelly fast so sehr wie seine Sucht. Das Paar erwog sogar, sich scheiden zu lassen. Nach mehreren Monaten Beratung gab Derrick sein Problem zu und schloss Pornos allmählich aus seinem Leben aus. Doch es dauerte Jahre, bis er Kellys Vertrauen wiedergewonnen hatte.

Wie wir bei jedem Charakterzug des liebevollen Menschen sahen, liebt man aus Gewohnheit – oder man tut es aus Gewohnheit nicht. Lügen wird besonders leicht zur Gewohnheit. Jede Lüge zieht die nächste nach sich, um die Täuschung zu vertuschen. Vielleicht übersieht man deswegen Unehrlichkeit im eigenen Leben leichter als alle übrigen lieblosen Züge. Ich habe Menschen beraten, die sich dermaßen in Unwahrheiten verstrickt hatten, dass sie am Ende ihre eigenen Lügen glaubten. Wenn sie weiterhin ihr falsches Ich ausleben, werden sie ewig ein Pseudoleben führen.

Frank Abagnale machte mit Lügen Karriere und endete deswegen schließlich im Gefängnis. Er war fünf Jahre lang, von seinem 16. bis zum 21. Lebensjahr, einer der erfolgreichsten Hochstapler der Welt und löste mit gefälschten Schecks zweieinhalb Millionen Dollar in 50 Staaten der USA und 26 Ländern der Welt ein. Für seine Lügengeschichten spielte er verschiedene Rollen. Er trat als Anwalt, Pilot, Uniprofessor und Kinderarzt auf, bis ihn die Polizei in Frankreich zu fassen bekam. Glücklicherweise haben in seinem Fall gute Gewohnheiten die destruktiven abgelöst. Heute ist Abagnale geachteter Experte für Unterschlagungen sowie Dokumenten- und andere Fälschungen.

Der Film *Catch Me If You Can* aus dem Jahr 2002 zeigt, wie in Abagnales Leben eine Lüge die andere nach sich zieht. Er macht auch deutlich, wie Abagnale allmählich das Vertrauen in die Menschen verliert, was ihn isoliert und seine Beziehungen zerstört. George Bernard Shaw sagte einst, die Strafe des Lügners sei beileibe nicht, dass man ihm nicht glaube, sondern dass er niemandem mehr glauben könne. Eine der versteckten Gefahren beim gewohnheitsmäßigen Lügen ist, dass man, je weniger vertrauenswürdig man selbst wird, auch desto weniger anderen vertraut. Infolgedessen schadet gewohnheitsmäßiges Lügen dem Umgang mit Menschen auf mehr Arten, als man anfänglich meint.

Man liebt aus Gewohnheit – oder man liebt aus
Gewohnheit nicht.

Das Gute ist, dass auch die Wahrheit sagen zur Gewohnheit
wird. Wenn man im Alltag bewusst auf Ehrlichkeit achtet,
merkt man gleich, wenn einem eine Unwahrheit heraus-
rutscht. Wenn man erkennt, wie Unwahrheiten Beziehungen schaden, wird man sie nicht mehr wollen.

Je mehr man die Wahrheit sagt, desto besser fühlt man
sich. Aufrichtig sein ist seelisch und im Umgang mit Menschen befreiend. Man braucht nicht ständig zu denken:
»Was habe ich das letzte Mal gesagt?«, weil man allen das
Gleiche erzählt.

Neues Vertrauen aufbauen

Der erste Schritt zum integren Menschen ist das Eingeständnis eigener Fehler. Frühere Lügen zu beichten schenkt
neue Selbstachtung. Ich habe beobachtet, dass diejenigen,
die den Weg des Bekenntnisses wählen, in der Regel bei
ihren Mitmenschen auf eine echte Bereitschaft zum Vergeben stoßen. Es gibt etwas in der menschlichen Seele, das
gerne sieht, wenn andere das Richtige tun. Der Mut zur
Beichte lässt die Bereitschaft erkennen, künftig einen anderen Weg einzuschlagen. So wird das falsche Ich abgelegt
und das wahre Ich angenommen.

Sofort beichten

Sie brauchen nicht in allen Beziehungen vollkommen zu sein, um neues Vertrauen aufzubauen. Wenn Sie jedoch einen Ehepartner oder eine Ehepartnerin, einen Freund oder eine Freundin, einen Mitarbeiter oder eine Mitarbeiterin hinters Licht geführt haben, müssen Sie künftige Fehltritte sofort bekennen und um Verzeihung bitten. Sonst fallen Sie in Täuschungsmanöver zurück, die Vertrauen verunmöglichen.

Verantwortung übernehmen

Die Wahrheit zu sagen bedeutet, Verantwortung für das eigene Verhalten zu übernehmen. Wenn ein Vorgesetzter fragt: »Wer hat vergessen, das Sitzungszimmer zu reservieren?«, so meldet sich der Ehrliche sofort, falls er es war. Stellt eine Mitbewohnerin eine klare Frage zu einer Differenz im Haushaltsbudget, so sagt jemand, der integer leben möchte, die Wahrheit. Viele Ehen und Freundschaften, die auseinandergegangen sind, hätten gerettet werden können, hätten sich die Betreffenden frühzeitig entschlossen, stets die Wahrheit zu sagen.

Vertrauen verdienen

Immer wieder fragt man mich im Beratungszimmer: »Wie stelle ich es an, dass mein Mann mir wieder vertraut? Ich habe ihn so lange getäuscht. Jetzt ist die Katze aus dem Sack. Ich will mich ändern, und er ist bereit, mir zu vergeben. Aber ich weiß nicht, was ich tun soll, damit er mir nach allem, was ich getan habe, wieder vertraut.« Es gibt nur eine Möglichkeit, Vertrauen wieder aufzubauen. Wer

Vertrauen missbraucht hat, muss vertrauenswürdig werden. Wenn er vom Moment des Bekennens an die Wahrheit sagt, wächst das Vertrauen allmählich wieder.

Deswegen rate ich allen, die in der Ehe Seitensprünge gemacht haben, dem Partner uneingeschränkten Zugang zum Computer, Handy und zu den Finanzen zu gewähren. Das bedeutet: »Mein Leben ist ein offenes Buch. Ich habe von jetzt an nichts mehr zu verbergen. Ich habe mit Täuschungen abgeschlossen. Ich sage die Wahrheit. Du kannst mein Leben gerne so gründlich prüfen, wie du willst.« Mit dieser Haltung und der inneren Verpflichtung, die Wahrheit zu sagen, hat der untreue Ehepartner den ersten Schritt getan, Vertrauen in der Ehe wiederherzustellen.

Vertrauen ist wie eine zarte Pflanze. Missbraucht es jemand, ist es, als zerträte er die Pflanze und stieße sie in den Dreck. Die Wahrheit zu sagen, ist das Wasser, das sie wieder zum Leben erweckt.

Sich an das wahre Ich erinnern

Wenn man um Verzeihung bittet, sagt man: »Ich kenne den Unterschied zwischen Richtig und Falsch, und das war falsch von mir. Ich weiß, dass mein Tun und Verhalten dich gekränkt haben, und möchte es wieder in Ordnung bringen. Was kann ich tun, damit du mir vergibst?« Je rascher und gründlicher die Abbitte ist, desto eher wird dem um Verzeihung Bittenden aufrichtig vergeben und die Beziehung wiederhergestellt. Integre Menschen geben sich alle Mühe, Beziehungen in Ordnung zu bringen, indem sie sich entschuldigen und um Verzeihung bitten. Das falsche Ich übt möglicherweise gelegentlich seinen Einfluss noch aus

und verführt zum Lügen. Doch um der Liebe willen entschuldigen wir uns, bitten um Vergebung und verpflichten
uns aufs Neue, die Wahrheit zu sagen.

～ Feind der Ehrlichkeit: Selbstverteidigung ～

Zielte jemand mit einem Baseballschläger auf Ihren
Kopf, würden Sie wahrscheinlich das Gesicht mit den
Armen bedecken und sich abwenden. Ebenso ist der
erste Impuls, wenn jemand Sie des Schummelns bei einem Examen anklagt oder Ihnen sagt, Sie hätten eine
Verabredung versäumt, wahrscheinlich eine Lüge – Sie
würden behaupten, Sie hätten es nicht getan oder es sei
nicht Ihre Schuld gewesen. Wenn es um Ehrlichkeit geht,
macht sich das falsche Ich laut und deutlich bemerkbar.
Alle neigen naturgemäß zu Selbstschutz, auch wenn Lügen dazu nötig sind.

Beim Lügen vergisst man, dass man aus Selbstschutz die
Beziehungen der Zerstörung anheimgibt. Man hält daran
fest, wie man wirken will, und zeigt nicht, wie man wirklich ist.

Die Entscheidung, die Wahrheit zu sagen, ist eine
der befreiendsten, die man treffen kann. Die Meinung
anderer ist für uns insofern wichtig, als sie etwas damit
zu tun hat, wie wir unser Gegenüber lieben sollen. Wenn
wir die Gewohnheit des Ehrlichseins pflegen, wollen wir
von selbst vor allem integer bleiben, und das nicht wegen der Wirkung nach außen, sondern weil ein integres
Verhalten eine Art mitmenschlicher Liebe ist.

Für die Wahrheit einstehen

Ehrlich leben heißt für die Wahrheit einstehen, auch wenn sie der öffentlichen Meinung widerspricht. Als William Wilberforce sich 1789 erstmals gegen den Sklavenhandel äußerte, trat er für Wahrheit und Gerechtigkeit ein, obschon diese Haltung sehr unpopulär war. Doch nicht zuletzt dank seiner Bemühungen jeder Opposition ungeachtet fand dieses dunkle Kapitel in der Menschheitsgeschichte ein Ende, und der Sklavenhandel im britischen Machtbereich wurde 1807 als illegal erklärt.

Als Alexander Solschenizyn anlässlich der Verleihung des Nobelpreises sagte: »Ein wahres Wort wiegt die ganze Welt auf«, sprach er aus Erfahrung: Bei einer öffentlichen Lesung 1966 im sowjetischen Lasarev-Institut las er nicht nur aus seinen Romanen vor, sondern äußerte sich gegen die Zensur und den KGB. Die Reaktion war viel gewaltiger als erwartet. Später erinnerte er sich: »Fast jeder Satz versengte die Luft wie Zündpulver! Wie diese Menschen sich nach der Wahrheit gesehnt haben müssen. O Gott, wie sehnlichst wollten sie die Wahrheit hören!« Der Schriftsteller Os Guiness schreibt, Solschenizyn und den Anführern der Samtrevolution sei klar gewesen, dass es nur zwei Möglichkeiten gab, die Macht der sowjetischen Tyrannei zu brechen: Die eine war, die Sowjetkräfte mit roher Gewalt zu besiegen, für eine winzige Handvoll Dissidenten zur Zeit der SS-20-Raketen und des KGB undenkbar. Die andere bestand darin, der rohen Gewalt eine moralische Kraft entgegenzustellen und darauf zu vertrauen, dass die Wahrheit Lügen und die ganze Maschinerie der Propaganda,

Täuschung und des Terrors besiegen würde. Sie entschieden sich für Letzteres, und das Undenkbare geschah. Sie siegten.

Die Geschichte ist voller Beispiele von Menschen wie Wilberforce und Solschenizyn, die für die Wahrheit einstanden, als die Mehrheit des Volkes an Lügen glaubte. Die Wahrheit aber fand in den Herzen der Unterdrückten ein Echo.

Auf der anderen Seite stehen historisch gesehen diejenigen, die die Lüge lebten, während Tausende schweigend zusahen, wie sie ihre Opfer forderte. Hitler und der Holocaust sind Denkmäler dieser Tragödie. Die polnische Regierung baute 1980 die Fundamente des Konzentrationslagers Auschwitz neu auf, wo im Zweiten Weltkrieg über eineinhalb Millionen Menschen umkamen. Auf einer Gedenktafel im italienischen Sektor steht: Besucher, betrachte die Reste dieses Lagers und bedenke: Aus welchem Land auch immer du stammst, du bist kein Fremder. Handle so, dass deine Reise und unser Tod nicht nutzlos sind. Für dich und deine Söhne birgt die Asche von Auschwitz eine Botschaft. Handle so, dass die Frucht des Hasses, deren Spuren du hier gesehen hast, keinen Samen mehr trägt, weder morgen noch je wieder.

Für die Wahrheit einstehen bedeutet nicht, sich nicht zu irren. Es bedeutet hingegen, sich nicht am Bösen, sondern über jede ehrliche Äußerung zu freuen.

Für die Wahrheit im Alltag einzustehen könnte heißen, Zeit und Energie einzusetzen, um gegen eine politische Überzeugung zu protestieren, die Sie für falsch halten. Es kann bedeuten, dem Vorgesetzten Ihres Chefs mitzuteilen, in Ihrer Abteilung kämen sexuelle Belästigungen vor, auch wenn Sie damit den Verlust Ihrer Stelle riskieren. Es kann etwas so Einfaches sein wie nach dem Kino heimgehen, wenn Ihre Freunde einfach sitzen bleiben und den nächsten Film ansehen wollen, ohne zu bezahlen.

Für die Wahrheit einzustehen bedeutet zudem, sich selbst gegenüber ehrlich zu sein. Wir hören und sehen täglich unzählige Mitteilungen im Fernsehen, in Zeitschriften und Zeitungen sowie auf zahllosen Websites. Man muss diese täglichen Mitteilungen filtern und sich fragen: »Stimmt das?« Wenn man sich dazu entscheidet, wahrheitsgemäß zu leben, liebt man sich und die Mitmenschen. Man erinnert sich daran, dass die Wahrheit, auch wenn sie anscheinend manchmal durch die Dunkelheit in der Welt verfinstert ist, doch niemals ausgelöscht wird.

Der Preis der Unehrlichkeit

Der ehemalige amerikanische Präsident Richard Nixon war als sehr entschlossener Mann bekannt. Zudem kannte er viele Menschen. Dennoch knüpfte er keine engen Beziehungen. In Dutzenden von Biografien wird gerätselt, weshalb das wohl der Fall war. Man hat seine Beziehung zu den Eltern untersucht sowie die Zeiten, in denen er als Kind drangsaliert wurde, und hat Vorfälle in seiner politischen Karriere erforscht, als er verraten wurde. Der Historiker Stephen Ambrose erklärt das anders: Nixon hatte keine engen Freunde, weil ihm der Charakterzug der Integrität fehlte.

Ambrose stellt Nixon dem Präsidenten Dwight D. Eisenhower gegenüber, der »keine Rollen spielte, sondern nur er selbst war«. Eisenhowers Beständigkeit im Führungsstil wird in seiner Militärkarriere deutlich, zum Beispiel, als er General George Patton im Zweiten Weltkrieg zurechtwies, einen verwundeten Soldaten geohrfeigt zu haben. Zwar brauchte Eisenhower den General unbedingt im Krieg, aber seine Integrität verbot es ihm, Pattons Handeln zu ignorieren. Er schrieb ihm, er könne dieses Verhalten nicht entschuldigen und schloss: »Kein Brief, den ich in meiner Militärkarriere je schreiben musste, hat mir so viel Seelenkummer bereitet wie dieser, nicht nur wegen meiner langen, engen Freundschaft mit dir, sondern weil ich deine militärischen Vorzüge so bewundere. Ich versichere dir aber, dass ein solches Verhalten … *nicht* tolerierbar ist.« Eisenhower hatte in seiner ganzen militärischen und politischen Karriere viele Freunde, unter anderem General George Patton.

Im Gegensatz dazu nahm Nixon je nach Situation eine andere Persona an. Sein Redenschreiber sagte einst, Nixon könne »beim Öffnen einer Tür in eine Persönlichkeit schlüpfen«. Nixons mangelnde Integrität im täglichen Umgang führte zum Watergate-Skandal. Nach seinem Rücktritt sagte er einem Berater, wenn man an die Spitze gekommen sei, könne man nicht aufhören, das Spiel so zu spielen, wie man es immer gespielt habe. »Also ist man gemein und erfinderisch und geht weiterhin am Rande des Abgrunds.«

Nixon war bekannt dafür, sich stets zu hüten und niemandem zu vertrauen, vielleicht eben deswegen, weil er selbst nicht vertrauenswürdig war. Er bewunderte Menschen wie Charles de Gaulle, der »eine Rolle spielte, die er selbst kreiert hatte«. Er soll einem Mitarbeiter gesagt haben: »Wenn man erst andere ins Vertrauen zieht, übervorteilen sie einen gleich.«

Auf die Frage, weshalb er keine engen Beziehungen habe, machte Nixon die Einsamkeit auf der Führungsebene geltend: »Bei meiner Arbeit kann man sich den Luxus enger persönlicher Freundschaften gar nicht leisten. Man kann sich überhaupt niemandem anvertrauen. Man kann auch nicht zu viel über eigene Pläne oder Gefühle reden.« Das widerspricht dem Leben vieler großer Führungspersönlichkeiten, zum Beispiel dem Eisenhowers, der ehrliche, offene Freundschaften im engen Freundeskreis pflegte.

Nixon spielte die Rollen, die seiner Meinung nach von ihm erwartet wurden, und war nie ehrlich genug, sein wahres Ich zu offenbaren. Infolgedessen standen ihm am Ende auch nur wenige bei. Seine Unbeständigkeit in Wort und Tat und seine schwankenden Werte kosteten ihn nicht nur Freundschaften, sondern auch die Präsidentschaft.

Die Freiheit des ehrlichen Lebens schafft Raum für befriedigende Beziehungen. Wenn man auch in kleinen Dingen nichts sagt und Gefühle und Meinungen verbirgt, behindert man das Streben nach aufrichtiger Liebe. Andere nehmen die Liebe, die man schenken möchte, nur an, wenn sie nicht nur auf das Gesagte, sondern dem Menschen vertrauen können.

» Wie sähen Ihre Beziehungen aus, wenn Sie ... «

- stets wahrnähmen, ob Ihr äußeres mit Ihrem inneren Ich übereinstimmt?
- es sich zur Gewohnheit machten, anderen liebevoll die Wahrheit zu sagen?
- keine Notlügen mehr bräuchten, auch wenn sie keine große Sache zu sein scheinen?
- sich für Ihre Fehler entschuldigten, statt sie durch Täuschungsmanöver vertuschen zu wollen?
- sich für die Wahrheit einsetzten, auch wenn sich das keiner großen Beliebtheit erfreut?

Umsetzen

Fragen zum Nachdenken und zur Diskussion

1. Nennen Sie einige Beispiele von Führungspersonen, Sportlern oder Geschäftsinhabern, die sich im Netz der Lüge verstrickt haben. Wie haben diese Lügen in der Öffentlichkeit ihre persönlichen Beziehungen beeinflusst?

2. Finden Sie Notlügen falsch? Weshalb oder weshalb nicht?

3. Gibt es Menschen, die Ihnen im Lauf der Jahre liebevoll die Wahrheit gesagt haben? Wie haben Sie reagiert?

4. Hatten Sie schon mal Gelegenheit, jemandem liebevoll die Wahrheit zu sagen, der auf dem falschen Weg war? Mit welchem Ergebnis?

5. Erinnern Sie sich an eine Notlüge aus der jüngsten Zeit. Haben Sie Ihre Worte als Lüge empfunden?

6. Wann hat es Sie etwas gekostet, für die Wahrheit einzustehen?

Anwendungsmöglichkeiten

1. Fallen Ihnen Lügen leicht? Wenn ja, welchen ersten Schritt könnten Sie tun, um von jetzt an die Wahrheit zu sagen?

2. Wann verdrehen Sie die Wahrheit am ehesten zum Selbstschutz? Woran sollten Sie sich in solchen Situationen erinnern, um integer zu handeln?

3. Schreiben Sie einen Tag lang alles auf, was Sie sagen, das nicht ganz der Wahrheit entspricht. Fragen Sie sich, ob das Gesagte jemanden getäuscht hat. Falls Sie dies bejahen müssen, was sollten Sie dann als Erstes tun, um die Beziehung wieder in Ordnung zu bringen?

4. Denken Sie an eine Begebenheit, als Sie ehrlich waren. Nehmen Sie nun zur Ehrlichkeit die anderen Qualitäten des liebevollen Menschen hinzu: Güte, Geduld, Vergebung, Höflichkeit, Bescheidenheit und Großzügigkeit. Haben Sie in jenem Fall auch diese Züge in Wort und Tat bewiesen? Welche Qualitäten könnten Sie bei ehrlichen Äußerungen noch etwas mehr einbringen?

Teil 3

Liebe als Weg

Liebe als Weg in der Ehe

Eine erfolgreiche Ehe ist ein Haus,
das man jeden Tag neu bauen muss.
André Maurois

Charlotte und John waren schon seit dem Studium ein Paar, als sie in der Nähe des Zuhauses von Charlottes Eltern in Chicago heirateten.

»Die ersten beiden Jahre waren himmlisch«, erinnerte sich Charlotte in meinem Büro mit einem Seitenblick auf John. »Wir wohnten in einer winzigen Wohnung in Bloomington, hatten beide zwei Jobs und kaum genug Geld, um unsere Studienschulden abzuzahlen, aber wir waren glücklich. Jeden Samstagmorgen gingen wir in ein Café in der Nähe und lasen dort gemeinsam die Zeitung.« Sie lächelte. »John brachte mir immer mein Lieblingszimtbrötchen, während ich mit meinem Kaffee an unserem Tischchen saß. Wenn wir freihatten, gingen wir oft Fahrrad fahren.

Dann erkrankte Johns Mutter, und im Jahr vor ihrem Tod wurde es schwieriger. Johns volle Stelle verlangte ihm immer mehr ab, meine Arbeit dagegen weniger. An den meisten Wochenenden fand John, er müsse seine Eltern besuchen. Einen Monat vor dem Tod seiner Mutter stellten wir fest, dass wir ein Baby erwarteten. Es ärgerte uns sehr, ständig gesagt zu bekommen, wie sehr sich unser Leben mit einem Baby ändern würde. Aber es stimmt. Alles hat sich verändert, als Caitlin zur Welt kam. Wir sprachen eigentlich nur noch miteinander, wenn wir einander das Kind zur Betreuung übergaben und berichteten, wie viel sie an dem Tag geschlafen oder gegessen hatte.

Ich wurde früher als erwartet mit Jackson schwanger und musste meine Arbeit aufgeben. Das war finanziell in Ordnung, weil es mit Johns Job so gut lief. Aber ich fand es eigentlich nicht gerecht, dass ich meine Karriere auf Eis legen musste. Jetzt sind die Kinder in der Schule, und ich habe eine Teilzeitarbeit. Trotzdem sehen John und ich einander kaum. Ich sage ihm immer wieder, dass ich gerne ausgehen würde, aber das scheint ihm egal zu sein. Wir bezahlen die Rechnungen, helfen einander bei der Hausarbeit und haben Besuch, aber es ist, als wären wir Geschäftspartner und nicht ein Liebespaar.«

Dabei traten Charlotte die Tränen in die Augen. Ich sah John an, der auf den Boden starrte.

»Wie würden Sie Ihre Beziehung beschreiben?«, fragte ich ihn.

John räusperte sich: »Nun, es stimmt, dass wir früher mehr Zeit miteinander verbrachten. Wir haben nicht viel gestritten. Aber die Dinge waren damals auch nicht perfekt. Wir sorgten uns ständig, wie wir die Miete bezahlen sollten. Ich fürchtete, jeden Moment meine Arbeit zu verlieren, wenn ich nicht malochte. Klar gingen wir manchmal Kaffee trinken, aber jetzt haben wir wenigstens ein schönes Haus, zwei Autos und die Kinder. Was sie sagt, klingt, als liebten wir die Kinder gar nicht.«

»Du weißt, dass ich es nicht so gemeint habe«, warf Charlotte spitz ein.

»Unterbrich mich nicht«, sagte John, und wandte sich wieder mir zu. »Sie hat angeboten, nach Jacksons Geburt zu Hause zu bleiben. Wie oft habe ich mir gewünscht, ich könnte einen Mittagsschlaf machen, statt zehn Stunden arbeiten zu müssen und dann heimzukommen, nur um Windeln zu wechseln.

Jetzt versuchen wir, es mit zwei Jobs hinzubekommen. Neulich musste ich früher von der Arbeit gehen und die Kinder von der Schule abholen, weil sie eine Sitzung hatte. Sie sagte, sie sei zum Abendessen zu Hause, aber dann beschloss sie, nach der Sitzung mit einigen Freunden auszugehen. Sie rief etwa um sieben an, um es mir zu sagen. Schließlich machte ich den Kindern zu essen, half ihnen bei den Aufgaben und brachte sie ins Bett, bis sie um neun Uhr hereintanzte, als wäre nichts geschehen. Ich hatte am nächsten Tag eine wichtige Sitzung und nicht vorgehabt, sechs Stunden Vorbereitungszeit aufzugeben, weil sie feiern wollte.« Er zögerte etwas: »Schließlich verdiene sowieso ich das meiste Geld.«

Charlotte sah ihn an. »Ich *habe* früher angerufen. Ich rief an, als die Kinder von der Schule nach Hause kamen, um zu sehen, ob alles in Ordnung ist. Du sagtest, alles sei in Ordnung und ich solle mir Zeit lassen. Also habe ich es getan. Kommt es dir je in den Sinn, dass auch ich Geld für die Familie heimbringe? Ich organisiere meinen ganzen Tag um die Kinder. Aber ab und zu würde auch ich gerne selbst bestimmen können, wann ich nach Hause komme.«

»Ich dachte, du seist auf dem Heimweg, als du anriefst. Ich meinte, du sollst dir beim *Heimfahren* Zeit lassen.«

John sah mich an und fuhr fort: »Und was das Ausgehen angeht, das wäre prima, nur können wir schon so mit dem Leben kaum Schritt halten. Mir wäre es auch recht, wenn sie sich ein bisschen mehr anstrengte, das Haus etwas besser in Ordnung zu halten. Ich kann nicht alles machen. Ich frage mich, wann sie das endlich begreift.«

»Wir sind gekommen«, sagte Charlotte, »weil ich nicht mehr so leben kann. Ich habe das Gefühl, als würden wir ständig gleich streiten und als sei John ständig wütend auf mich. Ich bin immer allein. Ehrlich gesagt bin ich nicht sicher, ob wir es überhaupt schaffen.«

Dann sahen mich beide mit der Frage in den Augen an, die ich in meinem Beratungszimmer so oft gesehen habe: »Können Sie etwas tun, damit wir wieder ineinander verliebt sind?«

Sich verlieben und auf den Boden kommen

Im Lauf der Jahre habe ich Stunden um Stunden Paaren zugehört, die mir ihre Kämpfe mitteilten. Jedes Mal schob einer dem anderen die Schuld für die schlechte Beziehung zu. Jeder möchte verzweifelt vom anderen geliebt werden, erwartet aber, dass der andere die Initiative ergreift. Schon lange bevor sie zu mir kommen, klagen sie sich gegenseitig an. Ihre Anschuldigungen sind häufig in Urteile verpackt, weil beide finden, der andere handle ungerecht. Sie überlegt: »Wenn er nur täte, was er versprochen hat: ›dich lieben und ehren, solange wir beide leben‹!« Nur selten ahnt sie, dass er dasselbe über sie denkt und empfindet. Die erstaunlich hohen Scheidungszahlen zeigen, dass viele Menschen sich von diesem festgefahrenen Denken nicht lösen können.

Diese Paare leben mit falschen Erwartungen. Wie wir in den früheren Kapiteln sahen, ist Liebe nicht ein Gefühl, das sich der eigenen Kontrolle entzieht. Viele Paare erinnern sich an die himmelhoch jauchzenden Gefühle, als sie sich gerade kennen lernten und sich danach sehnten, jeden wachen Augenblick gemeinsam zu verbringen. Doch einige Zeit nach der Hochzeit klingen die Gefühle ab. Jetzt kommen ihre Verschiedenheiten ans Licht, und sie beginnen zu streiten. Auseinandersetzungen führen zu harten Worten, die negative Gefühle auslösen, und am Ende weckt jeder das Schlechteste im anderen. Wenn der Stress der Elternschaft und Arbeit dazukommt, ist eine Scheidung offenbar das Einzige, was das Leben erträglicher macht.

Wenn ich mein eigenes Leben überdenke, ist mir klar, dass ich »verliebt« war, als ich heiratete, aber nichts von wahrer Liebe wusste. Verliebtheit hat eine emotionale Basis. Hochgefühle reißen mit. Wir sehen das Beste im anderen, und die Beziehung weckt in beiden die besten Seiten. Wir tun und sagen zudem Dinge, die anscheinend echt selbstlos sind. Wir machen Geschenke, die wir uns nicht leisten können, geben einander Versprechen, die wir nie halten können, und tun Dinge füreinander, die uns glauben machen, wir seien tatsächlich ein Liebespaar.

Sozialwissenschaftler bemessen die durchschnittliche Dauer des Phänomens Verliebtheit auf zwei Jahre. Dann kommt man vom emotionalen Hochgefühl herunter, die ganze Euphorie verfliegt, und dazu kommt die Entdeckung, eigentlich kein Liebespaar zu sein. Übrig bleiben zwei selbstbezogene Menschen, die einander Versprechen abgegeben haben, welche sie unmöglich halten können. Die Euphorie wird von Verletzungen, Ärger, Enttäuschung und Angst abgelöst.

Die durchschnittliche Dauer der Verliebtheit beträgt zwei Jahre.

Ein paar Tatsachen über die Liebe zu begreifen ist das Einzige, das einer lebenslangen liebevollen Beziehung die Tür zu öffnen vermag. Liebe ist die Einstellung, die bewirkt, dass man sein Verhalten ändert. Liebe will, dass es dem anderen gut geht, und drückt dies sinnvoll aus. Solche Liebesäußerungen lösen beim Gegenüber ein warmes Gefühl aus, und werden sie von Mann oder Frau erwidert, wird einem ebenfalls warm ums Herz. Diese Gefühle sind das Ergebnis der Liebe, nicht die Liebe selbst.

~ Bin ich liebevoll? ~

Geben Sie auf einer Skala von 0 bis 10 an, wie gut Sie in Ihrer Ehe bzw. Liebesbeziehung in der letzten Woche nach den Qualitäten der Liebe gelebt haben. Halten Sie sich beim Weiterlesen des Kapitels Ihre Stärken und Schwächen vor Augen.

_____ Güte

_____ Geduld

_____ Vergebung

_____ Höflichkeit

_____ Bescheidenheit

_____ Großzügigkeit

_____ Ehrlichkeit

Liebe als Weg

Wenn Liebe in der Ehe zum Weg wird, werden die sieben Qualitäten der Liebe zwischen Mann und Frau rege ausgetauscht. Sehen wir uns an, wie Charlottes und Johns Ehe aussähe, wenn sie Liebe zum Weg wählten.

Güte

Jeder Zug des liebevollen Menschen ist in der Ehe wichtig. Müsste ich aber einen einzigen nennen, wäre es Güte. Die Belange des Partners oder der Partnerin vor die eigenen zu stellen, ist wesentlich, wenn man eine gute Ehe führen will.

In meinem Gespräch mit John und Charlotte wurde klar,
dass sie nicht mehr freundlich zueinander waren. Vielleicht
hatten es beide noch versucht, als die Kinder klein waren,
jedoch den Mut verloren, weil es beim Gegenüber anscheinend auf keine Resonanz stieß. Vielleicht fanden sie
schließlich, es würde sich sowieso nichts ändern, was auch
immer sie unternahmen, und gaben einfach auf.

Es ist nicht übertrieben zu sagen, dass kleine Freundlichkeiten im Alltag eine Ehe retten können. Güte zeigt, dass
man den Partner schätzt. Man nimmt seine Bedürfnisse
wahr und will sie vor den eigenen befriedigen. Das bedeutet
darauf zu achten, wie ein Partner oder eine Partnerin gerne
geliebt werden möchte. John bewies seine Liebe, indem er
alle zwei Wochen einen guten Lohn nach Hause brachte.
Charlotte aber hätte gerne gehabt, dass er sie zeigte, indem
er mit ihr ausging. Würde John den Aufruf zur Güte beachten, würde er Charlotte ausführen, auch wenn er es für Zeit-
verschwendung hielte. Er würde ihr seine Liebe so beweisen, weil er ihre Bedürfnisse absichtlich den seinen vorzöge.

Ebenso würde Güte Charlotte zur Einsicht bringen, dass
John hart arbeitete, um für die Familie zu sorgen. Sie könnte seine Arbeit schätzen und es ihm sagen, auch wenn sie
seine Liebe nicht primär auf diese Weise erfahren möchte.
Güte würde von Charlotte verlangen, das Beisammensein
mit ihren Freunden nötigenfalls aufzugeben, genau wie
John an jenem Tag Arbeitszeit geopfert hatte. Güte würde
ohne den Hintergedanken »Wird auch mal wirklich Zeit!«
dankend anerkennen, dass Johns Zeit wertvoll ist.

Wenn Liebe in der Ehe zum Weg wird, kocht man, wäscht
ab, saugt Staub, putzt die Toilette, geht mit dem Hund spa-

zieren, stutzt die Stauden, bezahlt die Rechnungen und zieht die Kinder an, und das alles mit einer positiven Einstellung. Vielleicht werden nicht diese Worte verwendet, doch die Haltung besagt: »Ich freue mich, dieses Essen für dich zu kochen« und »Ich trage den Müll gerne hinaus«.

Charlotte und John waren beide in Angriffsstellung gegeneinander gegangen. In ihrem Hochmut konnte keiner eingestehen, dass der andere etwas Liebevolles tat. In von Güte geprägten Ehen gehen die Ehepartner respektvoll miteinander um. Sie sagen es, wenn sie verletzt oder wütend sind, erkennen jedoch den Wert des anderen an.

Je mehr man sich in Güte übt, desto freundlicher werden Partner oder Partnerin. Bemerkenswert, dass man wärmere Gefühle für den anderen empfindet, je freundlicher man ihm gegenüber ist.

Geduld

Je länger wir uns unterhielten, desto klarer wurde mir, dass sowohl Charlotte wie John große Geduld in der Beziehung zu beweisen glaubten. Charlotte wartete nach der Geburt der Kinder geduldig, bis sie ihre Karriere wieder aufnehmen konnte. Sie wartete geduldig, mit ihrem Mann auszugehen. Geduldig machte sie die Kinder an den meisten Abenden zum Schlafengehen bereit. Und John glaubte, jedes Mal Geduld zu beweisen, wenn er mit den Kindern half, dabei aber eigentlich lieber noch arbeiten oder nach einem langen Tag fernsehen wollte. Geduldig ertrug er Charlottes seiner Meinung nach unzureichende Ordnung im Haus. Geduldig wartete er an dem Abend, als sie mit ihren Freunden ausging, auf Charlottes Heimkehr.

Warten gehört zu jeder Ehebeziehung, sei es jahrelanges
Warten darauf, dass der Mann oder die Frau einen bestimmten Charakterzug entwickelt, oder zwanzig Minuten
Warten bei der Jeansanprobe. Warten ist aber nicht dasselbe wie eine geduldige Haltung. Wenn Liebe in der Ehe zum
Weg wird, gehen weder der Mann noch die Frau auf und ab
und sagen: »Ich weiß nicht, weshalb du so lange brauchst,
bis du fertig bist.« Geduld kann um Veränderungen bitten,
verlangt sie aber nie. Findet keine Veränderung statt, akzeptiert die Geduld des Partners die Unvollkommenheit.

Ein Mann sagte mir einst: »Ich hätte gerne, dass meine
Frau die Kommodenschubladen wieder zumachte, wenn sie
gefunden hat, was sie braucht. Doch nach zwei Jahren habe
ich endlich begriffen, dass sie kein Gen zum Schubla-
denschließen besitzt. Seither habe ich Schubladenschlie-
ßen als meine Aufgabe akzeptiert.« Was für ein Unterschied zu Johns und Charlottes Einstellung: »Das Haus (die
Kinder, die Arbeit) ist ihre/seine Aufgabe. Wenn ich sie
erledige, gebe ich nach, dabei habe ich das Problem doch
gar nicht verursacht.«

Geduld ist nachsichtig mit den Unvollkommenheiten
anderer. Klar war John ärgerlich oder besorgt, als Charlotte
nicht zur versprochenen Zeit heimkam. Mit einer geduldigen Haltung wäre er bereit gewesen, Charlottes Erklärung
anzuhören, und wäre offen für ihre Sicht der Dinge gewesen. Geduld entschuldigt nicht, erinnert aber daran, dass es
unsinnig ist, von jemandem Perfektion zu verlangen.

Charlotte und John schafften es, den Umgang miteinander positiv zu gestalten und ihre Ehe um 180 Grad zu ändern. Eine Ehe ist ein ständiger Wachstumsprozess. Bei je-

dem Paar haben beide Beteiligten Verhaltensweisen, die den anderen stören, und auch offensichtliche Schwächen, die den anderen kränken. Geduld teilt Frustrationen mit und bittet um Besserung. Ändert sich der andere dennoch nicht, lernt der liebende Partner zu kompensieren, statt zu verurteilen. Man erwünscht sich hoffnungsvoll Änderungen vom Partner oder der Partnerin, liebt ihn oder sie jedoch unabhängig davon.

> **Liebe ist nicht davon abhängig, ob der Partner oder die Partnerin sich positiv verändert.**

Vergebung

Wäre in Johns und Charlottes Ehe Liebe der Weg gewesen, hätte sich Charlotte sofort entschuldigt, länger ausgeblieben zu sein als vorgehabt, und John hätte die Entschuldigung angenommen und es ihr später nicht vorgehalten. Wahre Liebe hätte John auch geholfen einzusehen, inwiefern seine eigenen Schwächen zur Situation beitrugen. Es war das erste Mal in jenem Schuljahr, dass er die Kinder abgeholt und den Nachmittag mit ihnen verbracht hatte, und auch dazu hatte er sich nur ungern bereiterklärt. Im Sinn des Vergebens und Bekennens hätte John gesehen, dass seine Selbstbezogenheit zu Charlottes verzweifeltem Bedürfnis beigetragen hatte, sich mit Freunden zusammen zu entspannen.

Offensichtlich war der von John beschriebene Vorfall nur einer von vielen im Lauf der Jahre, bei dem er oder sie sich ungerecht behandelt gefühlt hatte. Sowohl John als auch Charlotte erwähnten grollend den Stress in ihrer Ehe, die vielen Arbeitsstunden und sogar die gegenseitige Haltung den Kindern gegenüber.

Wäre Liebe in der Ehe der Weg, würden die beiden keine Bitterkeit zwischen sich aufkommen lassen. Sie würden einander noch immer gelegentlich verletzen, absichtlich oder unbeabsichtigt. Doch der Angreifende würde sich rasch entschuldigen, und der Angegriffene wäre bereit zu vergeben und sich daran erinnern, dass es keine positiven Langzeitbeziehungen ohne Entschuldigungen und Vergebung gibt.

Höflichkeit

Es sagt etwas über die Auffassung der Ehe im Westen aus, dass Höflichkeit nur selten als notwendige Zutat betrachtet wird. Was hat es mit einer Verbindung fürs Leben zu tun, dass man jemandem die Tür öffnet oder ein Glas Wasser bringt? Da Höflichkeit bedeutet, das Potenzial eines Menschen für eine Freundschaft anzuerkennen, so teilt man dem Partner oder der Partnerin durch Höflichsein mit, dass man eine Freundschaft mit ihm oder ihr aufbauen möchte. Das ist deswegen wichtig, weil der Schlüssel zur erfolgreichen Ehe nicht nur Liebe zueinander ist, sondern auch dass beide einander mögen. Die glücklichsten verheirateten Paare sind gute Freunde, nicht nur ein Liebespaar oder Wohngenossen.

Mangelnde Höflichkeit in der Ehe ist eigentlich ein Zeichen dafür, dass Liebe für das betreffende Paar nicht der Weg ist. Das war bei John und Charlotte offensichtlich. Sie kamen mit ärgerlichem Gesichtsausdruck ins Besprechungszimmer, in einer Stimmung »jeder für sich«. Während des Gesprächs unterbrachen sie einander, gingen schroff miteinander um, griffen einander an und sahen einander kaum in die Augen.

Ihre Aussagen spiegelten nur, wie wenig ganz gewöhnlichen Anstand es in ihrer Ehe gab. Es wäre höflich von Charlotte gewesen, hätte sie vor dem Ausgehen mit ihren Freunden John angerufen, um sich mit ihm abzusprechen. Sie hätte ihm vielleicht auch danken können, dass er die Kinder an jenem Tag abgeholt hatte, was sie bei einer Nachbarin getan hätte. Stattdessen stellte sie aufgrund seiner Äußerung einfach Vermutungen an, als hätte sie ihn ärgern wollen, statt sich um der Beziehung willen um Klarheit zu bemühen.

Hätte John einem Freund einen Gefallen getan, hätte er sich mit einer positiveren Einstellung um die Kinder gekümmert. Erinnern Sie sich an die Zimtbrötchen, die er Charlotte mitzubringen pflegte? Dass er wenige Jahre später einige wichtige Bedürfnisse seiner Frau nicht mehr würdigen wollte, begann mit der Vernachlässigung ihrer kleineren Bedürfnisse.

Wenn Liebe in der Ehe zum Weg wird, fragen Mann und Frau beieinander nach, um sicherzugehen, was der andere meint. Schreien ist für sie kein Lebensstil. Merkt der Mann, dass seine Frau es mag, wenn er ihr die Autotür öffnet, so tut er es. Entdeckt er hingegen, dass dies nicht zu ihren Wünschen gehört, drängt er ihr sein Höflichkeitsverständnis auch nicht auf. Man hört immer wieder höfliche Paare in Gegenwart anderer etwas Positives voneinander sagen.

Sie danken einander für kleine Handreichungen. Was auch immer das Paar als Anstand betrachtet, spiegelt sich im alltäglichen Verhalten.

Genauso wie undichte Stellen in einem Damm anzeigen, dass ein größeres Problem droht, spiegelt das Fallenlassen von Höflichkeit in der Ehe das größere Problem, dass man einander nicht schätzt. Die Folgen des Vergessens »kleiner« Dinge, die man füreinander tat, lassen erkennen, wie groß sie eigentlich einmal waren.

> **Die Folgen des Vergessens »kleiner« Liebesdienste lassen erkennen, wie groß sie eigentlich sind.**

Bescheidenheit

Höchstwahrscheinlich haben John und Charlotte als frisch verheiratetes Paar viele Opfer füreinander gebracht. Sie lebten von einem kleinen Einkommen, damit beide ihre Lieblingskarriere wählen konnten. Sie nahmen zusätzliche Jobs an, damit der Partner nicht mehr Stunden als nötig zu arbeiten brauchte. Sie besuchten die Angehörigen des Partners, auch wenn sie lieber etwas anderes gemacht hätten. Beide taten es, weil sie sich gegenseitig schätzten. Sie waren sich ihrer Liebe füreinander so sicher, dass sie bereit waren, sich zugunsten des anderen zurückzunehmen. Doch jetzt saßen sie in meinem Büro und waren anscheinend nicht einmal bereit, das Haus füreinander sauberzumachen. Was war geschehen?

Als Charlotte sagte, sie wisse nicht, weshalb sie ihre Karriere auf Eis habe legen müssen, und John erwiderte, es habe damals ausgesehen, als tue sie es gerne, glaubte ich beiden. Charlotte *war* wahrscheinlich bereit gewesen, sich zurückzunehmen und erst einmal John Karriere machen zu lassen. Doch vielleicht hatte sie erwartet, dass John den Wert ihres Opfers anerkannte. Als sie diese Anerkennung nicht gesagt bekam, wuchs ihr Groll. Groll kann auch im Nachhinein entstehen: Charlotte hatte sich wahrscheinlich zu Beginn der Ehe bescheiden zurückgehalten, weil sie dachte, es sei gut für die Beziehung. Heute fragt sie sich, ob es sich gelohnt hat.

Wir haben Bescheidenheit als »Herzensfrieden« definiert, »der Ihnen erlaubt, sich zurückzunehmen, um den Wert eines Mitmenschen anzuerkennen«. Schätzen Ehepartner einander wirklich, so wünschen sie nichts sehnlicher, als dass der andere im Leben erfolgreich ist. Bescheidenheit verleiht Herzensfrieden, weil man den Erfolg des anderen nicht als etwas sieht, das den eigenen beeinträchtigt.

Es stimmt, dass es sich auf den eigenen beruflichen Erfolg auswirken kann, wenn man der Karriere des Mannes den Vorrang vor der eigenen gibt, die Frau eine großartige Geschichte in einer Runde erzählen lässt, die man eigentlich selber erzählen wollte, oder dem anderen Mut zuspricht, sich für einen Vortrag außerhalb des Wohnortes zu verpflichten. Bedenken Sie aber, dass aufrichtige Liebe das Wort *erfolgreich* anders deutet. Wahrer Erfolg entstammt dem Bestreben, den Wert des Mitmenschen anzuerkennen, was die Beziehung stärkt – auch auf die Gefahr hin, ein Opfer bringen zu müssen.

Großzügigkeit

»Was möchten Sie jetzt am liebsten von John haben?«, fragte ich Charlotte.

»Ich möchte, dass er mich küsst, wenn wir einander am Abend sehen. Ich würde mich vor dem Zubettgehen gerne etwas mit ihm unterhalten, und zwar über etwas anderes als die Kinder. Ich möchte, dass er ab und zu die Initiative ergreift, einen Babysitter anzurufen, damit wir zum Abendessen ausgehen können.«

Dann fragte ich John, was er am liebsten von Charlotte wolle.

»Mir wäre es lieb, wenn sie sähe, dass ich mein Bestes für die Familie gebe. Ich möchte, dass sie mir an Wochenenden etwas Zeit zum Alleinsein lässt. Ich möchte, dass sie die Küche öfter putzt, statt immer zu erwarten, dass ich es tue. Und ich möchte, dass sie aufhört, alles, was in unserer Ehe nicht stimmt, so darzustellen, als sei es nur meine Schuld.«

Was sich Charlotte am meisten von John wünschte, war Zeit. Er fand, er gebe bereits großzügig davon, indem er sich den ganzen Tag der Arbeit widmete und dann im Haus mithalf. Charlotte fiel es schwer, seine Liebe anzuerkennen, weil sie gern gehabt hätte, dass er sich zu ihr setzte und sich mit ihr unterhielt. Das nahm er als noch größeres Opfer wahr, weil es bedeutete, etwas anderes unerledigt zu lassen.

John wiederum hatte das Gefühl, übers Ohr gehauen zu werden. Zu Beginn der Ehe half Charlotte häufig im Haus mit und schien immer erfreut zu sein, wenn John eine Beförderung oder Lohnerhöhung bekam. Jetzt tat sie anscheinend jede Tätigkeit für ihn nur grollend.

Wenn Liebe in der Ehe zum Weg wird, suchen Mann und Frau nach Möglichkeiten, dem Partner das Leben leichter zu gestalten. Sie haben zum Beispiel Zeit füreinander. 20 Minuten auf dem Sofa, um einander anzusehen, zuzuhören und sich miteinander zu unterhalten, war bei der Heirat vielleicht nicht Johns Vorstellung von Liebe gewesen. Doch als er herausfand, dass es für seine Frau wichtig war, erforderte aufrichtige Liebe, ihr das zu schenken.

Ein liebevolles Paar arbeitet auch gerne miteinander. Zusammen kochen, den Rasenmäher flicken, Bügeln und Möbel aufpolieren sind lauter Fertigkeiten, die sich als Liebesäußerungen einsetzen lassen.

In einer liebevollen Ehe wirkt sich Großzügigkeit auch darauf aus, wie das Paar mit Geld umgeht. Die beiden besprechen ihre Finanzen offen miteinander und treffen gemeinsame Entscheidungen, die einander gegenseitig ehren und achten. Sie werden Geld nicht als »mein Geld« und »dein Geld« betrachten, sondern eher als »unser Geld«. Im Gegensatz zu Charlotte und John, die sich darüber stritten, wer am meisten opferte, um am meisten Geld zu verdienen, versteht sich ein wirklich liebevolles Paar als Team. Es spielt keine Rolle, ob der eine Partner mehr Geld einbringt als der andere. Das Paar arbeitet zusammen, damit das Leben funktioniert. Alles, was ihnen zufließt, ist somit das Ergebnis gemeinsamer Bemühungen.

Ein Thema, das John und Charlotte selten anschnitten, als ich sie besser kennen lernte, war Großzügigkeit Menschen außerhalb der Familie gegenüber. Großzügigkeit in der Familie fördert Großzügigkeit außerhalb der Familie, und das Umgekehrte trifft ebenfalls zu. Anderen großzügig zu geben, trägt dazu bei, die eigenen Probleme in der richtigen Perspektive zu sehen. Doch John und Charlotte konzentrierten sich inzwischen so ausschließlich auf sich selbst, dass die erste Priorität nach der Sorge für die Kinder ihre persönlichen Belange waren.

Ehrlichkeit

Wenn Liebe zum Weg in der Ehe wird, lässt kein Partner in der Beziehung Groll aufkommen. Die Liebe sagt: »Vielleicht sehe ich es falsch, aber ich empfinde das so … könnten wir nicht besser damit umgehen?« Die Liebe stellt, wie gesagt, keine Forderungen, sondern sucht nach einem Weg, auf dem sich beide als Mensch geachtet fühlen.

Charlotte und John hatten sich viele Gelegenheiten entgehen lassen, ehrlich miteinander zu sein. Hätte Charlotte ihr Bedürfnis nach Johns Anerkennung geäußert, als sie ihren Beruf aufgab, hätte sich ihr Groll wohl über die Zeit nicht so aufgebaut. Stattdessen wartete sie jahrelang, dass John von selbst darauf kam.

John hatte Charlotte nie gesagt, welche finanzielle Last er im Beruf empfand. Er schämte sich, ihr seine Besorgnis einzugestehen, er könne sich in seiner Karriere nicht wacker schlagen. Diese Zurückhaltung seiner Gedanken und Gefühle war auch in anderen Lebensbereichen ersichtlich. Als Charlotte ihn vor dem Abendessen an jenem Abend anrief, hätte er beispielsweise freundlich, aber ehrlich sagen können, er frage sich, ob sie rechtzeitig heimkomme, um den Kindern bei den Aufgaben zu helfen.

Einzelheiten und Gefühle mit dem Ehepartner zu klären, ist kein Zeichen einer Niederlage. Die liebevollsten Paare, die ich kenne, erwarten nicht vom anderen, er könne Gedanken lesen. Wie mir ein Freund neulich sagte: »Ich mag es, wenn mir meine Frau sagt, was sie empfindet. So brauche ich mir keine Sorgen zu machen, dass sie herumsitzt und über etwas brütet.« Im Lauf der Jahre kann Brüten in einer Ehe viel Schaden anrichten. Aufrichtigkeit erfordert, mit jedem Merkmal der Liebe vor Augen die Wahrheit zu sagen.

Kleine Unaufrichtigkeiten oder das Zurückhalten von Informationen erzeugen nicht nur Groll, sondern münden manchmal in kühnere Lügen. Johns und Charlottes Einsicht, eine Eheberatung zu brauchen, war ein wichtiger Schritt für sie. Das hat sie davor bewahrt, die Gewohnheit anzunehmen, zugunsten eigennütziger Interessen den Partner wirklich zu täuschen.

Echte Erfüllung

Ohne die sieben Qualitäten des liebevollen Menschen nimmt das ichbezogene Wesen des Menschen die Zügel in die Hand, nachdem das Hochgefühl der Verliebtheitsphase abgeflaut ist. Lernt man aufrichtig lieben, kann man in einer Beziehung eine Innigkeit erfahren, die befriedigender ist als jede vorübergehende Euphorie.

In meinen Augen wurde die Ehe dazu eingerichtet, um Männern und Frauen Gelegenheit zu geben, einander mit sinnvollen Liebesäußerungen zu dienen und dabei die Freiheit zu haben, ihre jeweiligen Interessen und Talente zu entfalten. Sind beide der Liebe des Partners sicher, können sie von diesem starken Fundament aus anderen etwas zuliebe tun.

Die Ehe war nie dazu gedacht, unglücklich zu machen. Sie sollte eine Einrichtung der Liebe, des Dienens und der großen Freude sein. Die Ehe kann Ihnen zudem auf eine Art helfen, liebevoller zu werden, die Sie sonst nicht hätten. Wenn Liebe zum Weg wird, hat die Ehe ihren höchsten Zweck erfüllt.

Umsetzen

Zum Nachdenken

1. Erinnern Sie sich an einen Streit, den Sie vor kurzem mit Ihrem Mann oder Ihrer Frau hatten. Haben Sie gleich so reagiert, ihm/ihr für die Unstimmigkeit die Schuld zuzuschieben? Wenn ja, wie haben Sie es getan?

2. Erinnern Sie sich an eine Zeit, als Sie Ihrem Mann/Ihrer Frau Liebe gezeigt haben, obwohl er/sie diese nicht erwiderte. Wie sind Sie damit umgegangen, dass Sie keine Reaktion bekamen?

3. Welche Qualität der Liebe fällt Ihnen in Ihrer Ehe am schwersten? Was könnten Sie diese Woche tun, um diesen liebevollen Zug Ihrem Mann/Ihrer Frau zu zeigen?

Für das Partnergespräch

1. Wie schätzen Sie in Ihrer Beziehung das Niveau der gegenseitigen Liebesdienste ein?

2. Wenn Sie etwas im Umgang miteinander ändern könnten, was wäre es?

3. Die meisten Paare berichten, dass sie sich immer wieder
   über dasselbe streiten. Überlegen Sie, worüber Sie häufig
   streiten, oder denken Sie an eine kürzliche Auseinandersetzung, auch wenn es um eine »Kleinigkeit« ging.
   Was wäre, wenn beide in dieser Situation mit allen sieben Qualitäten der Liebe reagierten? Gehen Sie diese
   eine nach der anderen durch, wie wir es bei John und
   Charlotte getan haben, und überlegen Sie, ob Sie künftig anders handeln könnten, wenn sie Ihnen präsenter
   wären.

Liebe als Weg für Eltern

Was auch immer Sie sich für Ihre Kinder erwünschen,
sollten Sie ihnen in Wort und Tat vorleben.
Lydia H. Sigourney

Jonathan und Erika saßen bei mir im Büro. Sie waren seit zwei Jahren verheiratet. Ich kannte sie, aber nicht gut, und als ich ihre Namen auf meinem Terminkalender sah, ging mir der Gedanke durch den Kopf: »O nein. Hoffentlich haben sie keine Eheprobleme.« Daher war ich angenehm überrascht, als Jonathan mitteilte: »Wir haben eben erfahren, dass Erika schwanger ist, und gemerkt, dass wir keine Ahnung von Elternschaft haben. Ich bin in einer ziemlich unharmonischen Familie aufgewachsen, Erika auch. Wir möchten nicht, dass unser Kind in einem ähnlichen Zuhause aufwächst wie wir, und dachten, Sie könnten uns ein paar Hinweise geben, wie wir gute Eltern werden könnten.«

Nachdem ich Jonathan und Erika gesagt hatte, wie sehr es mich freute, dass sie vor Ankunft des Babys etwas über Elternschaft lernen wollten, fuhr ich fort: »Das Wichtigste, das Eltern für Kinder tun können, ist, sie zu lieben und ihnen beizubringen, andere zu lieben. Wenn sich ein Kind geliebt fühlt, fühlt es sich auch sicher und ist gefühlsmäßig

offen, von den Eltern zu lernen. Fühlt sich das Kind von
den Eltern nicht geliebt, wird es viel wahrscheinlicher ihre
Unterweisung und Erziehung ablehnen.«

»Ich glaube, das ist uns klar«, sagte Jonathan, »denn wir
beide haben nicht viel Liebe von den Eltern bekommen.
Mein Vater hat meine Mutter verlassen, als ich fünf war, und
die Erinnerung daran ist noch immer schwierig. Erikas Vater
ist zwar nicht weggegangen, aber er hat ihre Mutter sehr
schroff behandelt und sie und ihre Schwester ständig kritisiert. Ich glaube, wir machen uns deswegen solche Gedanken. Wir wollen nicht, dass unsere Kinder mit den gleichen
Gefühlen aufwachsen, die wir für unsere Eltern empfinden.«

»Dieses Muster könnt Ihr auf jeden Fall auflösen«, sagte
ich, »indem Ihr zuerst darauf achtet, dass Ihr einander
liebt.« Im übrigen Gespräch ging es vor allem über die
Liebe zu den Kindern, weil sie in meinen Augen die wichtigste Grundlage aller elterlichen Fähigkeiten ist.

Alle Eltern denken irgendwann: »Ich hätte reisen (oder
diese Arbeit annehmen oder mehr Zeit außer Haus verbringen) wollen, und jetzt haben wir Kinder, und ich kann es
nicht tun.« Solche Gedanken sind normal, aber wenn man
diese ichbezogene einer liebevollen Einstellung vorzieht,
merkt es das Kind. Konzentriert man sich hingegen darauf,
zu Hause befriedigende Beziehungen aufzubauen, wird das
Kind zum Empfänger dieser Liebe.

Wenn Sie Vater oder Mutter sind, wissen Sie, dass Elternschaft die egoistischen Seiten schneller ans Licht holt,
als uns lieb ist. Sie kann aber auch wie nichts sonst aufrichtige Liebe wecken und zu einer der erfüllendsten Beziehungen des Lebens führen.

Ihr Kind mit den sieben Qualitäten der Liebe zu lieben, ist die grundlegendste elterliche Fähigkeit, die Sie je erlernen können.

~ Welche Stärken habe ich als Vater/Mutter? ~

Stufen Sie sich auf einer Skala von 0 bis 10 dahingehend ein, wie gut Sie die folgenden Qualitäten der Liebe Ihrem Kind/Ihren Kindern in der letzten Woche gezeigt haben. 10 ist der höchste Rang. Lesen Sie danach das Kapitel zu Ende, indem Sie sich Ihre Stärken und Schwächen vor Augen halten.

_____ Güte

_____ Geduld

_____ Vergebung

_____ Höflichkeit

_____ Bescheidenheit

_____ Großzügigkeit

_____ Ehrlichkeit

Ein musikalisches Ereignis

Die junge Mutter Julie erzählte mir eine vor kurzem vorgefallene Begebenheit mit ihrem siebenjährigen Sohn, die sich wunderbar dazu eignet, die Qualitäten der Liebe durch die Linse der Elternschaft zu betrachten.

Wochenlang konnte Julies Sohn Caleb von nichts anderem als der Schulaufführung des Musicals der zweiten Klasse reden. Er war ganz aufgeregt, dass er im letzten Lied die Trommel schlagen sollte. Als der Nachmittag für die Aufführung näher rückte, merkte Julie, dass sie sich an jenem Tag nicht von der Arbeit freinehmen konnte. Sie sagte Caleb, sie besuche die Hauptprobe am Vortag, und sein Vater komme zur Vorführung selbst. Caleb schien damit einverstanden zu sein.

Am Tag der Probe sah Julie mit an, wie die Musiklehrerin allmählich die Kontrolle über den Saal voller Zweitklässler verlor. Einige Instrumente setzten nicht zur richtigen Zeit ein, manche Kinder starrten geradeaus, statt zu singen, und das Lachen und Reden der Kinder wuchs sich zum Lärm aus. Julie sah, wie frustriert Frau Horner war. Sie merkte auch, dass der empfindsame Caleb verstört war und kaum mit dem Chaos im Saal und dem Ärger in der Stimme der Lehrerin zurechtkam.

»Ich will, dass ihr euch alle *sofort* hinsetzt, wo ihr seid!«, schrie Frau Horner schließlich, um den Lärm zu übertönen.

Da rannte Caleb aus der Turnhalle.

Julie ging ihm nach und fand ihn schluchzend bei der Wasserfontäne. Sie kniete nieder, um auf seiner Augenhöhe zu sein, und sagte: »Da drinnen war allerhand los, nicht wahr?«

»Ich hasse das! Ich hasse Frau Horner! Ich hasse die Trommeln! Ich hasse es, wenn Leute mich anschreien! Ich geh da nicht wieder rein!«, schrie Caleb unter Zornestränen.

Julie erschrak über seine Lautstärke und musste sich zu-
sammennehmen, um ihn nicht wegen seiner heftigen Reaktion zurechtzuweisen. Gleichzeitig wollte sie ihn eilends
nach Hause in Sicherheit bringen. »Wir sind schuld, dass
er so empfindsam ist«, dachte sie. »Ich hätte ihn auf so etwas vorbereiten müssen.«

Stattdessen sagte sie: »Caleb, ich verstehe, weshalb du so
verstört bist, aber bitte schrei nicht so. Du brauchst nicht so
verletzende Worte zu sagen, wenn du wütend bist.« Julie redete einige Zeit mit Caleb über die Vorfälle in der Turnhalle
und erklärte, dass wahrscheinlich auch andere frustriert waren. »Aber wir müssen wieder zurück. Frau Horner hat so hart
mit euch allen gearbeitet, und du machst es prima.«

Schließlich ging Julie mit ihrem tränenüberströmten
Sohn wieder zurück in den Saal, vorbei an den neugierigen
Gesichtern der Lehrer und einiger anderer Eltern. »Er war
krank. Deswegen ist es heute für ihn schwieriger als sonst«,
wollte Julie erklärend sagen. »Er hat so ein großes Herz ...«
Doch sie schwieg, nickte Caleb aufmunternd zu und setzte
sich für die verbleibende Zeit der Probe still auf einen
Klappstuhl.

Caleb stand den Nachmittag durch, aber an jenem
Abend gingen er und Julie die ganze Szene nochmals durch.

»Ich geh *nicht* hin!«, schrie Caleb und warf seine Stoff-
tiere im Zimmer herum. Julie sah einen Kampf am Horizont
aufsteigen. Sie setzte sich in seinem Zimmer auf den Boden
und wartete, bis er seine Frustration einigermaßen abre-
agiert hatte.

»Es war ein entmutigender Tag heute, aber ich weiß, dass
du es kannst, Caleb. Erinnere dich, wie du dich darauf ge-

freut hast, die Trommel zu schlagen! Das Musical läuft vielleicht nicht, wie du es gerne hättest, aber du fühlst dich
bestimmt besser, wenn du gehst.«

»Aber ich *will* nicht mehr hin. Und du kommst nicht
einmal. Du willst immer, dass ich etwas tue, was ich nicht
will!« Er unterbrach sich, schielte zu Julie hin und fügte
hinzu: »Ich hasse dich!«

Julie versuchte, ihre Stimme unter Kontrolle zu halten:
»Es tut mir leid, dass du das für mich empfindest. Das empfinde ich nicht für dich. Hast du gewusst, dass solche Worte
mich verletzen, auch wenn ich eine Mami bin? Ich möchte,
dass du dich entschuldigst, bevor wir weiterreden.«

Caleb war von seinem Ausbruch offenbar selbst überrascht. »Tut mir leid«, brummelte er. Als Julie nichts erwiderte, sah er auf und wiederholte deutlicher: »Es tut mir
leid.«

»Danke. Ich wollte dir auch sagen, Caleb, dass ich heute
eine Entscheidung getroffen habe, weil ich morgen wirklich zu deiner Musikvorführung kommen möchte. Ich habe
Herrn Cates gesagt, ich könne bei der Sitzung nicht da sein.
Aber ob ich dabei bin oder nicht, ich finde es wichtig, dass
du hältst, was du Frau Horner versprochen hast, und beim
Musical mitmachst. Das wäre eine freundliche Geste.«

Misstrauisch beäugte Caleb seine Mutter. Nach weiterem Hin und Her erklärte er sich einverstanden, am nächsten Tag beim Musical mitzumachen.

»Caleb, wir müssen noch über etwas anderes reden«,
sagte Julie, bevor sie das Zimmer verließ. »Du hast eben
gesagt, dass du beim Musizieren mitmachst, und ich bin
stolz auf dich, dass du dich so entschieden hast. Wenn du

aber deswegen weiterjammerst oder dich morgen deswegen schlecht aufführst, darfst du eine Woche lang den Computer nicht benutzen. Klar?«

Caleb nickte ernst.

Als sich Caleb am nächsten Tag auf die Schule vorbereitete, stieß Julie einen Erleichterungsseufzer aus. Er sah zwar grimmig drein, beklagte sich aber nicht. Fast hätte sie gesagt, er brauche nicht zu gehen. Doch als er am Nachmittag nach der Aufführung zu seinen Eltern eilte, war sie froh, bei ihrer ursprünglichen Entscheidung geblieben zu sein. Calebs Gesicht strahlte vor Stolz und Zufriedenheit, sein Bestes für eine Aufgabe gegeben zu haben, die er gar nicht hatte tun wollen.

Güte

Gehen wir die bisher besprochenen Qualitäten der Liebe durch und sehen, wie Julie beim Muttersein den Weg der Liebe ging. Erstens redete sie freundlich mit Caleb, auch als seine Frustration hohe Wellen schlug. Wenn jemand schreit, reagiert man normalerweise mit Zurückschreien. Kindern mit sanfter Stimme zu antworten, ist etwas ganz Einfaches, das Eltern im Alltag tun könnten. Man kann ein Kind anschreien, wenn es vor einem fahrenden Auto auf die Straße rennen will. Doch sollte Schreien für liebevolle Eltern nie zum Normalverhalten werden. Man nimmt die Gewohnheit zu schreien leicht an, aber es schürt im Herzen des Kindes nur Groll.

Julie bewies auch Güte, als sie Calebs Gefühle akzeptierte. Sie sagte ihm nicht: »Nimm dich zusammen, sonst …!« Sie sah, dass sein Bedürfnis tiefer ging, als es die Situation oberflächlich gesehen erforderte, und nahm ihn ernst, indem sie sich Zeit für ein Gespräch mit ihm nahm. Zudem lebte sie Caleb Güte vor, indem sie Gutes über Frau Horner sagte, auch wenn die Lage weitgehend eine Folge ihrer Ungeduld war.

Wenn man möchte, dass Kinder andere freundlich behandeln, muss man es ihnen vorleben. Der Vater, der etwas so Einfaches tut, wie seiner Tochter freundlich in den Mantel zu helfen, zeigt ihr, wie man anderen hilft. Eine schroffe Behandlung und schneidende Worte sind für ein kindliches Gemüt tödlich, sanfte Berührungen und freundliche Worte hingegen bereichern es.

Geduld

Geduld ist die Kardinaltugend der Eltern. Ob man darauf wartet, bis eine Zweijährige die Socken selbst angezogen hat, oder versucht, mit einem 17-jährigen Sohn zu reden, der monatelang nur geschwiegen hat – Elternschaft erinnert immer wieder daran, dass Kinder genau wie alle anderen einen Prozess durchlaufen.

Viele Eltern haben mehr Geduld, wenn das Kind noch klein ist. Wenn es beispielsweise gehen lernt, bleiben sie einen Meter entfernt stehen und sagen: »Komm, du kannst gehen. Komm.« Das Kind macht einen halben Schritt und fällt hin. Was sagen sie dann? Sie sagen nicht: »Du dummes Kind. Kannst du nicht gehen?«, sondern: »Prima! Gut gemacht!« Was geschieht dann? Das Kind steht auf und versucht es wieder.

Wir vergessen oft, wie wirksam Geduld ist, wenn das Kind Calebs Alter erreicht hat. Wie er bekommen unsere

Kinder immer wieder dieselben Probleme vorgesetzt. Wann lernen sie es endlich? Sind wir daran schuld? Wie oft muss man ihnen dasselbe sagen?

Geduld bei der Erziehung braucht Zeit. Man übergibt dem Kind eine Pflicht, lobt es für seine Bemühungen und bringt ihm bei, wie es die nächste Reifestufe erreicht. Julie tat dies, indem sie Caleb sagte, er solle sein Versprechen halten, seinen Einsatz lobte und ihn ermutigte, etwas zu tun, was ihm schwerfiel. Sie ließ ihm auch Zeit, seine Gefühle auszudrücken.

Kinder lernen mit der Zeit, dass gutes Verhalten etwas bringt, schlechtes Verhalten hingegen das Leben schwieriger macht. Geduldige Eltern, die mit dem Prozess mitgehen, beweisen Liebe.

Vergebung

Caleb hatte Julie nicht nur vor anderen Eltern in Verlegenheit gebracht, er hatte sie auch angeschrien und ihr gesagt, er hasse sie. Julie zeigte, dass sie ihm verzeihen wollte, indem sie ihm ihre Betrübnis mitteilte und ihm erklärte, weshalb sein Verhalten falsch war. Dann bat sie ihn, sich zu entschuldigen. Als Caleb sagte, es tue ihm leid, nahm sie seine Entschuldigung an und nahm das Nächste in Angriff.

Verzeihen heißt nicht, dass Eltern ein Kind nicht zu Disziplin anhalten. Genau wie in Erwachsenenbeziehungen tilgt Vergebung nicht immer die Folgen einer Tat oder einer Aussage. Das Kind muss lernen, dass sich liebloses Verhalten immer negativ auswirkt. Vergebung lässt die Beziehung fortbestehen und weiterwachsen.

Für liebevolle Eltern ist Verzeihen etwas, das in beide Richtungen fließt. Man verzeiht dem Kind, wenn es sich entschuldigt, und man entschuldigt sich, wenn man es ungerecht behandelt hat. Manche Eltern wollen sich nicht bei Kindern entschuldigen, weil sie befürchten, sie würden sie dann nicht mehr achten. Das Gegenteil ist der Fall. Kinder respektieren Eltern mehr, wenn sie sich entschuldigen, und verstehen besser, dass es in allen Beziehungen nötig ist, sich zu entschuldigen und zu vergeben, wenn diese gedeihen sollen.

Höflichkeit

Julie war ganz einfach höflich zu Caleb, als sie auch mitten in der angespannten Situation Bitte und Danke sagte. Das Wichtigste aber: Sie respektierte ihn und achtete seine Empfindsamkeit.

Normalen Anstand lernt man. Er ist nicht einfach plötzlich da, wenn das Kind älter wird. Liebevolle Eltern behandeln ihre Kinder mit der gleichen Achtung, die sie Freunden entgegenbringen. Julie verlor nie ihre Autorität Caleb gegenüber, gab ihm aber zu spüren, dass er ein wertvoller Mensch und seine Gefühle wichtig waren. Diese höfliche Einstellung half ihr, in einer schwierigen Lage Liebe zu vermitteln.

Bescheidenheit

Bescheidenheit ist ein Wort, das in der Elternliteratur kaum vorkommt. Man stellt sich Eltern gewöhnlich als Autoritätspersonen vor, und Bescheidenheit passt offenbar nicht dazu. Doch wahre Bescheidenheit und liebevolle Au-

torität gehen immer Hand in Hand. Um einem Kind aufwachsen zu helfen, muss man manchmal bereit sein, das
eigene Bedürfnis nach Anerkennung oder Beifall wegzule-
gen.

Julie begab sich zum Beispiel körperlich und gefühlsmäßig auf Calebs Ebene, als er Hilfe brauchte. Eigentlich hatte sein Verhalten ihren Stolz verletzt. Sie hatte das Gefühl,
sich den anderen Eltern gegenüber rechtfertigen zu müssen,
fand aber, es spiele keine Rolle, was sie dachten. Wichtig
war nur Calebs Wachstum und sein Umgang mit anderen.

Bescheidenheit erfordert zudem, eine der offensicht-
lichsten Fallen bei der Erziehung zu vermeiden, nämlich
Schuldgefühle. Wenn Sie sich fragen, ob Sie eine perfekte
Mutter oder ein perfekter Vater sind, sage ich Ihnen gleich:
Sie sind es nicht. Wenn Sie sich aber ständig mit Ihren
Schwächen befassen, lenkt es Sie davon ab, Ihr Kind zu
lieben.

Hätte Julie zu lange über alle Fehler als Mutter nachgedacht, hätte sie Caleb nicht aufrichtig lieben können. Sie
konzentrierte sich aber bescheiden auf das, was Caleb in
dem Moment vor allem brauchte. Nach dem Musical hat
Julie vielleicht darüber nachgedacht, wie sie Caleb besser
darauf hätte vorbereiten können, mit anderer Menschen
Ärger umzugehen. Bescheidenheit heißt bereit sein, die
Erziehung zu verbessern, ohne jedoch die ganze Verantwortung für das Fehlverhalten des Kindes zu übernehmen.

**Bescheidene Eltern geben ihre Schwächen zu,
halten sich aber nicht damit auf.**

Großzügigkeit

Geben beginnt an dem Tag, an dem Ihr Kind in Ihr Haus kommt, und dauert ein Leben lang. Mit Liebe als Weg ist Geben zu Hause das Normalste, was man tut.

Julia widmete Caleb die nötige Zeit, um seine Gefühle zu äußern und eine gute Entscheidung zu treffen. Sie zeigte ihm auch, dass man manchmal etwas Wichtiges für andere opfern muss. Sie hatte am Tag des Musicals auf ihre Sitzung verzichtet, und Caleb brachte ein Opfer, indem er etwas tat, das er nicht tun wollte.

Großzügigkeit bedeutet nicht, Kindern alles zu geben, was sie wollen. Julie hätte in dem Sinn »großzügig« sein können, dass sie Caleb einen Schultag zu Hause behielt, nur wäre dieses Geben selbstbezogen gewesen.

Im Alltag weiß man manchmal nicht, ob man einem Kind etwas versagen soll. Da hilft die Frage: »Sage ich Nein nur für mich oder auf der Basis der sieben Charakterzüge des liebenden Menschen?

Ehrlichkeit

Kinder mögen keine Wahrheit mit Zuckerguss. Julie hätte Caleb gern gesagt: »Ich weiß, dass du riesigen Spaß haben wirst«, oder »Frau Horner sagte mir, wie traurig sie sei, dass du beim Musical nicht mitmachen willst«. Solche Notlügen hätten das Gespräch zwischen Julie und Caleb vielleicht rascher beendet, aber nicht dazu beigetragen, ihre Beziehung zu festigen oder Caleb beizubringen, wie wichtig Ehrlichkeit ist. Womöglich hätte er beim Musical *keinen* Spaß gehabt und Frau Horner hätte an nichts anderes gedacht als daran, den nächsten Tag zu überstehen. Caleb musste lernen, dass er sich wahrscheinlich besser fühlen würde, wenn er sein Versprechen hielt, auch wenn die Dinge nicht genauso herauskamen, wie er sie haben wollte. Julie war zudem ehrlich, als Caleb sie verletzte. Er musste lernen, dass Worte kränken können.

Wenn Sie vergessen, zum Klaviervorspiel Ihres Kindes zu gehen, und ihm sagen, Sie seien im Stau steckengeblieben, oder wenn Sie nicht mehr Ball spielen möchten und vortäuschen, sie müssten telefonieren, bringen Sie dem Kind auf subtile Weise bei, dass es in Ordnung ist, die Wahrheit zu vertuschen, um sich zu rechtfertigen. Sie sind der erste Mensch auf Erden, dem Ihr Kind vertraut. Eine gesunde Eltern-Kind-Beziehung lässt sich nicht auf Lügen aufbauen.

Von George Bernard Shaw stammt der Satz: »Die besterzogenen Kinder haben ihre Eltern genau so gesehen, wie sie sind. Heuchelei ist nicht die erste Pflicht der Eltern.« Liebende Eltern lügen nicht, um eigene Schnitzer zu überdecken oder sich aus einer heiklen Situation mit ihren Kindern zu ziehen. Ihre Einstellung zu Hause und außer Haus ebenso wie Wort und Tat passen bei ihnen zusammen.

Die Macht der Liebe

Elizabeth Stone schreibt, ein Kind zu haben sei, als »gehe das Herz außerhalb des eigenen Körpers spazieren«. Kinder spüren genau, was Erwachsene aufregt, was ihnen gefällt und was sie zum Schmelzen bringt. Jeden Tag wecken sie das Beste oder Schlimmste in den Eltern – oder vielmehr: Sie lassen es zu. Wie bei jeder Beziehung sollte man die Art der Liebesbeweise nicht nach dem Verhalten des Kindes richten. Auf dem Weg der Liebe versucht man, die Kinder zu ihrem eigenen Nutzen zu erziehen und um der Befriedigung willen, diese Liebe in ihrem Herzen weiterleben zu sehen.

Umsetzen

Fragen zum Nachdenken und zur Diskussion

1. Welchen Einfluss haben Ihre Kindheitserlebnisse Ihrer Meinung nach auf Sie als Elternteil?
2. Wie drücken Sie die Liebe zu Ihrem Kind am liebsten aus? Weshalb?
3. Wann finden Sie es am schwierigsten, Ihr Kind aufrichtig zu lieben?
4. Wie reagieren Sie gewöhnlich, wenn Schuldgefühle wegen etwas Sie plagen, was Sie Ihrem Kind angetan oder gesagt haben?

Anwendungsmöglichkeiten

1. Denken Sie an eine alltägliche Auseinandersetzung mit Ihrem Kind. Wie sähe es aus, wenn Sie in dieser Situation mit jedem der sieben Charakterzüge der Liebe reagierten? Gehen Sie diese nacheinander durch, wie wir es eben getan haben, und überlegen Sie, ob Sie künftig mit diesen Qualitäten nicht anders reagieren könnten.
2. Wären Sie bereit, Ihrem Kind folgende Fragen zu stellen und seine Antworten ernst zu nehmen? (Ich schlage vor, eine Frage pro Woche zu stellen.)

a) Was könnte ich tun, um dir zu helfen?

b) Hättest du eine Idee, wie ich eine bessere Mutter/ein besserer Vater sein könnte?

c) Was soll ich dir diesen Monat beibringen?

d) Was soll ich nicht mehr machen?

Liebe als Weg am Arbeitsplatz

*Kleine Freundlichkeiten, Höflichkeiten und
Rücksichtnahmen, die man sich zur Gewohnheit macht,
verleihen mehr Charme als große
Begabungen und Leistungen.*
Mary Ann Kelty

Ramona starrte auf die E-Mail. »Wir freuen uns, die Markt-
einführungsparty für den neuen Tomkinsmonitor anzukün-
digen. Die Party findet nächsten Mittwoch um 10 Uhr im
Konferenzzimmer statt.« Die E-Mail von Jeff war an die
Marketing-, die Design- und die Produktionsabteilung gerichtet. »Zur Vorbereitung für die Fachmesse Mitte des
Jahres werden wir das Produkt vorstellen und Vorschläge
für neue Marketingstrategien aufgrund des unvergleichlichen Produktdesigns sammeln. (Sie werden bemerken, dass
die Designabteilung uns in eine leicht andere Richtung
gelenkt hat als ursprünglich geplant.) Danach feiern wir die
Einführung dieses spannenden neuen Gerätes, auf das wir
so lange gewartet haben.« Nach einigen weiteren positiven
Sätzen kam die Unterschrift.

Ramona war wütend, und zwar sehr. Ihre bisherige Beziehung zu Jeff war ein Minenfeld. Seine Erwartungen waren unrealistisch. Er forcierte eigene Ideen, ohne auf andere zu hören. Er machte Bemerkungen, die fröhlich klangen,

aber Mitarbeiter herabsetzten. In besseren Zeiten erkannte Ramona sehr wohl, dass Jeff seine Arbeit gut machte und sein Bestes gab. Das aber war kein guter Moment. Sie nahm den Telefonhörer in die Hand und legte wieder auf. Sie erhob sich, stürmte in Tims Büro auf der anderen Seite des Flurs und machte die Tür hinter sich zu. Tim drehte sich mit einem viel sagenden Blick auf dem Stuhl um: »Ich weiß. Ich habe sie eben gelesen.«

»Diese E-Mail ist noch ein Beispiel dafür, dass Jeff nicht zuhört. Ich habe ihm erst letzte Woche gesagt, dass wir noch mindestens einen Monat brauchen, bis wir für die Einführungsparty bereit sind. Und hast du den Seitenhieb über die Richtungsänderung gesehen? Er schnallt es einfach nicht. Wenn er bei den Probeläufen aufgepasst hätte, hätte er vielleicht gesehen, weshalb wir mittendrin etwas ändern mussten. Ich bin es so leid, immer von ihm hören zu müssen, wir seien zu spät dran. Nur um selbst gut dazustehen, stellt er es so dar, als sei alles unsere Schuld. Ich sehe *ihn* jedenfalls nicht um acht Uhr abends im Büro, wenn ich noch dasitze und arbeite.«

»Ich weiß«, sagte Tim. »Er piesackt uns immer wieder, und dabei weiß er nicht einmal, wie das Ganze aus unserer Sicht aussieht. Wenn wir den Monitor diese Saison vorstellen, werden wir das Problem mit der Batterie nie lösen können, bevor die Bestellungen hereinkommen.«

Sie sahen auf, als ihre Vorgesetzte Meghan an die Tür klopfte und hereinkam. »Ich wollte Ihnen bloß das hier zurückgeben«, sagte sie und übergab Tim eine Aktenmappe.

»Danke. Oh, haben Sie Jeffs E-Mail gesehen?«

»Ja. Ich bin auf dem Weg zu ihm, um mit ihm darüber zu sprechen. Ich glaube nicht, dass wir bis nächsten Mittwoch bereit sind, was meint ihr?«

Tim und Ramona sahen einander befriedigt an: »Wir haben eben darüber gesprochen«, sagte Ramona. »Jeff hat ein Problem mit Details, oder? Er hört einfach nicht zu.«

»Nun, ich lasse Sie wissen, was ich höre.« Damit ging Meghan und schloss die Tür hinter sich.

»Ich habe einfach genug«, sagte Ramona, nachdem Meghan gegangen war. »Ich glaube, wir müssen ihr sagen, weshalb Jeff nicht in dieser Stellung sein sollte.« Tim und Ramona beklagten sich noch einige Minuten und senkten bei der Erörterung der Fehler ihres dreisten Mitarbeiters die Stimmen immer wieder zu lautem Flüstern. Schon bald klopfte Meghan wieder an die Tür.

»Wollte nur sagen, dass ich mit Jeff gesprochen habe. Wir verschieben die Einführungsparty auf nächsten Monat. Dann haben wir etwas mehr Zeit, alles hinzubekommen, und Mark ist dann auch hier und kann mitmachen. Ich habe Jeff gesagt, wir hätten die Fachmesse noch immer im Sinn, aber wir wollten sichergehen, das bestmögliche Produkt vorstellen zu können.«

»Wusste Jeff nicht einmal, dass Mark nächste Woche gar nicht da ist?«

Meghan hob die Augenbrauen: »Jeff hat die Sitzung eigentlich deswegen früher angesetzt, weil er wusste, dass ihr Mark gerne dabeigehabt hättet, und er hatte gehört, Mark sei dann frei. Ich habe Jeff schon lange nicht mehr so begeistert über ein Projekt gesehen. Er kann es kaum erwarten, es über die Bühne zu bringen.«

»Wahrscheinlich wusste er nicht, dass die Produktion noch immer am Batterieproblem arbeitet?« Ramona bemühte sich, sowohl Jeffs Versehen wie die Ineffizienz der Produktion freundlich zu erwähnen.

»Er weiß, dass es da ein Problem gibt, aber er dachte, wir wären schon weit genug, um weiterzumachen. Er sagte, ihr hättet letzte Woche darüber gesprochen?«

Ramona zögerte. Sie war noch zu keinem Zugeständnis an Jeff bereit. »Wir haben darüber gesprochen, dass es zwar *möglich* wäre, uns früher zu treffen, aber besser, noch etwas zu warten.«

»Nun, so hat er es nicht verstanden. Jedenfalls ist jetzt alles in Ordnung. Er schickt gleich noch eine Mail raus.« Meghan war schon auf dem Weg hinaus, als Ramona sie zurückrief.

»Wir haben eben gedacht, dass solche Dinge bei Jeff zu oft passieren«, murmelte sie, »finden Sie nicht auch?«

»Nicht unbedingt. Ich weiß, Jeff sagt manchmal etwas, ohne darüber nachgedacht zu haben. Wenn er sich auf etwas konzentriert, fällt es ihm schwer, etwas anderes zu hören. Aber er leistet gute Arbeit. Es ist hauptsächlich ihm zu verdanken, dass unsere Verkäufe im letzten Quartal gestiegen sind«, sagte Meghan lächelnd und ging diesmal wirklich, ließ aber die Tür offen.

Ramona war ernüchtert. Anscheinend würde Jeff in nächster Zeit nirgendwohin gehen. »Ich nehme an, das war's«, sagte sie zu Tim, »ich gehe wohl besser wieder an die Arbeit.« Als sie in ihr Büro zurückkam, las sie Jeffs E-Mail noch einmal. Das Problem mit der Sitzung mochte zwar gelöst sein, aber sie würde Jeff nie mögen, das war klar.

Vielleicht würde er das nächste Mal, wenn so etwas passierte, nicht so leicht davonkommen. Sie schüttelte den Kopf und klickte die Mail vom Bildschirm.

∼ Wie liebevoll bin ich am Arbeitsplatz? ∼

Bewerten Sie auf einer Skala von 0 bis 10 (wobei 10 das Höchste ist), wie gut Sie die Qualitäten der Liebe letzte Woche Ihren Mitarbeitern gegenüber bewiesen haben. (Für diesen Test können Sie sich eine Person aussuchen, entweder die engste Mitarbeiterin oder jemanden, mit dem Sie die meisten Unstimmigkeiten haben.) Halten Sie sich Ihre Stärken und Schwächen beim weiteren Lesen des Kapitels vor Augen.

_____ Güte

_____ Geduld

_____ Vergebung

_____ Höflichkeit

_____ Bescheidenheit

_____ Großzügigkeit

_____ Ehrlichkeit

Aufruf zum wirklichen Erfolg

Beziehungen am Arbeitsplatz sind oft eine Herausforderung, wenn man sich vornimmt, nach den sieben Qualitäten des liebevollen Menschen zu leben. Die meisten Kollegen, wenn nicht alle, mit denen man acht (oder zehn oder elf …) Stunden täglich verbringt, hat man sich nicht ausgesucht. Dabei verbringen die meisten Menschen mehr Zeit mit ihnen als mit der Familie.

Arbeitsbeziehungen bieten hervorragende Gelegenheiten zur Förderung der Liebesfähigkeit, denn sie verlangen, den Wert von Menschen mit verschiedenen Prioritäten, unverwechselbaren Persönlichkeiten, eigenen Bedürfnissen und manchmal vollgestopften Terminkalendern wahrzunehmen. Dabei ist man im Umgang mit anspruchsvollen Vorgesetzten, ungeduldigen Kunden und Terminen gestresst. Vielleicht stellt man sich den Arbeitsplatz nicht als Ort für Liebesdienste vor, doch wenn man gute Beziehungen mit den Mitarbeitern pflegen möchte, ist man motiviert, sich jede der sieben Qualitäten der Liebe zur Gewohnheit zu machen.

Güte

Wir haben gelernt, bei der Arbeit voranzukommen sei wichtiger, als auf die andern zu achten. Beruflicher Ehrgeiz an sich ist nicht falsch. Zum normalen Arbeitstag gehört selbstverständlich, dass man beim Chef gut dastehen will, geknickt ist, wenn jemand eine eigene wunderbare Idee herabsetzt, und dass man nach Gelegenheiten sucht, die eigenen Stärken zur Schau zu stellen. Dabei nutzt man allerdings ganz leicht das Versagen anderer dazu, eigene Leistungen hervorzuheben, heimst Lob für die Arbeit anderer ein oder tut so, als seien niedriger gestellte Mitarbeiter unwichtig.

Erfolg in der Karriere bei gescheiterten Beziehungen ist ein schlechter Tausch. Das kurzzeitige Hochgefühl egoistischer Höhepunkte ist es nicht wert, Mitmenschen herabzusetzen oder Beziehungen zu zerstören, die längerfristig beruflich von Nutzen sein könnten.

Das Beste von Mitarbeitern *zu erwarten* ist eine der besten Hilfen, eine freundliche Haltung am Arbeitsplatz zu entwickeln. Statt Jeffs E-Mail für bare Münze zu nehmen, verstand Ramona sie als persönlichen Angriff. Sie las alles Negative, das sie über ihn wusste, in seine Zeilen hinein, statt zu seinen Gunsten zu entscheiden oder die Dinge aus seiner Sicht zu sehen. Mit anderen Worten: Sie suchte bei Jeff nach einem Fehler.

Ramona war sich wohl nicht bewusst, dass Güte Mitarbeitern gegenüber den beruflichen Erfolg tatsächlich fördert. Verhält man sich liebevoll, reagieren sie eher liebenswürdig. Wenn Sie möchten, dass Ihr Vorgesetzter die Bedürfnisse der Abteilung besser wahrnimmt, so verhalten Sie sich, als täte er es. Wünschen Sie, Ihre Bürohilfe hätte mehr Selbstvertrauen, so verhalten Sie sich, als machte sie ihre Sache gut. Jeff wird Meghan künftig viel eher achten, weil sie ihn achtete. Güte verlangt, dass man umdenkt und begreift, dass beruflicher und menschlicher Erfolg nebeneinander bestehen können.

> Erfolg in Beziehungen fördert den beruflichen Erfolg.

Geduld

Es braucht Geduld, um seinen Ärger zu zügeln, bis jemand seine Sicht erklärt hat. Meghan hat Tim und Ramona gezeigt, wie man mit potenziellen Konfliktsituationen umgeht. Sich zu informieren, einen Mitarbeiter aufzusuchen und dann weiterzumachen, braucht im Endeffekt viel weniger Zeit, als sich über seine Schwächen auszulassen.

Kleine Konflikte erzeugen Wutausbrüche, verletzte Gefühle und Ineffizienz. Ramona war nicht zum ersten oder letzten Mal mit Jeffs Entscheidung nicht einverstanden. Er hatte einen starken Charakter und wusste dank seiner Stellung viel besser als Ramona mit ihrem künstlerischen Feingefühl, worum es eigentlich ging. Sie rechtfertigte ihre Unterredung mit Tim damit, dass Jeff allzu oft etwas hinter ihrem Rücken getan hatte, als dass sie noch Geduld mit ihm hätte haben können.

Geduld ist nicht Geduld, wenn ihr Grenzen gesetzt sind. Jeff hatte ebenfalls Fehler und Eigenarten. Er hätte dasselbe von Ramona sagen können. Bis Ramona Jeff zugesteht, dass auch er sich in einem Prozess befindet, wird sie immer wieder einen Anlass finden, sich über ihn zu ärgern.

Vergebung

Bei mehr als einer Persönlichkeit und Meinung im Raum sind Konfliktmöglichkeiten bereits gegeben. Unter 4, 5 oder 25 Menschen in einer Abteilung gibt es garantiert

Unstimmigkeiten. Nimmt man sich vor, Gereiztheiten zu überwinden und Fehler zu verzeihen, so lernt man auch zwischen falschem Verhalten und bloßen Meinungsverschiedenheiten zu unterscheiden.

Eine vergebende Haltung hätte Ramona bewogen, diesen Unterschied in ihrer Beziehung zu Jeff zu sehen. Fände sie, er habe ihr Unrecht getan, so würde aufrichtige Liebe sie bewegen, zu ihm zu gehen und ihm ihre Sicht zu erklären, und sie wäre bereit, seine Entschuldigung anzunehmen. Liebe würde sie auch veranlassen, sich für ihre ungenaue Ausdrucksweise zu entschuldigen oder dafür, die Lage verschlimmert zu haben.

Es ist nicht leicht, sich in einer Arbeitssituation zu entschuldigen, weil man angreifbar wird. Was ist, wenn der Chef herausfindet, dass man einen Fehler gemacht hat? Und was, wenn der Mitarbeiter, bei dem man sich entschuldigt, es einen nie vergessen lässt? Man muss sein Urteilsvermögen einsetzen, wenn es darum geht, sich mit schwierigen oder mit nicht vertrauenswürdigen Mitarbeitern auszusöhnen. Das Wichtigste ist, dem anderen zu vermitteln, dass er wertvoll ist.

Wenn Sie sich jeden Nachmittag ärgern, weil Sie jemanden vertreten müssen, der sich immer wieder verspätet, so kommt Ihnen Ihr Ärger im Umgang mit ihm in die Quere und wirkt sich wahrscheinlich auch auf Ihren Umgang mit Kunden in der betreffenden Zeit aus. Aufrichtige Liebe erfordert, mit jemandem zu sprechen, wenn das Arbeitsfeld dadurch produktiver und gesünder wird.

Höflichkeit

Die Liste gewöhnlichen Anstands am Arbeitsplatz ist ebenso lang wie ähnliche Aufstellungen für zu Hause. Höflichkeit bedeutet zum Beispiel, sich am Handy nicht laut zu
unterhalten und die musikalischen Klingeltöne abzustel-
len, wenn jemand am Nebentisch arbeiten möchte. Es bedeutet, rechtzeitig zur Arbeit zu kommen, damit andere
Ihre Arbeit nicht für Sie mittragen müssen. Wie Meghan
zeigte, ist es nur höflich, vor dem Eintreten an die Tür zu
klopfen, die Privatsphäre eines Angestellten zu achten und
die Absicht anzuerkennen, es gut machen zu wollen. Wenn
Sie jemandem etwas Unangenehmes mitteilen oder etwas
zu seiner Arbeit sagen müssen, so tun Sie dies respektvoll.

Eine der wichtigsten Anstandsregeln am Arbeitsplatz ist
die, nicht in die allgemeine Falle zu gehen und zu klat-
schen. Der Schriftsteller Walter Wangerin sagte einst:
»Klatsch ist ein Guerillakrieg: Er schlägt zu und verschwin-
det, bevor es überhaupt zur Kampfhandlung kommt.« Kleine Kommentare pflanzen rasch Samen der Zerstörung. Einem Mitarbeiter zu sagen: »Paul ist lange in Deans Büro
gewesen. Hoffentlich ist alles in Ordnung. Wie ich weiß, ist
die letzte Verkaufsreise nicht eben gut gelaufen«, klingt
vielleicht wie Geplauder, ist jedoch eigentlich Klatsch,
kann verletzen und Beziehungen zerstören.

Ramona hätte ihr Gespräch mit Tim wahrscheinlich
»Sich Luft machen« genannt oder, um es besser darzustellen, »Sich überlegen, wie man reagieren soll«. Alle müssen
gelegentlich über die Arbeit sprechen, besonders wenn sie
nicht eben gut läuft. Bestenfalls redet man mit der Person,
der man grollt. Wollen Sie sich einfach nur »aussprechen«,

so tun Sie es am besten bei jemandem, der Sie mag und der
nicht in der Firma arbeitet. Doch mit wem Sie auch immer
arbeiten, Sie sollten sich immer fragen: »Hilft mir das Reden über diese Person, sie mehr zu lieben? Hilft es, sie besser
oder schlechter zu finden?«

Klar muss man gelegentlich mit Mitarbeitern oder Vorgesetzten über Arbeitskollegen sprechen. Höflichkeit verlangt jedoch, wie über einen Freund über ihn zu reden und
nicht überlegen erscheinen zu wollen. Freunde wünschen
ihren Freunden Erfolg. Wenn es besonders schwerfällt,
etwas Gutes über jemanden zu sagen, dann versuchen
Sie möglichst, nur die nötigen Informationen zu liefern.
Meghan hätte sich am Gespräch über Jeff beteiligen können, aber sie erwähnte nur die Fakten.

Möchten Sie am Arbeitsplatz üben, höflich zu sein, so
machen Sie anderen Komplimente, wenn sie nicht da sind.
Setzen Sie (wahre) Geschichten in Umlauf über etwas, das
sie gut gemacht haben. Machen Sie es sich zur Gewohnheit, so zu handeln, als wären Sie mit der Person befreundet, die Sie bei der Arbeit am meisten ärgert. Nehmen Sie
sich zurück und schauen Sie, welchen Unterschied das
macht.

Bescheidenheit

Unstimmigkeiten am Arbeitsplatz sind für den Stolz verlet-
zender als die meisten Situationen zu Hause oder unter
Freunden. Auch wenn nicht alle vorhaben, lange in einer
Stellung oder Firma zu bleiben, so wollen doch die meisten
ihre Arbeit gut machen. Sie möchten Anerkennung,
Lohnerhöhungen und die persönliche Befriedigung haben,

gute Arbeit geleistet zu haben. Das erschwert es, jemandem Beifall zu spenden, wenn er Lob, mehr Geld, den besseren Schreibtisch oder eine Beförderung bekommt, die man gerne selbst gehabt hätte. Ist man unsicher bei der Arbeit, ist es noch wahrscheinlicher, dass man jede Gelegenheit ergreift, um gut dazustehen.

Ramona hatte in ihrem Gespräch mit Meghan über Jeff mehrere Gelegenheiten zur Bescheidenheit, auch als sie ihre Frustration ausdrückte. Sie hätte sagen können, dass sie mehr Zeit brauchten als ursprünglich geplant, weil sich die Produktion verzögert hatte. Sie hätte Gutes anerkennend darüber äußern können, dass Jeff die Einführung geplant hatte. Sie hätte Gutes über das sagen können, was er machte, und zugeben können, dass sie bei ihm manchmal überreagierte. Sie hätte sogar sich selbst eingestehen können, dass sie gut dastehen wollte und Jeff durch sein rasches Vorantreiben des Projekts ihr nicht dazu verhalf. Bescheidenheit hätte verlangt, sich in Jeffs Lage zu versetzen, und nicht, ihn aus der ihren zu beurteilen. Stattdessen wollte sie ihre Macht und Überlegenheit dadurch beweisen, dass sie Jeffs Kündigung erwirkte.

Meghan hingegen handelte bescheiden, obwohl sie eigentlich eine Machtstellung innehatte. Sie respektierte Jeff, indem sie direkt zu ihm ging und nicht hinter seinem Rücken über ihn redete. Sie wollte auch nicht mit ihrer Stellung protzen oder durchblicken lassen, dass ihre Abteilung mehr arbeitete als die seine.

Die radikale Liebe der Bescheidenheit erfordert, Erfolg zu respektieren, auch wenn es nicht der eigene ist, und Mitarbeiter lieber aufzubauen, als sie herabzusetzen, um selbst gut dazustehen. Wenn das schwierig klingt – nun, es ist schwierig. Deshalb muss man auch üben.

Großzügigkeit

Geht man mit einer großzügigen Einstellung arbeiten, so ist man bereit, Zeit, Fähigkeiten und Aufmerksamkeit dazu einzusetzen, das Beste aus anderen herauszuholen. Täglich lenkt einen eine Vielfalt von Telefonaten, Faxen, E-Mails, Patienten, Kunden, Piepsern oder Beschallungssystemen ab. Vieles gehört zur Arbeit, kann uns jedoch daran hindern, jemandem wirklich aufmerksam zuzuhören, der es braucht.

Meghan redete nicht mit anderen über Jeff oder rief ihn aus ihrem Büro an, während sie E-Mails las. Sie nahm sich Zeit, persönlich mit ihm zu sprechen. Nicht nur war dies eine liebevolle Entscheidung, weil sie Achtung vor einem Mitmenschen bewies, sondern sie war auch effektiv. Sich fünf Minuten zur Klärung einer Situation zu nehmen, füttert vielleicht nicht den eigennützigen Hang, sich zu ärgern, braucht aber sehr viel weniger Zeit und Energie.

Im Job großzügig zu sein, bedeutet auch, darauf zu achten, dass man Informationen nicht unnötig zurückhält. Ramona war bereit, Jeff für eine Kleinigkeit wie seine Unkenntnis der Geschäftsreise eines Mitarbeiters zu verurteilen. Ihr winziges Wissen darüber gab ihr Jeff gegenüber einen kleinen Vorsprung. Manchmal ist man für vertrauliche Informationen verantwortlich und muss sie für sich behalten. In einem ehrgeizigen Umfeld behält man hingegen sehr leicht Tatsachen für sich, die Macht verleihen, und gibt sie dann weiter, wenn man diese Macht braucht. Im

Geist der Großzügigkeit teilt man sich immer so mit, dass andere ins beste Licht gerückt werden.

Großzügig sein bedeutet, im Job sein Bestes zu geben. Effizient, angemessen und klug zu handeln, ist ein weiterer Liebesbeweis.

Feinde bei der Arbeit brauchen Zeit und Energie.

Ehrlichkeit

Wenn man sich die sieben Qualitäten der Liebe nicht bewusst zur Gewohnheit machen will, bieten sich Lügen in Arbeitssituationen leicht an. Ramona erwähnte erst, als sie darauf hingestoßen wurde, dass sie sich mit Jeff über die Möglichkeit einer früheren Sitzung unterhalten hatte. Wahrscheinlich war es ihr nicht eingefallen, weil sie so fest entschlossen war, Jeffs unangemessenes Verhalten zu betonen, worüber sie sich eher beklagen konnte, wenn sie das Gespräch nicht erwähnte. Wirkliche Ehrlichkeit bedeutet, keine Lügen über andere zu verbreiten, keine ungenauen Informationen weiterzugeben, um Fehler zu vertuschen, und Tatsachen nicht zum eigenen Nutzen zu verzerren.

Ehrlichkeit am Arbeitsplatz bedeutet auch, jemandem nicht scheinheilig zu schmeicheln, um vorwärtszukommen. Möchte man in Denken, Wort und Tat übereinstimmen, erkennt man jemanden dann an, wenn man es guten Gewissens tun kann. Ein solcher Zuspruch klingt ehrlich und hilft dem Empfänger am meisten.

Das Wichtigste im Job

Viele Menschen haben enge Freunde unter den Mitarbeitern. Lernen Rivalen einander im Büro mit der Zeit schätzen und bekommen Freude aneinander, wird die Beziehung besonders befriedigend.

Ungeachtet dessen, wie viel Technologie auf dem Schreibtisch steht – Beziehungen sind noch immer das Wichtigste in der Arbeit. Sollten Sie einen Grund für aufrichtige Liebe am Arbeitsplatz brauchen, so bedenken Sie: Wenn man Menschen im Alltag schätzt, verbessern sich die Beziehungen zwischen Arbeitnehmern und Kunden, die Produktivität steigt, und es gibt weniger Personalwechsel. Werden die sieben Qualitäten der Liebe im Alltag zur Gewohnheit, so entstehen beruflich wirklich befriedigende Beziehungen. Man freut sich nicht mehr nur an der Leistung anderer, sondern auch an ihnen als Menschen.

Umsetzen

Fragen zum Nachdenken und zur Diskussion
1. Welcher der sieben Charakterzüge der Liebe fehlt Ihrer Meinung nach am Arbeitsplatz am meisten? Weshalb?
2. Welcher der sieben Züge fällt Ihnen bei der Arbeit am schwersten? Weshalb?

Anwendungsmöglichkeiten
1. Gibt es jemanden am Arbeitsplatz, über den Sie sich ärgern? Wie wäre es, wenn Sie diesen Ärger ableg-

ten? Sind Sie bereit dazu? Weshalb oder weshalb nicht?

2. Sollten Sie sich am Arbeitsplatz bei jemandem entschuldigen? Was befürchten Sie dabei am meisten?

3. Wann haben Sie das letzte Mal bei der Arbeit über jemanden geklatscht? Was könnten Sie tun, um diese Gewohnheit abzulegen?

4. Denken Sie an einen Konflikt, den Sie vor kurzem mit jemandem am Arbeitsplatz hatten. Wie wäre es für Sie gewesen, mitten im Konflikt jede der sieben Qualitäten des liebevollen Menschen unter Beweis zu stellen?

5. Denken Sie an drei enge Mitarbeiter. Was freut Sie an ihnen am meisten? Wie könnten Sie es ihnen noch diese Woche sagen?

Die Motivation zum Lieben

*Wenn Sie Ihr Leben überblicken,
werden Sie feststellen, dass die Höhepunkte
Zeiten waren, in denen Sie etwas im Geist
der Liebe getan haben.*
Henry Drummond

An einem kalten, regnerischen Novemberabend begab ich mich in die Sterbeklinik, um Joe und Carolyn zu besuchen. Sechs Monate zuvor hatten sie sich mit mir verabredet, um Joes Begräbnis vorzubereiten. Da sie Freunde waren und wussten, dass ich ordinierter Pastor bin, hatten sie mich gebeten, Joes Beerdigung zu leiten.

»Ich habe diesen Krebs«, hatte er damals gesagt, »gegen den ich mit allen Kräften kämpfe, aber es kann sein, dass ich es nicht schaffe. Ich möchte Maßnahmen für meine Beerdigung treffen, solange ich mich noch gut fühle. Ich möchte es Carolyn möglichst leichtmachen, wenn die Zeit gekommen ist.«

Nach monatelanger Behandlung war die Zeit für Joes Hinscheiden nun offenbar gekommen. Ich ging hin, um die Einzelheiten der Beerdigung zu besprechen und Abschied zu nehmen. Als ich Joes Zimmer betrat, breitete sich ein Lächeln auf seinem Gesicht aus, und er sagte: »Ich bin so froh, dass du gekommen bist.«

Etwas später fügte er hinzu: »Ich bin wirklich gesegnet. Carolyn und ich haben 47 Jahre miteinander gehabt. Es waren nicht perfekte, aber gute Jahre. Wir haben fünf Kinder sowie eine Tochter, die mit vier Jahren gestorben ist. Wir haben 13 Enkelkinder, auf die wir sehr stolz sind. Ich habe in all den Jahren gute Jobs gehabt. Wir sind einige Male in eine andere Stadt gezogen und haben überall Freundschaften geschlossen. Mehr kann ich nicht verlangen. Den Kindern habe ich gesagt, sie sollen sich keine Sorgen um mich machen. Ich bin zum Gehen bereit. Wir haben die letzten Einzelheiten für meine Beerdigung überlegt, und ich denke, du kannst uns helfen.«

Die nächsten 20 Minuten hörte ich zu, machte mir Notizen und beantwortete Fragen. Bevor ich mich verabschiedete, schlug ich vor, gemeinsam zu beten. »Das wäre schön«, sagte Joe. Er reichte mir die linke und Carolyn die rechte Hand. Auch ich gab Carolyn über das Bett hinweg die Hand. Wir beteten. Danach ließ Joe meine Hand los, Carolyns hingegen behielt er in der seinen, zog sie an die Lippen, küsste sie, lächelte und ließ sie los.

Die Suche nach Liebe

Als ich das Zimmer verließ und zu meinem Auto zurückging, ließ mich der Gedanke nicht los: »Ich wünschte, alle Paare könnten ihren Weg mit dieser Liebe und Unterstützung abschließen.« Ich glaube, die fehlende Zutat in zerbrochenen Ehen und in jeder zerrütteten Beziehung ist gerade die aufrichtige Liebe, die wir in diesem Buch erforscht haben. Weshalb verlieren sich Geschwister aus den Augen? Weshalb schlafen Freundschaften ein? Weshalb wollen Sportler im gleichen Team lieber die eigene Stellung verbessern, als zum Sieg des Teams beitragen? Weshalb steigen Arbeiter in der gleichen Arbeitsgruppe übereinander weg, um in der Firma voranzukommen? In jedem Fall liegt es daran, dass die Betreffenden das falsche Ich des eigennützigen Lebens dem wahren Ich des Dienens vorgezogen haben. Sie streben nicht nach den Qualitäten der wahren Liebe.

In den vorausgehenden Kapiteln haben wir die Eigenschaften der Liebe betrachtet und besprochen, wie sie aussehen, wenn man Liebe zum eigenen Weg macht. Jetzt möchte ich mich mit einer grundlegenden Frage befassen, die hinter den liebevollen Qualitäten steckt: Was bewirkt, dass die Motivation zu lieben größer ist als die, sich nur um sich selbst zu kümmern? Zu Beginn des Buches stellte ich die Frage, ob die Liebe eine Chance habe? Kann man im Alltag konstant lieben, wenn man den menschlichen Hang zum ichbezogenen Leben bedenkt? Oder anders ausgedrückt: Wenn man in irgendeiner Beziehung so erfolgreich sein möchte wie Joe und Carolyn in ihrer Ehe, wo findet man die Fähigkeit, seine selbstsüchtigen Anteile zu überwinden?

Eine höhere Macht

Tausende von Alkoholikern haben sich mit den ersten zwei Schritten des Programms der Anonymen Alkoholiker von der Abhängigkeit von einem Stoff befreit: Sie gaben zu, dass sie dem Alkohol gegenüber machtlos waren und ihr Leben nicht mehr meistern konnten. Sie kamen zu dem Glauben, dass eine Macht, größer als sie selbst, ihre Gesundheit wiederherstellen kann.

Ein eigensüchtiges Leben ist zwar keine Abhängigkeit von einem Stoff, aber es ist eine Sucht, bei der man sich nur darauf konzentriert zu bekommen, was man für sich selbst will. Jeder Vorgang und jede Beziehung betrachtet man durch die Brille »Was heißt das für mich?«. Bei einem solchen Leben wird auch etwas liebevoll Wirkendes durch selbstsüchtige Wünsche motiviert und zur Manipulation, und das ist keine Liebe.

Immer wieder höre ich sagen: »Ich wäre ja bereit, mich zu ändern, wenn sie/er mir nur entgegenkäme.« Solche Sätze klingen vernünftig, haben jedoch nichts mit Liebe zu tun. Die Lebenseinstellung: »Ich werde, wenn du …«, fußt auf einer Vertragsmentalität, die etwas, was man sich wünscht, bekommen will.

Die Versklavung durch die Ichsucht liegt tief in der menschlichen Seele begraben und ist nicht leicht aufzulösen. Nachdem ich drei Jahrzehnte in meinen Beratungen eng mit Menschen zusammengearbeitet habe, bin ich zu dem Schluss gekommen, dass diejenigen Menschen, denen es am besten gelingt, Liebe zum eigenen Weg zu machen, erkannt haben, dass sie Hilfe von außen brauchen. Sind wir ehrlich und ist uns bewusst, wie wir wirklich sind, so müssten wir uns wohl alle eingestehen: »Ich kann aus eigener Kraft kein liebender Mensch werden.«

Die eigene Bemühung allein sprengt die Ketten der Ichsucht nicht. Das trifft auf alle Beziehungen zu. In meinem eigenen Leben habe ich in der Beziehung zu meiner Frau am deutlichsten erkannt, wie sehr dies zutrifft, und ich möchte Ihnen erzählen, wie das gekommen ist.

> **Selbstsüchtig zu leben ist eine Sucht, die man ablegen kann.**

Der Weg zur Liebe

Ich hatte zwei Abschlüsse in Anthropologie und ein Jahr Grundstudium der Theologie an der Uni absolviert, bevor ich heiratete. Ich war wahnsinnig in Karolyn verliebt und konnte es kaum erwarten, so glücklich zu werden, wie ich es nach der Hochzeit bestimmt sein würde.

Ich hatte so meine Vorstellungen darüber: Ich sah mich am Spätnachmittag nach einem harten Tag mit Vorlesungen nach Hause kommen zu einer Frau, die mich an der Tür mit Umarmungen und Küssen begrüßen und zum Ausruhen zum Sofa begleiten würde, bis sie das Essen fertig vorbereitet hätte. Beim Essen würden wir einander tief in die Augen blicken und die Neuigkeiten des Tages austauschen. Nach dem Abendessen würde ich ihr mit dem Geschirr helfen, und danach würden wir einen ruhigen Abend miteinander verbringen. Ich sah mich am Tisch für die Uni studieren, während sie auf dem Sofa ein Buch las. Jeden Abend um halb elf würden wir gemeinsam zu Bett gehen und einander lieben. Es sollte ein wunderbares Leben werden.

Ich nehme an, Sie lächeln jetzt, wenn Sie verheiratet sind, weil Sie sich im eben Beschriebenen wiedererkennen. Oder vielleicht regen Sie sich über meinen naiven, eklatanten Egoismus auf. Ich hatte keine Ahnung, dass im Kopf meiner Frau völlig andere Vorstellungen über das Leben nach der Hochzeit herumschwirrten.

Ich fand schon bald heraus, dass meine Frau nichts dafür übrighatte, auf dem Sofa zu sitzen und ein Buch zu lesen, während ich mein Pensum für das Studium erledigte. Sie ging viel lieber einkaufen oder zu einem gesellschaftlichen Ereignis, wo sie Leute treffen konnte. Für sie war 22.30 Uhr keine Zeit, um zu Bett zu gehen, sondern dann entspannte sie sich beim Lesen eines Buches oder beim Fernsehen. Wenn ich sie auf dem Sofa lesen sah, dachte ich: »Weshalb hast du dein Buch nicht gelesen, während ich studiert habe? Dann könnten wir zusammen ins Bett gehen.« Mir wurde bald klar, dass das gemeinsame Zubettgehen nicht zu ihren Zielvorgaben gehörte. Was ich »sich lieben« nannte, war nicht ihre Vorstellung von einem vollkommenen Abschluss eines wunderbaren Tages.

Diese Konflikte machten sich schon früh in unserer Ehe bemerkbar. Wir waren beide überrascht, wie verletzt und ärgerlich wir beide waren. Wie konnte die Verliebtheit, die wir beide empfunden hatten, so rasch nach der Hochzeit verpuffen? Wir wussten nicht, wie man Konflikte löst, weil wir unserer Meinung nach keine Konflikte haben sollten. Also gab es viel Streit und wenig Lösungen, und allmählich plagte mich der Gedanke, die falsche Frau geheiratet zu haben. Damit will ich nicht sagen, dass wir nicht auch schöne Zeiten miteinander verbrachten. Das schon. Doch unter der Oberfläche waberten alle ungelösten Konflikte, die uns gefühlsmäßig sehr voneinander distanzierten.

Die ganze Zeit hindurch setzte ich mein Theologiestudium fort, um mich zum Pastor vorzubereiten. Doch der Graben zwischen meinem beruflichen Ziel und der Beziehung in unserer Ehe wurde immer tiefer. Ich konnte mir gar nicht vorstellen, wie ich Menschen Hoffnung machen sollte, wenn ich in meiner eigenen Ehe so hoffnungslos war. Es gab Tage und Wochen, in denen ich mich in mein Studium versenkte und annahm, nach der Abschlussprüfung werde alles anders. Doch im Innersten war mir bewusst, dass ich mich täuschte.

Ich wurde zunehmend frustrierter, je näher der Abschluss und der Zeitpunkt rückte, zu dem ich den Elfenbeinturm der akademischen Welt verlassen und die wirkliche Welt betreten sollte. In meiner Frustration zeterte ich gegen Gott und beschuldigte ihn, er habe mich in eine Ehe geführt, die nicht lebbar war. Hatte ich denn nicht vor dem Heiraten gebetet und ihn um seine Führung ersucht? Und weshalb war ich bei der Hochzeit so sicher gewesen, das Richtige zu tun, und war jetzt so frustriert? Hatte ich nicht die ganze Zeit gebetet, er möge uns helfen, Lösungswege für unsere Differenzen zu finden? Diese Gebete schienen alle überhaupt nichts bewirkt zu haben. Ich war zornig gegen Gott, und mir war schleierhaft, wie ich je einer seiner Pastoren sein konnte.

Dienende Liebe
Nachdem ich an jenem Tag so zornig auf Gott gewesen war, schien es in der Ehe eine Zeitlang etwas besser zu werden.

Karolyn und ich hatten gute Gespräche und entdeckten bei einigen Konflikten Bereiche, in denen wir uns einig waren. Allerdings war diese scheinbare Besserung von kurzer Dauer, und schon wenige Wochen später stritten wir wieder oder litten schweigend. Ich erinnere mich an den Tag mehrere Wochen danach, als ich zu Gott sagte: »Ich weiß nicht, was ich sonst noch machen kann. Ich habe alles getan, was ich weiß, und es hat sich nicht gebessert, sondern es wird eher noch schlimmer. Ich weiß nicht, wie ich je anderen helfen soll, wenn ich selbst so hilflos bin und es in der eigenen Ehe nicht besser machen kann.« Dann schloss ich mein Gebet mit dem gleichen Satz, mit dem ich es begonnen hatte: »Ich weiß nicht, was ich sonst noch machen kann.«

Nach dem Gebet stieg ein Bild aus einer biblischen Geschichte in mir hoch. Es war in der Nacht, bevor Jesus ans Kreuz genagelt wurde, als er mit seinen engsten Jüngern das jüdische Fest Pessach feierte. Es war ein Schock für die Männer am Tisch, als er aufstand, Wasser in eine Schüssel goss und jedem die Füße wusch. Dieser Dienst war gewöhnlich den niedrigsten Sklaven vorbehalten, weil es eine so unangenehme Aufgabe war. (Würden Sie gerne Männern die Füße waschen, die in Sandalen auf staubigen Straßen gegangen sind?) Doch Jesus, ihr Anführer und Herr, verrichtete absichtlich diesen demütigen Liebesdienst für seine Freunde.

Mit diesem Bild ganz klar vor Augen, wusste ich im Innersten, dass dies Gottes Antwort auf mein Gebet war: »Das ist das Problem in deiner Ehe. Du hast nicht Christi Haltung deiner Frau gegenüber.« Mir war die Botschaft

gleich klar, weil ich mich erinnerte, was Jesus seinen Jüngern gesagt hatte, als er die Schüssel wegstellte, sich erhob
und das Handtuch weglegte: »Begreift ihr, was ich an euch
getan habe? Ihr sagt zu mir Meister und Herr, und ihr nennt
mich mit Recht so; denn ich bin es. Wenn nun ich, der
Herr und Meister, euch die Füße gewaschen habe, dann
müsst auch ihr einander die Füße waschen. Ich habe euch
ein Beispiel gegeben, damit auch ihr so handelt, wie ich an
euch gehandelt habe.« (Joh 13,12–15) Ein andermal hatte
Jesus ihnen etwas Ähnliches gesagt: »… der Größte unter
euch soll werden wie der Kleinste, und der Führende soll
werden wie der Dienende.« (Lk 22,26)

Diese Begegnung mit Gott bewegte mich tief, weil ich
ganz offensichtlich die Antwort gefunden hatte. Ich war
nicht Jesu Lehren gefolgt. Meine Haltung in den ersten
Ehejahren könnte man mit den Sätzen auf den Punkt bringen, die ich in dieser oder jener Form immer wieder zu
meiner Frau gesagt hatte: »Schau mal, ich weiß, wie man
eine gute Ehe führt. Wenn du nur auf mich hörst, werden
wir eine gute Ehe haben.« Karolyn wollte aber nicht »auf
mich hören«, und ich schob ihr die Schuld an unserer
schlechten Ehe zu. Doch an dem Tag hörte ich etwas anderes. Das Problem war nicht Karolyn, sondern meine Haltung. Also sagte ich zu Gott: »Bitte vergib mir. Trotz all
meiner Griechisch-, Hebräisch- und Theologiestudien
habe ich das einfach übersehen. Bitte vergib mir.« Dann
betete ich: »Gib mir die Haltung Christi meiner Frau gegenüber. Lehre mich, wie ich ihr dienen kann, wie Jesus
seinen Jüngern diente.«

Drei Fragen, die mein Leben veränderten

Rückblickend war dieses Gebet das wichtigste, das ich je in Bezug auf meine Ehe gebetet habe, denn Gott hat mein Herz verwandelt. Eine völlig neue Sicht erschloss sich meiner Vorstellung, und ich sah mich eine ganz andere Rolle in der Ehe spielen. Ich sollte nicht mehr der König sein, der seiner Frau Befehle zuruft und seine Erwartungen an sie verkündet. Stattdessen sollte ich mich daranmachen, ihr Leben durch Liebesdienste und Güte zu bereichern und sie darin bestärken, der Mensch zu werden, der zu sein ihr bestimmt war.

Drei Fragen ermöglichten mir dies. Als ich bereit war, diese drei Fragen zu stellen, änderte sich unsere Ehe radikal. Es sind einfache Fragen, aber sie sagten mir, was ich wissen musste, um meiner Frau gegenüber ein liebender Mensch zu werden:

1. Was kann ich heute tun, um dir zu helfen?
2. Wie kann ich dir das Leben erleichtern?
3. Wie kann ich dir ein besserer Mann sein?

Als ich bereit war, diese Fragen zu stellen, war meine Frau bereit, mir darauf zu antworten. Es widerstrebte ihr keineswegs, mir Antworten zu geben. Und als ich zuließ, dass ihre Antworten mir den Weg wiesen, wie ich meine Liebe ihr gegenüber sinnvoll ausdrücken konnte, änderte sich unsere Ehe radikal. Es geschah nicht über Nacht, doch schon nach einem Monat veränderten sich Karolyns Gesichtsausdruck und Haltung. Nach drei Monaten fing sie an, mir ihrerseits diese drei Fragen zu stellen. Ich war über die Veränderungen in ihrer Haltung und ihrem Verhalten verblüfft. Nie hätte ich erwartet, dass unsere Beziehung so rasch eine so positive Wendung nehmen konnte.

Damals wusste ich noch nicht, was ich nach vielen Jahren Beratung weiß: Liebe weckt immer Liebe. Und weil die Menschen so verzweifelt Liebe brauchen, fühlen sie sich zu dem Liebenden hingezogen, wenn sie Liebe bekommen.

Wenn Sie besser lieben wollen, fragen Sie Menschen, die Ihnen am Herzen liegen: »Wie kann ich dir besser helfen?«

Den Weg der Liebe zu Ende gehen

Meine Frau und ich sind den Weg der Liebe über 40 Jahre lang gegangen und haben eine wunderbare Beziehung. Erst neulich sagte ich zu ihr: »Wenn jede Frau auf der Welt wäre wie du, gäbe es keine Scheidungen.« Weshalb sollte ein Mann eine Frau verlassen, die ihr Möglichstes tut, um ihm zu helfen? Und mein Ziel in all den Jahren war, meine Frau so zu lieben, dass kein anderer Mann sie so gut wie ich behandelte.

Ich habe meinen Weg zur Liebe nicht beschrieben, um mich als Inbegriff eines liebenden Menschen darzustellen oder im Gedanken, alle müssten dieselbe Erfahrung machen. Ich hoffe nur, dass meine Verletzlichkeit anderen vielleicht hilft, die wahre Quelle der Liebe zu entdecken, und dass wir mit Gottes Hilfe die Motivation und Kraft finden, die eigene Haltung und das eigene Verhalten zu ändern. Meine ichsüchtigen Tendenzen hatten mich dazu gebracht, meine Bedürfnisse allem voranzustellen. Als ich sah, wie dies meine Ehe zerstörte, wandte ich mich an Gott, der mich dazu motivierte, Karolyn zu *dienen*. Dienen ist mir zur absichtlichen Gewohnheit geworden.

In diesem Kapitel habe ich mich mit der Ehe befasst, weil ich die größten Veränderungen in diesem Bereich erfahren und beobachtet habe. Viele können jedoch bezeugen, wie groß Gottes Hilfe war, um Freundschaften, Geschäftspartnerschaften und andere Beziehungen zu retten, die vordem verloren schienen. Bittet man Gott um die Motivation, jemanden zu lieben, bekommt man immer Antwort.

Ich bin überzeugt, dass die meisten Menschen eine äußere Hilfe brauchen, um in Beziehungen zu Mitmenschen das Blatt zu wenden, sei es am Arbeitsplatz, im Lebensmittelgeschäft oder zu Hause. Wir sind nicht von Natur aus liebevoll, und zwei ichsüchtige Menschen werden nie eine liebevolle Beziehung zueinander haben. Bevor man nicht im Innersten von einer höheren Macht getroffen wird, lebt man weiterhin nach dem Gedanken: »Was springt da für mich raus?« Dann ist es auch zu schwierig, sich die sieben Qualitäten des liebenden Menschen zu eigen zu machen.

Ich will damit nicht sagen, dass ungläubige Menschen nicht liebevoll sein können. Alle Menschen sind liebesfähig. Doch für die meisten übertönt der Selbsterhaltungstrieb den Wunsch, Mitmenschen zu helfen. Die Menschheitsgeschichte belegt diese Tatsache. Was mich angeht, bin ich durchaus bereit einzugestehen, dass ich göttliche Hilfe brauche, um Liebe zu meinem Weg zu machen.

Die angeborene Ichsucht in Beziehungen zu überwinden ist ein lebenslanges Unterfangen. Meine Beziehung zu Karolyn wurde umgewälzt, als ich begriff, dass ich sie nicht liebte. In den seither vergangenen Jahrzehnten habe ich immer wieder lernen müssen, was es bedeutet, ihr zu dienen. Sie können mir glauben, dass es mir nicht immer gelungen ist. Aber ich arbeite weiter daran.

Macht man es sich zur Gewohnheit, seinen Mitmenschen zu dienen, merkt man sofort, wenn man es nicht mehr tut. Mit der Zeit führt die Übung des Dienens zum unvergleichlichen Genuss freundlicher, liebevoller, vertrauter Beziehungen.

Ich möchte stark abschließen. Ich will mich weiterhin in aufrichtiger Liebe üben und an den Beziehungen freuen, die die Liebe hervorbringt. Und am Ende des Lebensweges habe ich vor, sollte ich zuerst gehen, Karolyn anzusehen, zu lächeln, ihre Hand in die meine zu nehmen und sie zu küssen.

Umsetzen

Fragen zum Nachdenken und zur Diskussion

1. Wie unterscheidet sich Ihrer Ansicht nach die herkömmliche Auffassung von Liebe, etwa das, was wir im Westen unter »Verliebtheit« verstehen, von der aufrichtigen Liebe?
2. Was motiviert Sie zu lieben?
3. Wie hat Ichsucht Ihren Beziehungen in Ihrer Sicht geschadet?

4. Fällt es Ihnen schwer zu lieben? Wenn ja, wann und weshalb?

5. Was halten Sie von der Idee, man müsse sich um Hilfe an Gott wenden, wenn man die Ichsucht in Beziehungen besiegen will?

6. Inwiefern hat sich Ihre Einstellung zur Liebe und zu Beziehungen seit Beginn der Lektüre dieses Buches geändert?

Anwendungsmöglichkeiten

1. Welche Beziehungen möchten Sie am liebsten durch aufrichtige Liebe bereichern?

2. An welcher der sieben Qualitäten des liebenden Menschen sollten Sie in Ihren Augen am meisten arbeiten?

3. Wären Sie bereit, zum Stärken dieser Qualität der Liebe in Ihren Beziehungen um göttliche Hilfe zu bitten? Weshalb oder weshalb nicht?

Epilog

Vor einigen Jahren ging ich über das Gelände der Universität von Virginia, wo ich einen Vortrag halten sollte. Als ich an einem der Hörsäle vorbeikam, hielt ich an und las folgenden Satz von Woodrow Wilson, dem 28. Präsidenten der Vereinigten Staaten, über einer der Eingangstüren eingemeißelt: »Du bist auf der Welt, um sie zu bereichern; du machst dich selber arm, wenn du diesen Auftrag vergisst.« In diesem Satz steckt der Kern der Weltsicht, die ich Ihnen mit diesen Seiten weitergeben wollte.

Beim Schreiben dieses Buches hatte ich die Absicht, Ihnen Ihre Aufmerksamkeit auf das Größte in der Welt zu richten zu helfen: Mitmenschen zu lieben. Nichts im Leben in Zeit und Ewigkeit kann mehr Befriedigung bringen, als aufrichtige Liebe zu schenken und zu bekommen.

In den ersten Jahren des 21. Jahrhunderts werden wir vom globalen Terrorismus bedroht, und despotische Machthaber töten jährlich Tausende und treiben Hunderttausende in Flüchtlingslager. Drogenkriminalität und Seuchen zerstören das Leben vieler der besten jungen Menschen dieser Generation. Wegen unbeständiger Ehe- und Familienbeziehungen haben Millionen seelische Wunden davongetragen. Äußerste Armut ist in vielen Ländern die Norm.

Manche könnten daraus schließen, die Welt werde täglich dunkler. Doch ich möchte Sie daran erinnern, dass das
Bedürfnis nach dem Licht eines liebevollen Lebens umso
größer ist, je dunkler es wird. Wenn die Menschen in der
Welt die Macht der Liebe im alltäglichen Umgang miteinander neu entdecken, können sie Dunkelheit durch Licht,
Krankheit durch Heilung, Armut durch Nahrung und Zer-
rissenheit durch Versöhnung ersetzen. Es ist nicht bloß
Wunschdenken, wenn ich sage, dass die Liebe siegt.

Ich gebe Albert Schweitzer recht, der sagte: »Etwas ist
mir klar: Nur Menschen, die gesucht und herausgefunden
haben, wie man dient, können wirklich glücklich werden.«
Ich wünsche mir von Herzen, dieses Buch möge Ihnen Ihre
Identität als wirklich liebevoller Mensch entdecken helfen
und verschönere dadurch Ihre Ecke der Welt.

Liebe Leserin!
Lieber Leser!

Die folgenden Fragen und Diskussionsthemen dienen dazu, die Lektüre von *Liebe als Weg* zu vertiefen. Wir hoffen, damit Ihre Erfahrungen mit diesem wunderbaren Buch noch zu bereichern.

Der Verlag

Fragen und Diskussionsthemen

1. In der Einleitung von *Liebe als Weg* beschreibt der Autor die unterschiedlichen Reaktionen zweier Fluggäste auf die Frage, ob sie bereit wären, den Sitzplatz zu tauschen. Wie leicht fällt es Ihnen, auch einem Fremden als Freund zu begegnen? Wie hat dieses Buch Ihre Auffassungen über die Liebe und die menschliche Natur verändert?

2. Haben Sie gezögert, am Ende des ersten Kapitels das Versprechen an sich selbst zu unterschreiben? Überlegen Sie, welche Hindernisse oder Ziele Ihren Entschluss beeinflusst haben, sich auf den von Gary Chapman vorgeschlagenen Weg der Liebe zu machen.

3. Was haben Sie über Ihre Gewohnheiten gelernt, als Sie den Fragebogen zum Thema Güte ausgefüllt haben? Welche markanten Beispiele von Liebesdiensten sind Ihnen aufgefallen, als Sie angefangen haben, bewusst in Ihrer Umgebung danach Ausschau zu halten – daheim, am Arbeitsplatz, bei Freunden und Angehörigen und in anderen Situationen?

4. Wie lassen sich Ihre Gewohnheiten mit den im dritten Kapitel beschriebenen Ergebnissen des »Marshmallow-Tests« vergleichen? Welche Rolle spielen Geduld und Hochmut im täglichen Umgang mit Ihren Mitmenschen? Welche Eigenschaft wird in der heutigen Zeit eher belohnt?

5. Zu welchen neuen Einsichten haben Ihnen die Fallbeispiele über Vergebung im vierten Kapitel verholfen? Welche vom Autor besprochenen Punkte, einschließlich Vertrauen, Ärger und Sich-selbst-Vergeben, spielen in diesen Beispielen – und in Ihrem Leben – eine Rolle?

6. Wie fanden Sie Ihre Ergebnisse beim Fragebogen »Bin ich höflich?«? Welche Gelegenheiten haben Sie, zu Hause, am Arbeitsplatz und dort, wo Sie sich häufig aufhalten – vom Lebensmittelladen bis hin zum Fußballplatz –, höflich zu sein?

7. Hat Sie die Beschreibung von Führungsqualitäten zu Beginn des sechsten Kapitels überrascht? Was ist das größte Problem, das Sie daran hindert, echte Bescheidenheit bei sich oder in Ihrer Gemeinschaft zu finden? Wie erkennt und verrichtet man am besten eine wirklich bescheidene Handlung im Gegensatz zu einer

Tat, bei der man sich Lob oder einen sonstigen Lohn erhofft?

8. Wie haben Sie in Ihrem Leben die Prioritäten in den Bereichen Zeit und Geld gesetzt? Welche Menschen, Beschäftigungen und Käufe schätzen Sie in der Regel am meisten? Welche Talente, wie viel Zeit und finanzielle Unterstützung sind Sie jetzt bereit, einzusetzen oder zu verschenken? Welchen Menschen möchten Sie am liebsten helfen?

9. Haben E-Mails und das Informationszeitalter Unaufrichtigkeit erschwert, oder greift diese mehr als je zuvor um sich? Sehen Sie sich an, wie sich die Versuchung, unehrlich zu sein, in allen Bereichen Ihres Lebens ausgewirkt hat, von der Ehrlichkeit sich selbst und Ihren Lieben gegenüber bis hin zur Integrität in der Welt.

10. Auch wenn man Liebesbeziehungen und Ehe meistens mit Liebe verknüpft, weist Gary Chapman ganz offen auf die Schwierigkeiten hin, sich auch in solchen Beziehungen weiterhin wirklich liebevoll zu verhalten. Wie ändert die Idee des »Dienens« Ihre Auffassung von Partnersuche und Ehe?

11. Sind Sie in einer Familie aufgewachsen, in der echte Liebe vorgelebt wurde? Was können Sie als Elternteil bzw. Familienmitglied heute tun, um die Gewohnheit aufrichtiger Liebe in den nächsten Generationen aufkeimen zu lassen? Wie könnten die Empfehlungen des Autors den Kindern helfen, mit denen Sie es in Ihrem Leben zu tun haben?

12. Sehen Ihre Mitarbeiter den Arbeitsplatz als Gelegenheit für einen liebevollen Umgang miteinander an?

Wie ändert die Idee des liebevollen Verhaltens Ihre Ansicht von Arbeit und Erwerb eines Lebensunterhalts?

13. Was sind Ihrer Meinung nach die wichtigsten Annahmen über die Liebe, die Gary Chapman beschrieben hat? Welche davon hat Sie am nachhaltigsten beeinflusst?

14. Welcher der persönlichen Berichte in *Liebe als Weg* hat Sie am meisten an Ihre eigenen Erfahrungen erinnert? Was sagt die Bandbreite der Beispiele – von den Entschuldigungen Lee Atwaters im politischen Bereich bis hin zu den Spannungen in Charlottes und Johns Ehe – über die Kraft der Liebe aus, Menschen zu verändern?

Literatur

Aesop: *Fabeln*. Reclam, Stuttgart 2005.

Bach, David: *Automatisch Millionär*. Die bombensichere Anleitung, steinreich zu werden. Goldmann, München 2005.

Chapman, Gary: *Die fünf Sprachen der Liebe*. Francke-Buchhandlung Marburg, 5. neu bearbeitete Auflage 2008.

Collins, Jim: *Der Weg zu den Besten*. Die sieben Management-Prinzipien für dauerhaften Unternehmenserfolg. dtv, München, 7. Auflage 2007.

Fromm, Erich: *Die Kunst des Liebens*. Ullstein, Berlin, 61. Auflage 2005.

Gladwell, Malcolm: *Der Tipping-Point*. Goldmann, München 2002.

Haley, Alex: *Wurzeln*. S. Fischer, Frankfurt am Main 1994.

Lewis, C. S.: *Pardon, ich bin Christ*. Meine Argumente für den Glauben. Brunnen, Gießen 2001.

Nightingale, Florence: *Bemerkungen zur Krankenpflege*. Mabuse, Frankfurt am Main 2005.

Nouwen, Henri: *Adam und ich*. Eine ungewöhnliche Freundschaft. Herder, Freiburg im Breisgau 2005.

ders.: *Seelsorge, die aus dem Herzen kommt*. Christliche

Menschenführung in der Zukunft. Herder, Freiburg im Breisgau 1989.

Quindlen, Anna: *Glücklich leben*. Goldmann, München 2004.

Tannen, Deborah: *Laß uns richtig streiten*. Warum Frauen immer widersprechen und Männer nur sich selbst zuhören. Goldmann, München 1999, 2004.

–: *Du kannst mich einfach nicht verstehen*. Goldmann, München 2004.

–: *Das hab ich nicht gesagt*. Goldmann, München 1999.

Washington, Booker Tagliaferro: *Ich war ein Sklave*. Verlag für Jugend und Volk, Wien 1958.

Wilson, William Griffith: *Bill W. – meine ersten 40 Jahre*. Santiago, Goch 2003.